Joanna Cherr

KARMA AUFLÖSEN

G. Reichel Verlag

Reifenberg 85

D 91365 Weilersbach

Tel: (0049) 9194 8900 - Fax: (0049) 9194 4262

e-mail: G.Reichel.Verlag@t-online.de

Aus dem Amerikanischen übersetzt von Gudrun Brug und Gertraud Reichel

Orginaltitel: Self-Initiations

Titelbild: Peter Schneider

ISBN 3-926388-47-1

Danksagung

Ich danke aus tiefstem Herzen meiner Seele. Mit ihrer Führung konnte ich mich von Begrenzungen lösen, an denen ich so lange festgehalten hatte. Ich danke Babaji, dem unsterblichen Meister des Himalaya für seine Liebe und tatkräftige Unterstützung. Ich danke der göttlichen Mutter dafür, dass sie so großartig ist und mir dabei half, ihr näher zu kommen. Ich danke meinen geliebten Meister-Freunden für ihre einzigartigen Geschenke.

Auf physischer Ebene danke ich wieder einmal Tony Stubbs für seine fachmännische Unterstützung beim Redigieren und Formatieren. Dank an Shahan Jon, der mir dabei half, besser zu schreiben. Und Dank an Gertraud Reichel vom Reichel Verlag, die sich bereit erklärte, „Schlüssel zum Göttlichen Selbst“ und „Karma Auflösen“ auf Deutsch zu veröffentlichen.

Dunkel und Licht!
Liebe in allem das Göttliche
Auf deinem Weg.

Inhaltsverzeichnis

Danksagung **3**

Inhaltsverzeichnis **5**

Vorwort **10**

1. Kapitel: Die Kraft der Initiation **12**
Was versteht man unter Initiation? 13
Über die Initiationen 15
Nutzen der Initiationen 16

2. Kapitel: Kontakt zur Seele **19**
Wie ist Deine Beziehung zu Gott? 20
Initiation 20
Den Empfang klären 21
Die Kontakt-Initiation 22
Einen inneren Namen hören 24
Das Zeichen empfangen 25
Führung durch die Seele 26
Antworten auf Fragen 27
Gefühl, Seele, Du 29
Andere Wege, Botschaften zu bekommen 29
Kommt die Botschaft von der Seele? 29
Was steht heute an? 31
Möchtest Du channeln? 31
Kosmischer Kontakt 35
Kraftort 36
Einheit 38

3. Kapitel: Das Karma klären **39**
Das Göttliche tief in unserem Bauch 41
Veränderung akzeptieren 43
Die Initiation 43
Liebes Ego, verlass die Kälte 44
Das Karma klären 45
Die Kraft der violetten Flamme 46
Die Atem-Initiation des Rebirthing 47

Die Kraft der Vergebung 48
Wir sind Mitschöpfer 51
Die Klärung von angstbesetzter Energie 51
Die Initiation 53
Die eigene Geburt klären 55
Gefühle, die Umarmung 58
Das Ungesagte 59
Das Ziel erreichen 60
Das magische Kind 62
‚Elementale' 63
Klärung von Traumata und vergangener Leben 64
Eine Übung eigens für spirituelle Lehrer 66
Sucht 67
Verlässlicher Schutz 68
Lichtarbeiter-Syndrom 69
Initiation 69
Eine Situation entstören 70
Konditionierungen auflösen 72
Eine neue Tagesordnung 72

4. Kapitel: Der Höhepunkt der Gesundheit 76

Der göttliche Körper 76
Krankheitsursachen 76
Die rosa Farbe 79
Fastenkuren 80
Gewichtsprobleme 82
Fort mit dem Gewicht 84
Bewegung 85
Die genetische Kette sprengen 88
Unfall-Karma klären 89
„Unheilbare" Krankheiten loslassen 90
Die Ursache klären 91
Heilung durch Visualisieren 93
Visualisieren 94
Heilung durch Handauflegen 95
Augen haben für das Vollkommene 95
Der Genesungsprozess 95
Vollkommene Gesundheit 97

5. Kapitel: Die eigene Macht annehmen **99**
Soziale Konditionierung und Macht 100
Das eigene Leben erschaffen 102
Die Angst vor Macht loslassen 103
Macht, Liebe, Geborgenheit 104
Sich behaupten 105
Die richtige Entscheidung 108
Klarheit, Präsenz, Erdung 109
Die Macht der Gedanken 110
Ich bin der/die Ich Bin 111
Die Macht des gesprochenen Wortes 112
Handeln 115
Richtiges Handeln in der Gruppe 116
Wirklich da sein 117
Der aufrechte Gang 117
Lachen 117
Der 40-Tage-Prozess 118
Ausgelassenheit 118
Singen und Trommeln 119

6. Kapitel: Beziehungen harmonisieren **120**
Vermählung zwischen innerem weiblichen
und männlichen Aspekt 121
Verschmelzung der rechten und linken Gehirnhälfte 123
Göttliche Freundschaftserklärung 124
Angst vor Nähe 125
Paarbeziehung oder Alleinsein? 126
Kommunikation 127
Dem Spiel einen Namen geben 128
Ins Reine kommen 129
Psychische Bindung lösen 131
Partnerschaftsheilung 133
Tantrischer Sex 135
Die Sexualität segnen 137
Eltern-Kind-Beziehung 137
Affirmationen für Beziehungen 139
Zum Tod eines geliebten Menschen 143
Die Kameradschaft wilder Tiere 146
Initiation 147
Natur 148
Orte 149

Dein neues Zuhause 149

7. Kapitel: Die Lebensaufgaben erfüllen 152

Absichtserklärung 153
Dem eigenen Leitstern folgen 154
Manifestierte Liebe 154
Tu, was dir Spaß macht, und lass es dir gut gehen 157
Die Arbeit wechseln 159
Erklärung der eigenen Aufgaben 161
Aufgaben erfüllt! 161

8. Kapitel: Ein Leben im Überfluss 164

Den Überfluss ins Leben lassen 166
Meditation für den Überfluss 171
Kräfte des Überflusses 172
Geben 173
Das leidenschaftliche Wort 175
Möglichkeiten der Manifestationen 175
Das Gewünschte empfangen 176
Ich bin göttlicher Überfluss 180

9. Kapitel: Die Göttin erwecken 181

Starke Frauen 181
Was muss absterben? Was will weiterleben? 183
Die Integrität der Gefühle 184
Göttin der Schönheit 184
Bewusste Mutterschaft 185
Der heilige Uterus: Würdigung und Fruchtbarkeitsregelung 187
Göttin des Kommerz 189
Als Göttin/Gott handeln 190
Ich bin die Göttin 191

10. Kapitel: Dem Einen dienen 193

Dem Einen dienen 193
Gebete für die Erde 194
Ein Netz aus Licht 194
Gebet für die Heilung 195
Der sanfte Übergang ins Zeitalter des Lichts 196
Gebet für einen Menschen 197
Astralheilung 198
Gedankenformen 198
Wesenheiten 199

Im Schlaf 201
Gruppendienst 202
Mit reinem Herzen dienen 203

11. Kapitel: Verjüngung und Unsterblichkeit 204
Ist Verjüngung/Unsterblichkeit etwas für mich? 206
Das Unbewusste klären 206
Den Tod loslassen 208
Das Leben wählen 209
Hindernisse überwinden 210
Den Körper umprogrammieren 219
Die Todeshormone in der Hypophyse umkehren 219
Die Sprache der Unsterblichkeit und Verjüngung 221
Die Liebe zum Körper 222
Der Lichtkörper 222
Verjüngungsprogramm 223
Ein Zeitplan für die Verjüngung 228
Verjüngung unmittelbar durch das Göttliche 228
Die Tibetischen Riten 229
Forschung und Verjüngung 231
Abbildung der Übungen: Die fünf Tibeter 233

12. Kapitel: Aufstieg ins Licht 234
Das Lichtzeitalter 234
Aufstieg ins Licht 234
Aktivierung 236
Initiation für den Aufstieg ins Licht 237
Sich dem göttlichen Selbst ausliefern 242
Bilokation 242
Göttliche Eigenschaften 244
Überall gegenwärtig 245
Chanten 246
Sonnengruß 247
Dein Heimatstern 251
Das letzte Leben auf der Erde 251
Initiation 252
Das Leben als Meister 252

Vorwort

Was sagt mir meine Intuition, meine Seele? Was will mein Herz? Was macht mir Freude?

In diesen kleinen Fragen spiegeln sich die großen Veränderungen wider, die sich gegenwärtig in unserem Denken vollziehen. Viele Jahrhunderte lang hingen die Entscheidungen der Menschen an ganz anderen Fragen: Wird meine Familie das akzeptieren? Was wird der Pfarrer sagen? Wo bekomme ich Nahrung und Unterkunft? Wie kann ich das meiste Geld verdienen? Damals suchten wir draußen nach Antworten; heute schauen wir immer mehr nach innen und folgen unserem Herzen.

Allmählich kommt uns die Erinnerung zurück, dass wir Teil des Göttlichen sind, und dadurch erhält unser spirituelles Leben neue Dimensionen. Wie und wie schnell sich dieser Prozess vollzieht, entscheidet jeder von uns ganz individuell.

Initiationen verwandeln unseren Geist und unser Herz und lassen uns das Göttliche tiefer erfahren. Sie unterstützen die Auflösung von Karma, die Heilung von Beziehungen und Verhaltensmustern und die Transformation von Bestehendem. Initiationen wurden und werden im Rahmen bestimmter Lehren von einem Meister oder Guru durchgeführt, und dies war in der Vergangenheit sehr hilfreich.

Gegenwärtig wachen viele von uns aus ihren Illusionen auf und sind nun bereit, mit der eigenen inneren Weisheit in Berührung zu kommen und sich unmittelbar von ihr initiieren zu lassen. Wir wollen unseren eigenen Weg gehen und entdecken, wie unser göttliches Selbst die Dinge handhabt; wir wollen die Individualität von Gott/Göttin ausdrücken, der/die wir sind. Wir brauchen genau diese Erfahrung, denn ob wir nun unseres Weges ziehen, schlendern, gleiten oder fliegen: Wir tun es im Rhythmus unserer Seele. Das verleiht uns Macht und erfüllt unser Leben mit Glück.

Wenn die Initiation von innen diktiert wird, ist keine bestimmte Reihenfolge der Ereignisse zu beachten. Zwar folgt die Entwicklung meistens einer bestimmten Logik, aber es ist besser, sie nicht zu kennen, denn Offenheit und Spontanität können zu überraschenden Ergebnissen führen.

Eine Initiation kann ein großer Sprung nach vorn sein, ein Ereignis, das das ganze Leben verändert. Vielleicht ist sie aber auch nur ein ganz kleiner Schritt, den wir gar nicht als solchen erkennen. Doch viele kleine Schritte führen uns schließlich zur wahren Größe unseres Seins und zur Auflösung unseres Karmas. Wir können Initiationen häufig erfahren, und an den wichtigen Wendepunkten in unserem Leben für eine Zeitlang sogar täglich.

Wie kann dir ein Buch über die Initiationen eines anderen Menschen in einer Zeit behilflich sein, in der du deinen eigenen Weg findest und deine Initiationen von deiner Seele erhältst?

Initiationen, die zur Erfahrung des Göttlichen führen, sind für jeden von uns gleichermaßen unerlässlich. Zu den Dingen, die wir alle lernen müssen, gehören das Gefühl, geborgen zu sein und geliebt zu werden, das Gefühl, Wert zu haben und mächtig zu sein; zu vergeben und die Vergangenheit zu entlassen, uns der Liebe in uns zu öffnen und sie auszudrücken, Gott/Göttin und dem Leben zu vertrauen; das eigene Leben aus der Leidenschaft unseres Herzens zu erschaffen, in der zeitlosen, unbeschreibbaren Realität präsent zu sein. Während wir diese Stufen nehmen, haben wir auch etwas zu geben. Wir sind keine einsamen Wölfe. Wir sind aufeinander angewiesen und helfen uns gegenseitig. Wer den Weg schon vor uns gegangen ist, reicht uns die Hand, und wir stehen denen bei, die nach uns kommen. Hilfe kann, muss aber nicht praktischer Natur sein. Da wir alle Teil einer großen Einheit sind, findet Hilfe auch auf der Bewusstseinsebene statt.

Jeder Heiler braucht einen Heiler, sagt ein Freund. Wer wir auch sind und wie weit wir uns auch realisiert haben mögen: Manchmal müssen wir das Leben mit fremden Augen sehen, uns mit fremder Weisheit und fremden Gaben verbinden. Unsere Seele ist grenzenlos, doch solange wir ihre Unermesslichkeit nicht erfahren haben, wird unsere Sicht des Lebens beschränkt bleiben. Wir lernen voneinander.

Alle Initiationen in diesem Buch kommen aus der Seele und fast alle aus meiner eigenen Göttlichkeit. Sie haben mir und den Menschen gedient, mit denen ich seit zwei Jahrzehnten in Seminaren und Workshops gearbeitet habe. Sie werden auch dir nützlich sein, wenn

- du für eine bestimmte Initiation bereit bist
- dir diese Arbeitsmethode liegt
- du sie auch tatsächlich anwendest

Ich vertraue darauf, dass diese Initiationen für dich genauso gut und wirksam sind, wie sie es für mich und andere waren.

1. Kapitel

Die Kraft der Initiation

Mein verlangendes Herz sucht die Essenz meiner Seele.
Meine Seele versucht, mich immerfort wissen zu lassen,
dass ich seit jeher eins mit ihr bin.

Leben ist ein Hologramm des Bewusstseins. Das Außen spiegelt das Innen auf vollkommene Weise wider. Wir entscheiden - bewusst oder unbewusst - in jedem Augenblick, was mit unserem Körper geschieht. Jeder Gedanke, jedes Gefühl, jede Beziehung, jede Situation, alles Geschehen wird von uns beeinflusst und gestaltet die Zukunft. Es ist ein fast unglaubliches Spiel, ein Tanz der Einheit, in dem alles, was geschieht, vollkommen für uns ist. [1]

Da alles Widerspiegelung ist, werden uns in allem unsere eigenen Überzeugungen und Erwartungen ans Leben und an die Mitmenschen vor Augen geführt, so dass wir sie erkennen können. Wir können dieses Wissen für unsere eigene Entwicklung nutzen, um Karma aufzulösen und eine glücklichere Realität zu schaffen. Daher ist es richtig zu sagen: „Alles ist gut, wie es ist."

Wenn wir alles, was uns widerfährt, ins Positive wenden können, wachsen wir wissend und zielbewusst. Dabei zu helfen, ist der Zweck dieses Buches.

In dieser Übergangsphase ins Zeitalter des Lichts gibt es jede Menge Gelegenheiten zur Selbsterkenntnis. Die Frequenz von allem beschleunigt sich. (Frequenz ist die messbare Geschwindigkeit, mit der etwas vibriert. Alles hat eine Schwingungsrate oder Frequenz, nicht nur Objekte, sondern auch Gedanken und Emotionen. Je schneller oder höher die Frequenz, desto mehr schwingt sie mit dem Göttlichen.) Die Erde selbst erhöht ihre Schwingung, genauso wie die ganze Natur, die Menschheit und alles vom Menschen Geschaffene. Damit beschleunigen sich alle Veränderungen, die jetzt

---

1 Wenn Wesen anderen ausgeliefert sind - wenn beispielsweise Kinder in die schwierigen Lebens-Konstellationen ihrer Eltern hineingeboren werden, die ihnen zum Zeitpunkt ihrer Geburt noch unbekannt sind, oder wenn Bäume vom Menschen gefällt werden - dann haben sie diese Umstände vielleicht nicht gewählt, müssen aber auf irgendeiner Ebene zugestimmt haben.

stattfinden, ganz gewaltig - eine große Herausforderung für uns alle! Zahl und Intensität der Initiationen haben sich so sehr verstärkt, dass wir jetzt in einem einzigen Leben erreichen können, was früher fünf oder mehr Leben in Anspruch nahm.

Was versteht man unter Initiation?

Es ist nicht leicht, das Wort Initiation zu definieren oder zu analysieren. Initiation ist das höchste Mysterium. Die Essenz unseres Lebens ist das Göttliche - das alles Sein Umfassende, das größte Mysterium. Es ist das Tao, das Universelle Sein, Gott oder die Kraft - wie immer man es nennen mag. Von Leben zu Leben schwingen wir uns auf zu immer höheren Ebenen und handeln dementsprechend. Solange wir uns vorgaukeln, nicht göttlich - nicht Teil des Ganzen - zu sein, werden uns unsere Initiationen Stufe um Stufe zu diesem Wissen führen. Da sich das Leben immerfort entfaltet, erleben auch die größten Meister wie Jesus oder Buddha Initiationen.

Initiationen sind Erweiterungen des Bewusstseins, die aus innerer Erfahrung entstehen. Sie können unbedeutend sein, sie können unser Leben aber auch völlig verändern. Das kann auf tausenderlei Art geschehen: durch ein Aha-Erlebnis, wenn du die Straße überquerst oder die Küche aufräumst. Du vergibst jemandem, der dir weh getan hat. Zaghaft erwacht das Vertrauen. Aus einer lebensbedrohlichen Krankheit kann ein neuer Lebenssinn entstehen. Große Initiationen erschüttern uns, verändern Beziehungen, heilen Vergangenheit, vermitteln uns neue Arbeit, führen uns zu einem Lehrer oder von ihm weg oder bringen uns dazu, selbst zu lehren.

Es muss nicht sein, dass eine Initiation mit der jeweiligen Umgebung oder dem jeweiligen Augenblick in Beziehung steht. Als meine Mutter sechs Jahre alt war und wie üblich in der Schule an ihrem Pult saß, vergoldete sich plötzlich die Welt um sie herum und sie befand sich im Paradies. Jemand wurde von der Erleuchtung wie vom Blitz getroffen, als er über die „Golden Gate Brücke“ in San Francisco fuhr. Andere wurden plötzlich und unerklärlich von dem Glücksgefühl übermannt, mit allem eins zu sein. Unser gewohnter Horizont kann sich jederzeit zu neuen Ebenen öffnen.

Initiationen können aber auch aus dem entstehen, was um uns herum geschieht. Ein Erdbeben oder eine Überschwemmung können buchstäblich unserem Leben eine neue Richtung geben. (Es spielt keine Rolle, wie viele Menschen von einer „Naturkatastrophe“ betroffen sind. Von einer höheren Warte aus gesehen hat sich jeder von ihnen diese Erfahrung ausgesucht, um daraus zu lernen und daran zu wachsen. Es gibt keine Zufälle. Am Tag vor dem großen Erdbeben in Mexiko sagte eine Frau zu ihrem Freund: „Ich weiß nicht warum, aber ich muss heute nach Mexico City fliegen.“ Natürlich kann es sein, dass sie dort helfen wollte.) Unsere Beziehungen zu Hause und bei der Arbeit, unsere Aktivitäten, alles kann uns zu Initiationen führen.

Initiationen sind oftmals ungeordnet und unbequem. Wir fühlen uns im Würgegriff, landen im Wasser, schlagen um uns und versuchen verzweifelt, das ferne Ufer zu erreichen. So etwas passiert, wenn wir uns wissentlich verschließen oder uns weigern, tiefer nach der inneren Wahrheit zu suchen. Eine lange Beziehung endet unerwartet, unser Zuhause löst sich auf, wir werden entlassen oder eine verheerende Krankheit befällt uns - hier greift das Leben drastisch ein, damit wir die richtige Richtung einschlagen. Je bewusster wir mit dem Leben kooperieren, also unserer Bestes geben, um unsere Wahrheit zu leben, desto leichter werden die Initiationen sein und desto mehr Freude werden wir dabei erfahren.

Viele mächtige Initiationen erfolgen durch Rituale. Bei schamanischen Einweihungen dient das rätselhafte Element dazu, das logische, lineare Funktionieren des Geistes zu verwirren. Dieses orientiert sich an der menschlichen Konditionierung und an der Zeit, die beide der Transformation nicht förderlich sind. Geister können beschwört werden. Die Dunkelheit, eine fremdartige Umgebung, Feuer, Objekte, die berührt oder getragen werden, Körperbemalung, Gesänge und Trommeln, Tänze - alle diese Hilfsmittel öffnen bereitwillige Herzen. Die Wandlung selbst erfolgt meist durch eine innere Reise, die von der Seele geführt wird.

Das Rätselhafte ist jedoch nicht unbedingt notwendig; Initiationen können ganz einfach sein. Dein Wunsch und deine Absicht, dich zu wandeln, die Bereitschaft, dich hinzusetzen und dich dem Geist zu öffnen, genügen. Dann befindest du dich nicht nur inmitten des Rätselhaften - *sondern du selbst bist* das Rätselhafte, und die Dinge nehmen ihren Lauf! Der Wunsch, deine bisherigen Grenzen zu überschreiten - die „Hülle“ durchzureißen - ist das Öl, das das alchemistische Feuer am Brennen hält. Selbst wenn dir dieser Wunsch nicht voll bewusst ist, öffnet er dich für die Veränderung, für ein neues Denken und Fühlen. Wenn du dir die Veränderung leidenschaftlich genug wünschst, kann dies allein schon die Initiation herbei führen. Du hast deine Göttlichkeit eingeladen, das Begrenzte durch das Unbegrenzte zu ersetzen, Hass durch Liebe, Abhängigkeit durch Freiheit - und sie hat deine Einladung angenommen.

Die Veränderung bedeutet ein neues und tieferes Einssein mit der Seele. Das kann sich in Freude, Glückseligkeit, Freiheit, Hingabe ausdrücken - ohne

Gedanken, ohne Worte. Die Wandlung geschieht jenseits des Verstandes, magisch, zeitlos, schöpferisch. „Du“ - deine Persönlichkeit, deine nach außen gerichteten Gedanken und Gefühle - führen diese Veränderung nicht herbei. Es ist das Göttliche in dir, das wirkt. Du fühlst dich neu belebt, was zu - großen oder kleinen - Veränderungen in deinem Leben führt.

Wir im Westen müssen normalerweise etwas mehr mit unserem Verstand arbeiten, um zu erkennen, wie einengend unsere Gedanken sind. Auch müssen wir uns bewusst machen, dass unseren Gedanken keine Grenzen gesetzt sind. Aus diesem Grunde arbeiten die meisten Initiationen mit dem Verstand. Aber der Verstand ist selbst eine Art Gefängnis. Indem wir mit ihm arbeiten, zeigt er uns eine größere und tiefere Wahrheit, aber er führt uns nicht dorthin. „Ein Finger, der auf den Mond zeigt“, sagen die Zen-Buddhisten. Das, was wir sind, das Universelle Ich-Bin, liegt jenseits von Ego und Verstand. Daher ist es das Ziel aller Initiationen, tiefer und tiefer in das Unergründliche, Unbeschreibliche zu gelangen.

Über die Initiationen

Jedes Kapitel dieses Buches entspricht einem Kapitel aus „Schlüssel zum Göttlichen Selbst - Der aufgestiegene Meister in Dir“, dem ersten Band dieser Reihe. „Schlüssel zum Göttlichen Selbst“ vertieft jedes behandelte Thema und schildert persönliche Erlebnisse. Wenn du dir unsicher bist, wird es dir gut tun, den entsprechenden Abschnitt im „Schlüssel zum Göttlichen Selbst“ zu lesen.

Die Kapitel sind bewusst nur lose geordnet und enthalten Initiationen, deren Spektrum vom unbedingt Notwendigen bis hin zum Transzendenten reicht. Sie sind sozusagen eine gedeckte Tafel, von der du dir das nimmst, was für dich richtig ist - zu manchem wirst du dich hingezogen fühlen, zu anderem nicht. Wir alle besitzen in bestimmten Bereichen Weisheit, und in anderen benötigen wir Unterstützung. Während du weiterliest, stellst du vielleicht fest, dass du nun für eine Initiation bereit bist, die dich früher gar nicht interessiert hat.

Wenn es dir Mühe macht herauszufinden, welche Initiationen richtig für dich sind, dann erinnere dich daran, dass du deine Seele durch dein Herz, deine Gefühle spüren kannst. Das Gefühl, auf dem richtigen Wege zu sein, oder ein „Aha“-Erlebnis zeigen dir, dass deine Seele dich führt. Wenn du dir eine klarere Führung von Deiner Seele (deinem höherem oder inneren Selbst, Gott, Meister, Guru, inneren Führer oder wie immer du deine Göttlichkeit auch bezeichnen magst) wünschst, dann lies am besten zuerst das Kapitel „Kontakt zur Seele“.

Nutzen der Initiationen

Initiationen sind Entwicklungsmöglichkeiten, auf die deine Seele aufbauen kann. Vielleicht hast du die Eingebung, Veränderungen daran vorzunehmen, etwas hinzuzufügen oder wegzulassen. Es mag sein, dass deine persönliche Initiation nur ganz am Anfang diesem Buch folgt und deine innere Führung dann eine völlig neue Richtung einschlägt. Gehe immer nach deinem Gefühl, wenn ein bestimmtes Vorgehen vorgeschlagen wird. Anstatt einer Visualisierung kannst du auch Worte oder Gefühle benutzen, wenn du besser damit zurecht kommst. Die beste Methode ist immer die, die dir am leichtesten fällt.

Einige Abschnitte, besonders die gesprochenen Affirmationen, enthalten keine Initiationen im eigentlichen Sinn, sondern Katalysatoren für Initiationen. Wenn du ein Muster durchbrechen möchtest, kannst du mehrere Tage oder auch Wochen lang zunächst einmal die befreienden Sätze laut aussprechen. Das bringt dir automatisch deine Überzeugungen und Gefühle ins Bewusstsein, die sich dieser Veränderung widersetzen. Dann kannst du daran gehen, sie zu transformieren. Die gesprochenen Sätze helfen auch, den neuen Standpunkt zu verankern.

Wann ist die beste Zeit für eine Initiation? Während dir dein Leben klarer wird, bemerkst du, wo du hängen bleibst - wo etwas nicht funktioniert. Hier bieten sich viele Gelegenheiten, Entdeckungen zu machen und an die Arbeit zu gehen. Suche dir im Inhaltsverzeichnis die Kapitelüberschrift heraus, die deiner gewünschten Veränderung am meisten entspricht.

Ein perfekter Zeitpunkt für eine Initiation ist gekommen, wenn wir uns in einer Sackgasse befinden, wenn wir nicht weiter wissen oder verzweifelt sind und glauben, am Ende unserer Kraft zu sein. Diese Dynamik ist den Anonymen Alkoholikern bekannt. Ein Gruppenleiter sagte mir einmal, dass die dramatischen Erfolgserlebnisse bei denen stattfinden, die völlig am Boden zerstört sind. Die Chinesen benutzen ein und dasselbe Schriftzeichen für „Krise“ und „Gelegenheit“. Eine ausweglose Situation kann die Tür zur Veränderung aufstoßen und ein mächtiges Potential enthalten.

Am besten eignet sich für die Initiation ein Ort, an dem du ganz für dich bist, wo du laut (ja, laut!) reden kannst oder auch weinen, lachen und schreien. Ein idealer Rahmen ist die Natur, da es in ihr nicht so viele beschränkte Gedankenformen (d.h. Energien von Gedanken und Gefühlen, die an Orte gebunden sind) wie in Gebäuden gibt. Außerdem kann sich dir gerade dann eine Tür zur Veränderung öffnen, wenn du deiner gewohnten Umgebung fern bist. Die Natur nimmt dich an, wie du bist und unterstützt dich in deiner Befreiung und Entwicklung.

Verbinde dich mit der Liebe und Weisheit deiner Seele und mit den inneren Führern, Meistern oder Engeln, die du liebst, und bitte sie um Unterstützung, bevor du mit der Initiation beginnst. Das ist ein wichtiger Schlüssel. Konzentriere dich während der ganzen Zeit auf deine Seele. Hör auf deine innere Weisheit, hör ihr zu und folge ihr, wohin sie dich führt.

Du kannst mit Schmerz, Wut, Trauer oder anderen starken Gefühlen in Berührung kommen. Deine Seele kann dich auf sie stoßen, damit du sie auflöst und deinen Weg weitergehst. Aber verstricke dich nicht im Drama! Lass die alten Gefühle hinter dir und vergib; erfahre Freude und Liebe! Wenn es dir Spaß macht, kannst du ruhig ein Weilchen im Drama schwelgen. Du kannst weinen oder toben, wenn dir danach ist. Aber das Ziel heißt Loslassen. Wenn das Loslassen längere Zeit erfordert, ist es wichtig, dass du im Gleichgewicht bleibst; vielleicht genügt es, wenn du jeden zweiten Tag weinst.

Sei dir bewusst, was du tust. Alte, ans Tageslicht geförderte Gefühle, können in einen Kreislauf einmünden. Dem wütendsten Menschen, dem ich je begegnet bin, war ein Urschrei-Therapeut, der anderen half, sich von aufgestauter Wut zu befreien. Wenn du eine tiefe Quelle von Schmerz aufgedeckt hast, *dann identifiziere dich nicht mit dem Schmerz,* sonst wirst du in dreißig Jahren vielleicht immer noch daran zu knacken haben! Entschließe dich, durch ihn hindurch an den Punkt zu gelangen, wo er nicht existiert und niemals existiert hat. Mehr darüber im Kapitel „Den Empfang klären“, Abschnitt „Den Teufelskreis sprengen “.

Versuche nicht, deine Initiation zu kontrollieren, denn das hält dich in deinem Verstand gefangen. Veränderungen sind nicht immer einfach. Die Initiation ist ein Sprung - ein großer oder kleiner Sprung, der vom Vertrauen, von der Seele getragen ist. Es lässt sich nur schwer in Worte fassen, aber du wirst es verstehen, wenn es geschieht.

Denk daran, dass Veränderung durch dein Verlangen danach, durch das ständige Anfachen der Energie, durch Absicht, Entschlossenheit, Geduld und Beharrlichkeit zustande kommt. Und vergiss nicht die Seele. Sie ist das Geheimnis, die Gnade; sie ist Aufschwung, Freude, Licht, das Neue. Du bist die Seele.

Eine Initiation kann mehr als eine Sitzung in Anspruch nehmen, vielleicht mehrere Stunden konzentrierter Tiefenarbeit, die über einige Tage verteilt ist. Manche Vorhaben sind gewaltig. Um dir selbst und allen und allem vollkommen zu vergeben, wird sicherlich viele Sitzungen über Jahre hinweg erfordern. Die Dauer ist unwichtig. Wichtig ist, dass du dich mit ganzem Herzen und voller Entschlossenheit auf die Initiation einlässt.

Du kannst Dir eine Frist setzen, in der du die Initiation vollständig empfangen und zum Abschluss bringen willst. Vierzig Tage oder sechs Wochen scheinen bei einer wichtigen Veränderung eine realistische Zeitspanne zu sein. Du kannst dir auch deinen eigenen Zeitrahmen stecken - drei, sechs, neun, zwölf oder vierundzwanzig Monate - und jede Woche oder jeden Monat einen bestimmten Teil der Initiation schaffen. Ein Tagebuch, in dem du deine Erfahrungen aufschreibst, kann recht hilfreich sein. Wenn du dein Ziel nicht rechtzeitig erreichst, dann vergiss nicht, dass du dir die Frist selbst gesetzt hast, und passe den Zeitrahmen deinen Bedürfnissen an. Glaub nie, dass du gescheitert bist. Du warst dir einfach nicht ganz im klaren darüber, wieviel Zeit du brauchst - und jetzt weißt du es besser. Ermutige dich immer und gestehe dir ruhig Zeit zu, bevor du von Neuem beginnst.

Die Integration der Energien einer Initiation ist ebenso wichtig wie die Zeit, in der du die Initiation empfängst. Sei nicht verbissen, gönne dir Ruhe und Vergnügen, nimm dir Zeit zum Atmen und zum Entspannen und finde deinen eigenen Rhythmus. „Langsamkeit ist Heiligkeit", sagte Baba Herakhan einmal.Meistens ist es am besten, wenn du bei der Initiation allein bist. Wenn ein Freund/eineFreundin für die gleiche Arbeit bereit ist wie du und ihr euch gegenseitig unterstützen wollt und wenn ihr beide ausgeglichen und weise genug dafür seid, dann kann Zusammenarbeit sehr fruchtbar sein. Ihr könnt eine Anleitung aus dem Buch lesen und euch dann genug Zeit für die Ausführung lassen. Ihr könnt auch zusammen die Kassette hören (s. u.) oder euch etwas anderes einfallen lassen.

Die Kraft des gesprochenen Wortes ist nicht zu unterschätzen. In vielen Initiation gibt es Affirmationen, die Wahrheiten enthalten. Wenn du sie aussprichst, empfiehlt es sich, dass du eine Körperhaltung einnimmst, die dir Kraft gibt: Füße hüftbreit auseinander, gelockerte Knie, gerader Rücken, erhobener Kopf, weder vor- noch zurückgeneigt, sondern völlig aufrecht, Blick nach vorn. Sprich die Worte klar und energisch - laut oder leise, je nachdem, was sich am besten anfühlt. Verändere sie so, dass sie dir Kraft geben.

Sei gesegnet!

2. Kapitel
Kontakt zur Seele

Verbinde Dich mit Dir.
Werde, was Du bist.
Sei was Du bist - ein göttliches Wesen!

Was ist deine Göttlichkeit? Es gibt viele Worte dafür: das Meister-Selbst, Göttlichkeit oder göttliches Selbst, der innere Vater, das höhere Selbst, Ich-Bin-Gegenwart, der innere Christus, dein wahres Selbst. Deine Göttlichkeit ist völlig eins mit Gott - dem Göttlichen, dem Tao, der Seele oder universellen Lebenskraft, Alles-was-ist - und des Einsseins vollkommen bewusst. Sie ist ein individualisierter Ausdruck von Gott/Göttin.

Es gibt viele Aspekte der individuellen Göttlichkeit. Verschiedene Lehren geben ihr unterschiedliche Namen. Der Kontakt geschieht immer mit der richtigen Lehre und zur rechten Zeit. Ein Aspekt, der oft als Christus bezeichnet wird, verbindet das rein Göttliche - das keine begrenzte menschliche Erfahrung kennt - mit dem Menschlichen. Gegenwärtig nehmen viele Menschen Kontakt mit der Christusebene auf. Über dieser existiert das große Meister-Selbst oder die Ich-bin-Gegenwart, und jenseits davon gibt es wieder andere ‚Gegenwarten‘ der kosmischen Ebene. Jeder Aspekt hat eine eigene Frequenz und einen eigenen Ton oder Namen.

Ein geistiger Führer, wie viele jetzt einen haben, kann ein Aspekt der eigenen Göttlichkeit sein, ein Meister oder Freund aus vergangenen oder dem gegenwärtigen Leben oder etwas ganz anderes. Er kann einer Sphäre entstammen, die den Menschen nahe ist - z. B. die verstorbene Großmutter -, aber auch aus den höchsten Sphären.

Es gibt keine natürliche Trennung zwischen dem, was wir „Ich“ nennen, und unserer Göttlichkeit. Die Trennung besteht nur in unserem Kopf, in unseren Überzeugungen. Durch unsere uralte Entscheidung, der Materie mehr zu vertrauen als der Seele, die die Materie schuf und mit Leben erfüllte, verloren wir das Bewusstsein, dass *wir* göttlich sind.

Die Tage der Trennung neigen sich dem Ende zu und wir kehren - nach langer Zeit endlich - zur Erfahrung unserer Göttlichkeit zurück. Wir sagen das so ruhig, aber in Wirklichkeit ist es ein bewusstseins- und lebensverändernder, glaubenszerstörender, manchmal haarsträubender Prozess. Es ist die Auferstehung vom Tod und die Rückkehr ins Leben.

Die Initiationen in diesem Kapitel schlagen eine Brücke über die Schlucht des Abgetrenntseins und führen uns ins Paradies auf der anderen Seite.

Ich danke der ‚Lehre des Inneren Christus' (TIC), für einige wichtige Techniken, die ich in diesem Buch verwende. (Ich arbeitete bei dieser Kirche als geistliche Rätin. Meine Arbeit schlug später eine andere Richtung ein, doch habe ich einige unschätzbare Methoden aus dem TIC beibehalten.)

Wie ist deine Beziehung zu Gott?

Bevor wir mit den Kontakt-Initiationen beginnen, solltest du dir klar machen, wie du über Gott und deine eigene Göttlichkeit denkst, die eins ist mit Gott. Die meisten projizieren ihre Eltern und Großeltern in Gott, aber nur wenige haben in der Kindheit gottähnliche Liebe erfahren. Menschliche Liebe ist meist an Bedingungen geknüpft: Ich liebe dich, wenn ...... Und wenn ein Elternteil liebevoll war, aber auch hart bestrafte, dann verstehen wir unter Liebe etwas, was Bestrafung mit einschließt.

Das Vertrauen in die göttliche Liebe wächst ruhig, sanft und mit der Zeit. Unseren Eltern und Großeltern ihre Unzulänglichkeiten zu vergeben und unsere Beziehung zu ihnen zu heilen, ist ein wichtiger Schritt.

Die Liebe des Göttlichen zu sich selbst in uns ist unendlich groß, ewig und bedingungslos, doch aus menschlicher Sicht erhaschen wir nur einen schwachen Schimmer von ihr. Je mehr wir mit unserem göttlichen Selbst verschmelzen, desto mehr Liebe können wir fühlen. Wir selbst sind göttliche Liebe. Der göttlichen Liebe vertrauen heißt, uns selbst zu vertrauen. Wir sind Liebe, Liebende und Geliebte zugleich.

Initiation

Suche einen ruhigen Ort auf und rufe dein göttliches Selbst. Wenn du es wünscht, rufe auch einen geliebten Meister herbei oder ein anderes Wesen der Liebe Gottes und des Lichts.

Öffne dich für die Liebe: Geh in die Meditation oder denk an einen Augenblick voller Liebe und Glück oder an einen geliebten Meister oder etwas anderes, was in deinem Herzen Liebe erweckt.

Wenn du bereit bist, bitte darum, göttliche Liebe fühlen und empfangen zu können - sie ist da. Öffne dich ihr. Sei offen wie ein kleines Kind und lass so viel Liebe einströmen wie möglich.

Wenn Schmerz, Leid, Angst, Wut, Skeptizismus, Härte in dir auftauchen, dann liebe sie und bitte darum, dass sie von dir genommen werden, wenn du bereit bist. Bitte die goldene Flamme deiner Göttlichkeit, jede Ebene deines Wesens zu durchdringen: Unbewusstes und Bewusstsein, Gefühle, Körper und Aura. Atme tief. Streiche beim Einatmen mit den Händen an deinem Körper entlang und führe sie beim Ausatmen über deinen Kopf hinaus. Trenne dich von den alten Gefühlen. Lass sie los, so gut du kannst.

Meist löst sich bei dieser Arbeit eine ganze Schicht. Das erfordert Zeit, und deine Arbeit kann noch mehr zum Vorschein bringen, was zu verzeihen und zu lösen ist. Aber du wirst es schaffen.

Öffne dich jetzt wieder der Liebe. Je mehr du empfängst, desto intensiver wird deine Arbeit. Auch wenn du keine oder nur wenig Liebe spürst, kannst du sicher sein, dass deine Bemühung tausendfach auf dich zurückkommen wird. Für jeden Schritt, den wir unternehmen, macht unsere Göttlichkeit zehn.

Hier einige Feststellungen, die du dir laut oder leise vorsagen kannst:

Ich bin eins mit Gott. Ich bin göttliche Liebe. Das Göttliche liebt sich in mir. Ich bin geschützt, die göttliche Liebe zu empfangen und von ihr eingehüllt zu werden. Ich vertraue ihr und ihrer Führung. Göttliche Liebe ist meine Liebe für mich selbst. Mit der Unschuld eines Kindes öffne ich mich der Liebe wie eine schöne Rose. Die Rose wird von Sonnenschein, Regen und Erde genährt. Wie könnte es sein, dass ich, Ebenbild des Göttlichen, weniger genährt werde? Ich werde unendlich und ewig geliebt. Ich bin Liebe, Liebende(r) und Geliebte(r).

Den Empfang klären

Wenn du mit der Seele kommunizierst, musst du zuerst deinen „Empfang“ überprüfen. Ist er geklärt? Damit ist gemeint, dass sich keine andere Energie in deiner Aura befindet als deine eigene und dass deine Energie klar genug ist, um mit deiner Seele zu kommunizieren. Natürlich können wir von anderen Energien beeinflusst sein, und wir alle kennen dieses Phänomen, auch wenn wir es nie benannt haben. Selbst der Aufrichtigste und Erfahrenste muss dem Empfang die größte Aufmerksamkeit widmen.

Dies ist sehr einfach. Sprich mit Überzeugung - laut oder leise - folgende Worte:

Meine Aura besteht jetzt ausschließlich aus der Liebe und dem Licht meiner göttlichen Ich-Bin-Präsenz.

Erinnere dich daran, du kannst auch Christus, Gott oder einen anderen Begriff verwenden.

Jetzt genügt deine einfache Absicht, dich tief mit der Seele zu verbinden.

Wenn du unklar bist, können unerlöste Überzeugungen und Gefühle deinen Kanal verstopfen, vielleicht duldest du auch andere Energien in deiner Nähe. Wenn es psychische Verstrickungen mit einer anderen Person aufzulösen gibt, kannst du im Kapitel über Beziehungen nachschlagen. Zur Heilung von Denken und Gefühl sieh im Klärungskapitel nach. Um Gedankenformen oder eine Wesenheit loszulassen (eine Person, deren Geist anwesend ist), siehe das Kapitel „Dienen“. Mach dir keine Sorgen, alles geschieht zur rechten Zeit. Gib jetzt einfach dein Bestes.

Die Kontakt-Initiation

Meditation

Schaffe dir Raum in der alltäglichen Betriebsamkeit, um die Tür zu deinem wahren Wesen zu öffnen, und lade das Höhere Selbst ein, einzutreten. Zumindest am Anfang brauchst du wahrscheinlich die Meditation, um dich mit deiner göttlichen Gegenwart zu verbinden und mit ihr zu verschmelzen. Meditation ist der Raum, in dem du innere Führung erhältst.

Folgende Schlüsselmeditation führt zur Tiefenentspannung von Körper, Geist und Gefühl. Wenn wir ganz entspannt sind, sind wir mehr wir selbst und können besser Kontakt aufnehmen.

Setz dich bequem und in aufrechter Haltung hin. Schließe die Augen und atme tief und sanft. Spüre, wie du durch das Wurzelchakra (das Energiezentrum am Steißbein) und die Füße tief mit dem Zentrum der Erde verankert bist. Spüre den Halt, den dir Mutter Erde gibt, dein Einssein mit ihr. Atme tief und entspanne dich.

Lade die Liebesenergie unserer Göttlichen Mutter ein (oder von Maria, Quan Yin, Saraswati, deiner eigenen inneren Göttin oder einem anderen Aspekt der Göttin), damit sie vom Erdzentrum aus in deine Füße fließt und jede Zelle und jedes Atom mit Liebe füllt. Diese wundervolle fließende, rosa-goldene Liebeslicht-Energie ist die Essenz der Liebe Gottes oder des Universums. Lass deine Füße diese Liebe spüren. Sorge dich nicht, wenn du gar nichts fühlst, sondern fahre einfach fort. Diese Energie fließt jetzt nach oben in deine Knöchel, Waden, Knie und Oberschenkel. Nimm zwei tiefe Atemzüge dieser Liebe und entspanne deine Beine und Füße.

Nun strömt die göttliche Liebesenergie in deinen Unterkörper, in die Genitalien, steigt langsam hinauf in den Solar plexus und in den mittleren Rücken, in den Brustkorb, oberen Rücken und in die Schultern. Versuche wieder, diese Liebe zu spüren. Nimm drei tiefe Atemzüge von dieser Energie und entspanne den Rumpf.

Lass jetzt die Liebe in deine Arme und Hände fließen, dann hinauf in den Hals, ins Gesicht, in den Kopf. Lockere Kinn und Kiefer und lass sie entspannen; schüttle deine gesellschaftliche Rolle von dir ab. Lass Mund und Wangen einsinken, entspanne Augen und Stirn. Spüre die Liebe und atme zweimal tief durch.

Wenn du es möchtest, kannst du die Lichtenergie des Göttlichen Vaters einladen, durch deinen Scheitel in deinen Körper zu fließen und sich mit der Energie der Göttin zu vereinen.

Fahre fort, tief zu atmen, während du die Spannung in allen Teilen deines Körpers auflöst und dich immer mehr entspannst. Segne deinen Körper und sage leise oder laut:

Ich segne diesen geliebten göttlichen Körper. Dieser Körper bildet und nährt sich aus göttlicher Liebe und Intelligenz, göttlichem Licht und Willen.

Stimme dich tiefer ein ins Bewusstsein von Seele und Gefühl. Gedanken und Emotionen sind wie Kinder: Wir erschaffen sie, und sie benötigen unsere Liebe und unser Verständnis, um sich in der göttlichen Freiheit entfalten zu können. Bewertungen oder Ängste kannst du in einen höheren Zustand überführen, indem du sie liebevoll annimmst und sich selbst dafür liebst, dass du diese Gefühle hast.

Wähle jetzt ein altes Muster, das du auflösen möchtest. Liebe und segne es. Umarme es! Liebe dich aus ganzem Herzen dafür, dass du es ausgesucht hast. Sprich folgendes:

Ich liebe mich für diesen Gedanken und dieses Gefühl. Ich umarme beide in Liebe. Ich segne alle meine Gedanken und Gefühle. Sie verwandeln sich jetzt in meinen natürlichen Ausdruck von Liebe, Freude, Licht, Weisheit, Wissen, Einssein und Kraft. So sei es.

Stimme dich jetzt noch tiefer in die Bewusstheit deiner Seele ein. Rufe sie herbei. Wenn du einen geistigen Führer oder einen Meister hast, mit dem du gern arbeitest, kannst du ihn jetzt rufen. Du kannst dich auf einen Meister oder Engel konzentrieren, über die du etwas weißt oder von denen du ein Bild hast. Sie können dich tiefer mit der Seele verbinden. Oder bitte einfach Gott oder dein Inneres Selbst, bei dir zu sein, du zu sein.

Du kannst nun die folgenden Affirmationen führen und aussprechen:

Ich bin die Liebe Gottes. Ich bin Gottes Licht. Ich bin ein göttlicher Meister und erinnere mich daran, wer ich wirklich bin. Ich bin schön. Als Teil des Göttlichen bin ich ewig unschuldig und gut. Ich werde unendlich geliebt, unterstützt und versorgt. Ich bin das Wissen und die Weisheit von Gott/Göttin. Ich bin Freiheit und Kraft. Ich bin Freude. Ich bin die göttliche, unendliche Fülle. Ich bin eins mit allem.

Werde jetzt zum empfangenden Gefäß, sei bereit, von der Seele zu empfangen. Du kannst hören, fühlen und sehen, was dir die Seele gibt. Wenn du abgelenkt wirst, beobachte, wie dies kommt und geht, ohne ihm Aufmerksamkeit zu widmen. Verweile zwanzig bis dreißig Minuten in diesem Zustand.

Es ist gut, zweimal am Tag zu meditieren.

Einen inneren Namen hören

Möchtest du einen inneren Namen für einen Aspekt deiner göttlichen Natur erhalten, dann kannst du ihn jetzt erfragen.

Der Name kann zum Beispiel der eines Meisters und dir schon bekannt sein; es kann aber auch ein dir völlig neuer Name sein. Du kannst ihn entweder als Ganzes oder in Bruchstücken übermittelt bekommen.

Versuche, ihn zu hören. Sei entspannt, geduldig, offen und konzentriere dich auf die Liebe. Lass dir Zeit. Wenn du Schwierigkeiten damit hast, erbitte Buchstabe um Buchstabe. Wir machen uns hier leicht etwas vor und hören dann Namen, die uns der Verstand eingibt. Nur wenn dir das Empfangene im tiefsten Herzen richtig erscheint, stammt es wahrscheinlich aus der Seele. Sei offen, aber gleichzeitig auch kritisch. Und nimm dir alle Zeit, die du benötigst.

Ein Name kann etwas Schönes sein, aber du brauchst keinen, um dich auf deine Seele einzustimmen. Du kannst auch einen der folgenden Begriffe benutzen: Gott, meine Ich-Bin-Gegenwart, mein inneres Selbst, meine Göttlichkeit, meine inneren Führer, mein Rat der Zwölf oder des Lichts. Am besten ist, was für dich am natürlichsten ist.

Das Zeichen empfangen

Unabhängig davon, ob du mit einem Namen arbeitest, kannst du um ein „Zeichen" durch deinen physischen Körper bitten. Du kannst spontan ein Zeichen bekommen - ein sanftes Hin- und Herschwingen in der Meditation oder einen Schauer durch den Körper -, wenn du die Wahrheit hörst. Der Vorteil eines solchen Zeichens ist, dass du die Seele unmittelbar durch und als deinen Körper empfängst. Dies hilft dir - und deinem Körper - eine Botschaft klarer zu verstehen!

Fast alles kann zum Zeichen werden: ein Licht in deinem Dritten Auge (dem sechsten Chakra, das sich zwischen den Augenbrauen befindet), Farben, eine Vision, oder der Duft von Blumen. Es kann auch eine Bewegung in einem Teil deines Körpers sein - im Kopf, im Daumen, im Arm -, ein Gefühl der Liebe, ein Wohlgefühl im Herzen, ein Kribbeln, eine Veränderung beim Atmen. Es wird oft von einem tiefen Gefühl der Freude und der Liebe begleitet.

Wenn du möchtest, dann bitte um ein Zeichen. Sei geduldig, entspannt und konzentriere dich auf die Liebe. Wenn du etwas empfängst, dann prüfe es. Bitte darum, dass sich das Zeichen verstärkt, dass es verschwindet und wiederkommt. Ein Zeichen, das wirklich aus der Seele kommt, besteht diese Tests. Falls du kein Zeichen erhältst, denk daran, dass die Seele nichts zurückhält; es liegt dann an deiner fehlenden Bereitschaft, meistens am mangelnden Vertrauen in Gott. Wenn du dein Vertrauen und deine Offenheit entwickelst, kann ein Zeichen kommen. Dein vertrauensvolles Bitten öffnet die Tür.

Eine Bewegung ist ein definitives und klares Zeichen, und du kannst darum bitten, wenn du es wünschst. Bei mir ist es eine Drehung des Kopfes - und neuerdings stellt sich auch ein freudiges Lächeln ein. Die Kehrseite eines körperlichen Zeichen ist, dass dein Verstand hier leichter als bei subtilen Zeichen intervenieren kann und deinen Körper bewegt. *Wenn du von der Seele empfängst, ist weiter nichts wichtig, als dass du in der Liebe bleibst.*

Unabhängig davon, ob du einen Namen bzw. ein Zeichen bekommst, kannst du von deinem Höheren Selbst Botschaften und Antworten auf deine Fragen erhalten.

Führung durch die Seele

Botschaften:

Jetzt bist du bereit, um eine Botschaft, eine Antwort auf eine Frage oder eine Führung zu bitten.

Botschaften aus der Seele werden normalerweise in Abstraktionen vermittelt, selten in Worten oder Bildern. Wir übersetzen diese Abstraktionen in die Form, in der wir sie am besten verstehen. Daher drücken zwei Menschen die gleiche Botschaft unterschiedlich aus.

Folgende Ausdrucksformen sind gängige Übersetzungen der Abstraktionen der Seele in eine uns verständliche Sprache:

Worte: Du kannst in deinem Geist Worte „hören" - so als spräche jemand tatsächlich zu dir. Oder du kannst auch nur Schlüsselworte hören, die zusammengefügt einen Sinn ergeben. Nehmen wir einmal an, die ganze Botschaft lautet: „Diese Beziehung ist gut für dich. Ihr habt so lange gewartet, bis ihr beide dafür bereit ward. Ihr seid alte Seelengefährten." Du könntest dann etwa folgende Worte empfangen: „Beziehung....gut....gewartet... Seelengefährten" und die Bedeutung fühlen, die dahintersteckt.

Bilder, eine Vision: Hier siehst du vor deinem geistigen Auge ein Bild, das dir eine Botschaft vermittelt. Natürlich kann es sein, dass du seine Bedeutung nicht verstehst. Dann frage nach ihr, verschaff dir Klarheit.

Fühlen und Wissen: Wenn du die Botschaft spürst, brauchst du keine Worte. Etwas unmittelbar aus der Seele zu wissen oder zu fühlen ist intuitives Erleben, und damit deutlicher, als Bilder und Worte sein können. Manchen ist dieses intuitive Erleben zu unspezifisch, aber es ist eine wunderbare Möglichkeit, Botschaften aus der Seele zu empfangen.

Eine Kombination mehrerer oder aller dieser Elemente: Dies ist häufig der Fall und vertieft und bestätigt das Empfangene.

Wenn du um eine Botschaft bittest, kann es hilfreich sein, tief in die Augen eines geliebten Meisters zu schauen. Schau dir ein Bild von ihm an oder stelle ihn dir in deinem Geist vor. (Sei nicht überrascht, wenn sich der Ausdruck auf dem Bild verändert!)

Wenn du um eine Botschaft bittest, erhältst du wahrscheinlich eine Botschaft der Liebe für dich; es wird dir übermittelt, wie wundervoll du bist oder dass du dich mehr lieben sollst.

Antworten auf Fragen

Wenn deine Beziehung zu deiner Seele liebevoll und echt ist, weißt du, welche Fragen du stellen sollst. Richtig sind die Fragen, die dir am Herzen liegen und mit dem großen Plan deines Lebens zu tun haben. Nebensächliches ist normalerweise nicht das Beste. Wenn ich etwas verloren und überall danach gesucht habe, rufe ich manchmal frustriert: „*Wo ist es nur, Gott?*“ Meistens ist es dann innerhalb von Sekunden in meinen Händen. Du kannst nach allem fragen, was du wirklich wissen möchtest, auch wenn es unbedeutend erscheint: nach einem Erlebnis, das du nicht verstehst, nach der Gesundheit deiner Katze, nach Geldquellen. Alles ist richtig, keine Frage wird beurteilt. Doch sollte die Anwesenheit einer so liebevollen, machtvollen Energie stets geehrt und zum größten Nutzen eingesetzt werden.

Die Form deine Bitte reflektiert die Natur Gottes/des Universums. Du bist keine Marionette, an deren Fäden Gott zieht. Wie du das Leben erfährst, wird von deinen bewussten und unbewussten Gedanken und Gefühlen bestimmt. Wenn du fragst, ob du etwas tun sollst oder ob du bald eine Beziehung haben wirst, lässt du etwas mit dir geschehen, und das ist nicht deine höchste Wahrheit. Auch wenn du beispielsweise fragst, ob es bald ein großes Erdbeben geben wird, leugnest du die eigene Schaffenskraft.

Hier einige mögliche Fragen, die aus einem tieferen Verständnis gestellt werden. Ich bin Mitschöpfer von Gott/dem Universum, eins mit allem und allen. Das, was für mich wahrhaft am besten ist, ist auch für alle das Beste.

- Ist es tatsächlich mein Wunsch, (dies zu tun); kommt dieser Wunsch aus meinem Herzen, entspricht er mir jetzt in diesem Augenblick wirklich?
- Ist es das Beste, was ich jetzt tun kann, eine Beziehung in mein Leben einzuladen? (Wenn ja:) Wie soll ich es anstellen?
- Ist es wahrscheinlich, dass es hier in diesem Jahr zu einem Erdbeben kommt? (Wenn ja:) Ist es möglich, diese Energie abzulenken? Wäre das weise? Was ist zu tun?

Wenn du den Wunsch hast, Meistern und Gott zu dienen, kann es gut sein zu fragen: „Was kann ich jetzt tun?“ Aber auch dann ehrt der Geist der Mitschöpfung dein menschliches Selbst und erlaubt dir, wenn nötig „nein“ zu sagen. Das ist gesund und ausgewogen.

Wenn es um die Beantwortung von Fragen oder um eine bestimmte Führung geht, solltest du wissen, dass dir deine Seele manchmal etwas sagt, was dann aber nicht so eintrifft. Ich plante einmal einen Tagesbesuch bei Bekannten an der Oregon-Küste, die etwa acht Autostunden entfernt in einem kleinen, abgelegenen Ort wohnten. Da ich nicht gern an einem Tag so weit fahre, hätte der Kurzbesuch vier Tage meiner Zeit beansprucht, die mir jedoch immer kostbarer wurde. Da kam mir die Idee, ein Privatflugzeug zu mieten. Ich fragte meine Seele: „Wird es helfen, wenn ich einen Aushang am örtlichen Flugplatz mache?“ „Ja“, war die feste Antwort.

Ich fuhr die 30 Kilometer zum kleinen Flughafen und hängte meinen Zettel aus, so dass er nicht übersehen werden konnte. Später am Tag erwähnte ich dies einer Freundin gegenüber. „Richard ist doch Pilot“, antwortete sie. „Frag ihn einfach: er arbeitet bei Truck Village.“

Ich rief Richard an, aber meine Reistermine kamen ihm ungelegen. Er empfahl einen anderen Piloten, der mich fliegen konnte. Die Seele wusste - sie weiß alles -, dass mein Aushang mir nicht auf direktem Wege den Flug verschaffen, mir aber letztendlich zum Erfolg verhelfen würde.

Eine Botschaft oder eine Idee, auf die du reagierst, kann eine Facette in einem ganzen Mandala von Führungen sein. James Twymans Idee, ein Friedenskonzert in Bosnien zu geben, war eine solche Botschaft.

Nicht jede Führung bringt uns erbauliche oder freudige Erfahrungen. Ein Freund, der Indien bereiste, wurde einmal angeleitet, allein eine Nacht in einem Tempel in Benares zu verbringen. Am frühen Morgen wurde ihm alles, aber auch alles geraubt. Er war völlig nackt, als er um Hilfe rief.

Als er mir später diese Geschichte erzählte, sagte er, ihm sei bewusst, dass ihm die Seele half, etwas Wichtiges zu lernen: dass er selbst dann noch heil und ganz war, als ihm nichts mehr blieb.

Führung kann also ganz anders aussehen als erwartet - völlig anders und scheinbar bezugslos. Mit der Zeit vertrauen wir völlig dem Fluss des Lebens, und wir brauchen nicht zu wissen, *warum* wir zu bestimmten Handlungen angeregt werden. Wir folgen unserem Herzen, und das ist immer richtig.

Gefühl, Seele, Du

Das Gefühl in der Tiefe deines Herzens ist eins mit der Seele. Es ist leicht, sich mit der Seele verbunden zu fühlen und zu wissen, dass die Führung richtig ist. Was wünschst du dir leidenschaftlich in deinem Herzen? Was möchtest du nicht mehr? Deine Herzenswünsche kommen aus deiner Seele. Sehnst du dich vielleicht danach, am Meer zu wohnen, an einem Massagekurs teilzunehmen oder deinen Job gegen einen kreativeren einzutauschen? Dann ist es deine Seele, die zu dir sagt: „Ja, tu das", und du brauchst nur noch zu fragen, wie du es anstellen sollst.

Dein Körper reagiert ebenfalls auf deine Entscheidungen. Wenn sich etwas in deinem Körper zusammenzieht, deutet das auf eine negative Antwort hin. (Geh aber den Dingen immer auf den Grund! Auch ein solches Szenario ist möglich: die Angst fühlen und es trotzdem tun!) Ein Gefühl der Freude und der Ausdehnung sagt dir, dass du richtig liegst.

Andere Wege, Botschaften zu bekommen

Du musst nicht unbedingt in der Meditation sein, um Botschaften von deiner Seele zu empfangen. Alles ist Teil des großen Ganzen, und Botschaften kommen in vielen Formen.

Hast du eine wunderbare Idee? Dann kommt sie aus der Seele! Wenn du offen bist, werden dir hilfreiche Ideen für alle Lebensbereiche kommen - so viele, dass du sie nicht alle nutzen kannst. Die Seele ist unendliche Kreativität!

Du kannst jederzeit, Tag und Nacht, Botschaften, Ideen und Erkenntnisse empfangen. Vielleicht gehst du abends mit einem Problem schlafen und wachst am Morgen mit der Antwort auf. Deine Träume können dir Botschaften übermitteln, aber auch andere Menschen können zu Botschaftern werden und deine Wahrheit für dich aussprechen. Du kannst Runen, Tarotkarten, das I-Ging, Medizin-, Engel- oder Kurs-in-Wundern-Karten legen oder jedes andere Hilfsmittel benutzen. Alles wird funktionieren, wenn du dich ihm mit aufrichtigem Herzen näherst. Du magst deine Antwort in einem Buch finden, das du durchblätterst, oder von einem Vogel oder einem anderen Tier erfahren. Die Möglichkeiten sind endlos; sei einfach offen und bewusst.

Kommt die Botschaft von der Seele?

Die Seele fördert deine Emanzipation - und das heißt Freiheit, Erkenntnis, Freude, Kreativität, Spiel, Reichtum, Frieden, Kraft, Göttlichkeit. Klingen in deiner Botschaft diese Elemente an? Kommt sie aus der Liebe? Unverkennbar aus der Liebe? Schwingt dein Herz mit? Inspiriert sie dich? Bringt sie dir Freude? Versetzt sie dich in deine eigene Macht? Öffnet sie dich für neue Möglichkeiten? Erweckt sie deine Kreativität? Fühlt sie sich richtig an - selbst tief im Bauch? Ist sie völlig frei von Beurteilung dir oder anderen gegenüber? Dann stammt sie höchstwahrscheinlich von deinem wahren Selbst. Eine Botschaft kann aber auch einen Einhalt gebietenden Ton annehmen - liebevoll und gleichzeitig knallhart sein; doch selbst dann wirst du die Wahrheit darin erkennen.

Es ist einfach, Botschaften des Verstandes mit Botschaften der Seele zu verwechseln. Sogar erfahrene Menschen sind nicht dagegen gefeit. Erhöhte Wachsamkeit ist angebracht, wenn du eine Frage stellst und die Antwort so ausfällt, wie du es dir vorgestellt hast. Sei entschlossen, die Wahrheit herauszufinden. Lass dich bewusster auf deine Seele ein. Fühle die Liebe, das Licht, die Klarheit, und stelle deine Frage noch einmal. Es kann helfen, ein paar Tage zu warten, bevor du nachfragst. Stelle sicher, dass die Antwort aus dieser Klarheit stammt. Botschaften können auch aus dem ‚höheren Selbst' kommen, das der Seele näher steht, aber nicht die Seele ist. Der Unterschied ist schwer festzustellen. Viele Menschen channeln aus dem ‚höheren Selbst'. Sei achtsam, denn auch eine fremde Energie kann sich einschalten und dir eine falsche Botschaft bringen. Sei fest entschlossen, nur Botschaften der Seele anzunehmen, dann wirst du Erfolg haben.

Besonders am Anfang stellen sich oft gleichzeitig Botschaften aus der Seele und aus dem Verstand ein. Ich arbeitete mit einer Frau, deren größter Wunsch es war, Kunst zu studieren. Sie erhielt folgende Botschaft: „Ja, du bist eine Künstlerin, solltest aber zuerst noch Jura studieren, um deine Eltern zufrieden zu stellen." Sie war sich nicht im klaren darüber, dass der „Jura"-Teil der Botschaft aus ihrem Verstand stammte, aus einem Gefühl der Verpflichtung. Für die Seele gibt es kein „du solltest". Sie weiß, dass elterliche oder gesellschaftliche Erwartungen gewöhnlich nicht deine Wahrheit sind. (Manchmal allerdings geht kein Weg an einem ‚Muss' vorbei.)

Erhältst du eine unerwartete, verwirrende oder spektakuläre Botschaft oder Antwort, dann schenke ihr im Moment keine Aufmerksamkeit, sondern frage später noch einmal nach. Die Wahrheit wird herauskommen. 1988 lebte ich in San Francisco und glaubte, ich würde dort längere Zeit bleiben. Im selben Sommer zeltete ich eine Woche auf dem Berg Mt. Shasta in Squaw Meadow, einem herrlichen Flecken in 2500 m Höhe. Als ich nach Hause zurückkehrte, fühlte ich mich ganz durcheinander. Schließlich rief ich entnervt aus: „Was soll das?", und im selben Augenblick sah ich mich am Mt. Shasta leben.

„Nein“, dachte ich, „das kann nicht sein. Schließlich hat mich die Seele gerade erst nach San Francisco geführt!“ Während der nächsten Tagen vertiefte ich mich immer wieder in diesen Gedanken, und jedesmal hatte ich die gleiche Vision. Ich wusste, dass ich entgegen aller Erwartungen Recht hatte. So zog ich zum Mt. Shasta. Öffne dich also für das Neue. Die Freiheit von heute ist das Gefängnis von morgen. Deine Seele weiß, was am besten für dich ist.

Was steht heute an?

Frage deine Seele, was für heute ansteht: Gibt es einen neuen Gedanken? Ist das, was ich gegenwärtig plane, wirklich zum Besten aller? Was ist der Grund für ....? Wie soll ich eine Beziehung weiterführen? Mit einer täglichen Überprüfung fällt es uns leichter, unser Leben und unsere Aufgaben zu bewältigen.

Echte Offenheit ist wichtig. Eine bestimmte Führung mag unlogisch erscheinen, aber die Seele sieht und weiß alles, wir als Person dagegen nicht immer.

In seinem leidenschaftlichen Wunsch Indien zu befreien, plante Mahatma Gandhi einmal eine große Parade. Kurz bevor sie stattfinden sollte, blies er sie ab. Den Leuten, die heftig dagegen protestierten, sagte er: „Es geht nicht darum, eine Parade abzuhalten, sondern den Willen Gottes zu erfüllen.“

Möchtest du channeln?

Wenn wir uns mit unserer eigenen Seele oder mit einem anderen Wesen verbinden, können wir Botschaften durchgeben. Dies wird Channeling genannt. Jeder kann es lernen. Für einige ist Channeln Teil ihrer wahren Aufgabe. Durch engagierte Channels haben große Wesen das Kommen des Licht-Zeitalters beschleunigt.

Wenn du channelst oder von jemandem ein Channeling erhältst, musst du gut unterscheiden. Auch wenn dir einige Channelings von dieser Person gefallen haben, musst du jede Botschaft für sich ansehen: Vielleicht stimmt sie für dich, vielleicht auch nicht.

Ich habe 1980 während meines Trainings bei der Kirche des Inneren Christus (TIC) Channeln gelernt. Es fiel mir leicht und machte mir viel Freude. Babaji und andere Meister überbrachten durch mich Botschaften des Lichts und der Liebe, die sich im Herzen richtig anfühlten. Ich gewann bald an Sicherheit.

Dann sollte ich eine Arbeit über das Channeln schreiben. Damals war ich viel damit beschäftigt, Seelen von Verstorbenen zu helfen, in Lichtsphären einzutreten, und beschloss, meine Arbeit darüber zu schreiben. Es kamen auch wundervolle Informationen durch - wie ich Seelen aus Russland herbeirufen konnte und mehr. Ich schickte diese Arbeit an das TIC-Hauptbüro.

Eine Woche später erhielt ich einen Brief. „Wir verstehen diese Arbeit als mentales Channeling" schrieben die TIC Vorgesetzten. „Versuchs noch mal."

Ich war niedergeschmettert. Ich hatte auf alles, was ich geschrieben hatte, nur Bestätigungen bekommen. Die „Tatsachen" erschienen mir so stimmig, so aufregend! Wie könnte mir da ein Fehler unterlaufen sein?

Ich setzte mich und meditierte über dieses Dilemma. Meine Seele belehrte mich, dass man auf ein ganzes Gebilde konzentriert sein kann, das nicht aus der Seele stammt. Es ist begrenzt oder auch einfach nur falsch, doch das erkennt man nicht, weil es in sich völlig logisch ist. Ich erfuhr den eigentlichen Schlüssel zum Channeling, ohne den nichts geht: Das Gesagte kommt aus der Liebe der Seele, und du kannst diese Liebe fühlen, während du channelst. Andere Wesen oder dein eigener Verstand können dir Fehlinformationen geben, aber sie können keine Liebe vortäuschen. Diese Lehre habe ich niemals vergessen.

Danach lernte ich, dass kein Wesen Durchgaben machen kann, die der Überzeugung des Channels widersprechen, auch wenn wirklich eine Verbindung mit der Seele besteht. So channelte beispielsweise Guy Ballard in den „Grünen Büchern" der St. Germain Press, dass man die unteren Chakren völlig vergessen und einfach abschneiden sollte. In den letzten Jahren hat er anderen und mir die Botschaft übermittelt, dass seine damalige Aussage auf einem Vorurteil beruhte und er sie deshalb hörte. Sie kam nicht aus der Seele.

Ein Channel kann bei ein und derselben Durchgabe abwechselnd mit der Seele und mit anderen psychischen Ebenen verbunden sein, ohne es zu bemerken. Deshalb kann ein einzelner Satz plötzlich von den anderen abgekoppelt sein. Es ist daher völlig legitim, wenn wir nur bestimmte Teile eines Channelings akzeptieren.

Selbst wenn wir davon ausgehen, dass das ganze Channeling aus der Seele kommt, ist es für uns manchmal nur teilweise oder auch gar nicht stimmig. Wir sind göttliche Wesen, schaffen unsere Realität nach unseren Wünschen und empfangen die Seele auf unsere eigene Weise. Der Schlüssel ist: Gib niemals deine Autorität ab!

Ich bin besonders vorsichtig bei Channelings, die Furcht hervorrufen können. Wenn wir meinen, dass eine Botschaft korrekt ist, aber etwas enthält, was wir nicht zulassen möchten, dann lässt es sich möglicherweise verändern. Die meisten Propheten, die Erdveränderungen vorhersagen, stellen dies klar: Ihre Aufgabe ist es, uns wissen zu lassen, wohin wir steuern, damit wir es ändern und - z.B. ein Erdbeben - abwenden können. Daher strafen sich die besten Propheten selbst „Lügen“ - und verdienen dafür besonderen Dank!

Selbst das aufrichtigste Channel kann sich unbewusst einem Wesen aus einer niedrigen Sphäre oder einer mentalen Botschaft öffnen. Es muss objektiv auswerten, was empfangen wurde und dies mit der eigenen Seele überprüfen. Und derjenige, für den die Durchsage bestimmt ist, muss sie mit seiner eigenen Seele überprüfen und darf nur das annehmen, was sich in seinem Inneren richtig anfühlt. Hier einige Punkte für das Channel und für den Empfangenden, die überprüft werden sollten. Sie gelten ebenfalls für die Botschaften:

- Fühle ich die unendliche Liebe und Ehrfurcht vor allem Leben; ist die Seele in diesem Channeling?
- Fühlt sich die Durchsage in meinem Herzen und meinem ganzen Wesen richtig an?
- Werde ich in meine eigene Macht versetzt, wenn ich dieses Channeling annehme? Erhöht es meine Integrität? Ebnet es mir den Lebensweg? Vermittelt es mir langfristig gesehen Freude und Aufschwung?

Wenn du ein starkes Verlangen nach etwas hast oder sehr emotional bist, dann hat dein Channeling eine 50prozentige Chance, korrekt zu sein. Ich hielt mich jahrelang zum Narren, als ich einmal unbedingt einen Mann haben wollte. Ich glaubte, die Seele hätte zugestimmt. Im Bereich der Gefühle kann sich auch ein sorgfältiges Channel leicht irren. Ich fand zum Beispiel heraus, dass die Botschaft wenig Aussicht auf Erfolg hat, wenn es um eine Beziehung geht, die sich jemand sehnsüchtig wünscht. Bin ich schwanger? Habe ich eine schwere Krankheit? Solche Fragen sollten jemanden gestellt werden, der klar und objektiv ist. Und auch dann solltest du dich nicht auf die Antwort verlassen, sondern lieber herausfinden, was auf der dreidimensionalen Ebene vor sich geht - in unserem Beispiel einen Arzt aufsuchen.

Wenn wir channeln, dann geschieht das immer von einer bestimmten Lebensgrundlage aus, auch wenn diese recht erleuchtet sein kann. In dem Maße, in dem sich unser Leben ausdehnt, dehnt sich auch unsere Wahrnehmung aus. Wenn sich unsere Lebensgrundlage erweitert, muss die alte Form des Channelns vielleicht angepasst und integriert werden. Die neue Grundlage kann neue und andere Informationen auftun und damit die alte Grundlage völlig überholen. Die großen Wahrheiten - z.B. dass alles göttlich ist - sind dem jedoch nicht so sehr unterworfen wie beispielsweise ein Channeling über die Aktivitäten im Leben.

Eine Anmerkung für alle, die sich selbst als Gebende oder Dienende sehen. Viele dienen seit viele Leben und reagieren in gewisser Weise automatisch, wenn es um Helfen oder Geben geht. Die Idee, geben zu wollen, kann durchaus aus der Seele stammen - es ist wirklich eine Freude zu geben, was uns gehört. Allerdings besteht hier die Gefahr, Situationen zu missinterpretieren. Dazu ein Beispiel:

Kathryne erhielt eine kostbare Bernsteinkette geschenkt - und war ganz vernarrt in sie. Am gleichen Abend trug sie die Kette auf einem Seminar und erntete dafür Komplimente und begehrliche Blicke von der Seminarleiterin.

„Schenk sie ihr", flüsterte eine Stimme Kathryne ins Ohr. „Gib sie ihr." Kathryne hatte noch gar keine Gelegenheit gehabt, das schöne Geschenk zu genießen, und widerstand deshalb der Einflüsterung. Aber bevor sie nach Hause ging, nahm sie in allerletzter Sekunde die Kette ab und legte sie der Frau um den Hals. Kathryne weinte auf dem ganzen Nachhauseweg.

Diese Eingebung war ein mentales Channeling, eine „Du-sollst-Botschaft", die mit Kathrynes vorgezeichneter Rolle als „Geberin" zusammenhing. In einer ähnlichen Situation könnte eine solche Botschaft richtig sein. Aber wir haben ein Anrecht auf die Dinge, die wir schätzen - eben aus dem Grunde, weil wir sie schätzen, und daran ist nichts Unrechtes.

Wir können daraus lernen, dass auch das umsichtigste Channel die Führung der Seele missverstehen kann, wenn es sich als Dienende (oder als etwas anderes) identifiziert und in dieser Vorstellung gefangen ist. Es kann dann Botschaften erhalten, die nicht stimmig sind, und sie trotzdem befolgen. Ein verbreitetes Muster besteht darin, für andere hierhin und dorthin zu flitzen, obwohl man eigentlich schon längst ruhebedürftig wäre und zu Hause bleiben sollte. Flexibilität, Humor, sich selbst und die eigene Aufgabe nicht allzu wichtig zunehmen, ausgewogene Energie und Aktivität - das alles macht ein wirklich gutes Channel aus.

Das Channeln für eine andere Person bedarf äußerster Sorgfalt, auch wenn man darum gebeten wird. Es ist nicht unsere Aufgabe, anderen zu sagen, was sie zu tun haben.

Ein weiser Lehrer verglich einmal die Wahrheit mit einem riesigen Blumenstrauß. Jeder sieht ihn aus einem anderen Winkel: Ineinander übergehende Farben und Umrisse vermitteln uns unser jeweils ureigenes Bild. Doch obwohl die einzelnen Bilder einander manchmal widersprechen, vernetzen sich unsere verschiedenen Sichtweisen zu einem Kaleidoskop von unglaublichem Reichtum. Je klarer wir werden, desto weniger färbt unsere Persönlichkeit unsere Sicht, und unsere Bilder gleichen sich einander an - jedoch niemals völlig. Daher können wir die Wahrheit eines anderen nicht so klar sehen, wie dessen eigene Seele dies kann.

Das Göttliche erteilt niemanden Befehle. Unser Höheres Selbst und alle wahren Meister achten immer unsere individuelle Perspektive und unseren freien Willen. Man kann uns eine bestimmte Handlungsabfolge vorschlagen, doch ob wir uns dafür oder dagegen entscheiden, liegt bei uns. Wenn wir auf Anfrage channeln oder eine spontane Botschaft für jemanden erhalten, geben wir diese immer nur als Anregung weiter - niemals als Anweisung, auch wenn die Botschaft wichtig ist. Jedes Mehr wäre hier weniger.

Eine letzte, aber wichtige Anmerkung zum Channeln. Aus unserer beschränkten Perspektive kann es uns leicht vorkommen, als sei ein hohes Wesen etwas Besseres als wir. Nichts könnte der Wahrheit ferner sein. Wir sind alle gleich, wir sind geliebte(r) göttliche(r) Göttin/Gott. Im Moment ist es hilfreich, von denen zu hören, die ihre Göttlichkeit erreicht haben und uns helfen, das Gleiche zu tun. Aber wir streben unsere eigene Weisheit an, unsere eigene Autorität, das Channeln unseres eigenen Meister-Selbst". Und auch das führt uns nur dazu, unsere Göttlichkeit tatsächlich zu leben und sie hier in dieser Welt vollkommen auszudrücken.

Kosmischer Kontakt

Es folgt eine Initiation, die mir kam, als ich sie brauchte. Wie immer kannst du sie verändern, wenn du möchtest.

Versetze dich in deiner Vorstellung auf die Hochebene des Grand Canyon oder an einen anderen schönen Ort in der Natur. Es ist ein herrlicher Tag. Die Sonne scheint warm, der Himmel ist tiefblau, und eine kühlende Brise streichelt dein Gesicht. Du bist entspannt und glücklich. Hörst du die Stimmen der Natur?

So weit dein Auge reicht, nichts als Natur. Du schaust um dich - nach hinten, nach rechts und links, nach oben. Außer dir ist niemand da.

In dir ist Frieden, und du beginnst, langsam nach oben zu schweben. Der Abstand zur Erde vergrößert sich. Du schwebst höher und höher und kannst bald kilometerweit sehen. Jetzt erkennst du die Rundung der Erde und den Kontinent, den du verlässt, umgeben von Ozeanen.

Du steigst weiter und verlässt die Erdatmosphäre. Die Erde ist auf die Größe eines Fussballs geschrumpft, dann hat sie nur noch die Größe eines Baseballs. Jetzt ist die Erde eine winzige Murmel - und verschwindet. Du schwebst weiter.

Du hast das Zentrum des Universums erreicht. Friedvoll sitzt du im All und schaust dir die nahen Sterne und Galaxien an. Da bewegt sich ein strahlendes Licht auf dich zu. Wie es sich nähert und gleißender wird, erkennst du ein wundervolles göttliches Wesen, strahlend wie eine Sonne. Du erkennst in ihm deine eigene göttliche Präsenz!

Du umarmst es mit großer Freude. Wortlos teilst du ihm mit, was du möchtest. Du erhältst Gaben oder Botschaften, du schwebst durch das Universum, du lässt dich treiben. Schließlich bemerkst du, dass dein Körper im gleichen Licht zu strahlen beginnt.

Wenn du Fragen oder Probleme hast und Hilfe brauchst, nenne sie jetzt und warte auf die Antwort.

Gibt es noch andere Geschenke, die du erhalten möchtest?

Verschmelze jetzt mit deiner Gottheit, wenn du es wünscht.

Sobald du bis zum Bersten angefüllt bist, schwebe zur Erde zurück. Du erblickst sie als Nadelkopf in der Ferne, langsam wird sie größer und größer in deiner Vision. Du entdeckst den Ort, an dem du aufstiegst und schwebst hinab.

Wenn du zurückgekommen bist, betrachte dich und dein Leben ausgiebig. Stehen Veränderungen an? Neue Wege, die du gehen solltest? Bleibe bei dir, bis alles geklärt ist.

Du kannst jederzeit dorthin zurückgehen.

Kraftort

Wenn du dich verwirrt fühlst, klein, allzu menschlich, dann ist diese(s) Kontakt/Einssein besonders hilfreich.

Werde dir während der Meditation des erdenden Bandes bewusst, das von deinem Wurzelchakra ausgehend bis in das Erdzentrum hinabreicht. Gleite an diesem Band hinunter in den schützenden, nährenden Leib der Mutter Erde. Passe dich dieser Umgebung in behaglicher Weise an. Möchtest du es noch gemütlicher haben, dann versetze dich an einen wundervollen Ort in der Natur und verändere den Rest des Prozesses dementsprechend.

In der Ferne taucht ein Licht auf. Du bewegst dich leicht darauf zu. Als du dich ihm näherst, erkennst du einen wundervollen Kraftort, der nur für dich geschaffen wurde - ganz so, wie du es wünschtest. Sieh dich um und bemerke die Einzelheiten. Unterirdisch kann der Ort voller Licht sein mit Fenstern. Ist es eine Höhle? Ein palastähnlicher Raum? Eine Kuppel oder ein Zelt? Ist er mit gemütlichem Mobiliar, Kissen, Düften, Kerzen, Pflanzen, Musik ausgestattet? Möchtest du etwas verändern, dann tue es durch deine Gedankenkraft.

Niemand kann hier ohne deine Erlaubnis eintreten. Dein göttliches Selbst oder ein bevorzugter Meister deiner Wahl würden gern hereinkommen, sobald du bereit bist. Bist du es, rufe dieses Wesen. Und da ist es! Mit einem breiten Willkommenslächeln schreitet es mit ausgestreckten Armen auf dich zu.

Ihr umarmt euch in freudiger Vereinigung. Teile ihm alles mit, was dich bewegt.

Setz dich nun auf den Schoß deines göttlichen Freundes, der dich liebevoll umfängt, dich wiegt, streichelt und dir wundervolle Wahrheiten sagt: Du bist schön, Gott liebt dich, du bist ein göttlicher Aspekt Gottes. Du bist gut und unschuldig, du bist des Göttlichen wert. Du wirst unendlich und ewig geliebt. Welche liebevollen Worte hörst du noch?

Während du das erlebst, findet eine Veränderung statt. Im Schoß dieser göttlichen Gegenwart beginnt dein Körper zu strahlen und du erkennst, dass du gleichzeitig der Meister und dein altes Selbst bist, die dich halten, lieben, streicheln und zu dir sprechen.

Plötzlich bist *du* der Meister und es gibt kein „du" auf deinem Schoß. Du bist das Göttliche. Nimm dir Zeit und fühle dies mit tiefer Klarheit.

Jetzt dürfen mit deiner Erlaubnis deine alten Freunde - andere Meister - eintreten. Vielleicht erkennst du einige, andere mögen dir unbekannt sein. Wieder findet eine freudige Vereinigung statt.

Du kannst dich mit diesen Meistern genauso austauschen, wie du es willst.

Dieser Kraftort ist immer für dich erreichbar.

Einheit

Auch wenn man schon seit längerem Botschaften empfängt, mag es manchmal schwer sein, eine zu erhalten. Eine seltsame Entwicklung! Mir wurde klar: Meine Seele will, dass ich eins mit ihr bin und dass ich alles Wissen unmittelbar aus meiner eigenen Göttlichkeit heraus bekomme. Dieses Verschmelzen, das Einssein mit unserem göttlichen Meister-Selbst, ist unser Ziel.

Mögen die Liebe und das Licht der Seele, die du bist, dich erfüllen und unendlich segnen.

3. Kapitel

Das Karma klären

Kläre, was Du nicht bist.
Das, was du wirklich bist,
durchstrahlt mit seinem unendlichen Licht das ganze Universum.

Was gibt es zu klären? Seele/Gott ist alles. All-liebend, allmächtig und allwissend. Wir sind das vollkommene Ebenbild Gottes. Wie kann es dann scheinen, das wir so ganz anders sind?

Die Antwort liegt in unserer Annahme, dass wir von Gott und den anderen getrennt sind. Wir glauben, dass wir unser Körper sind, ein Staubkorn im Universum. Wir glauben, wir hätten nicht genügend Geld, Zeit oder Energie zur Verfügung. Wir fühlen uns machtlos angesichts des Alterns und des Todes. Doch gerade weil wir göttlich sind, manifestieren sich diese einschränkenden Überzeugungen mit so großer Macht im Leben. Und dann geben wir ihnen noch mehr Macht.

Die Erfahrung der Trennung hat unser schweres „Karma" geschaffen, die Energien aller gelebten Leben, die im Umlauf sind und zu uns zurückkehren. In diesem Kapitel werden wir „schwieriges Karma klären". Unser Ego - das Fragment unseres Bewusstseins, das wir „ich" nennen - glaubt an die Trennung. Seine Existenz und Identität hängen an dieser Überzeugung.

Unser wahres Wesen ist ein herrlicher Diamant, der mit dem Licht von Millionen Sonnen das Universum durchdringt. Unser Licht ist eins mit dem Licht aller anderen Diamanten. Doch über diesen wunderbaren, strahlenden, ewigen Diamanten haben sich unsere einengenden Überzeugungen und Erfahrungen wie eine Schmutzkruste gelegt. Deshalb ist es so schwer zu erkennen, wer wir wirklich sind.

Wenn wir uns auf unser göttliches Juwel einlassen oder einfach an Weisheit gewinnen, wird der Schmutz allmählich abgewaschen. Unsere Wahrheit scheint immer stärker durch, und unser Verstand, Herz und Körper spiegeln die unbegrenzten Möglichkeiten des Göttlichen wider.

Das Leben selbst zeigt uns, wo die Ursachen für unser eingeschränktes menschliches Denken zu suchen sind. Gibt es Menschen, denen wir nicht verziehen haben? Sehnt sich unser Herz nach mehr Liebe und Freude? Wenn wir nicht völlig glücklich, gesund, unsterblich in unserer Gestalt sind, wenn unsere Beziehungen nicht wirklich gut sind und wir unser Leben nicht leidenschaftlich leben können, dann gibt es Punkte, an denen wir steckengeblieben sind, und die wir klären müssen. Es sind die Punkte, wo wir jemandem nicht vergeben haben. Klären heißt, solche Punkte auf allen Ebenen unseres Wesens loszulassen. Dies kann rasch oder auch nach und nach geschehen.

Hier ein paar Punkte, die möglicherweise zu klären sind. Sie sind dem ersten Band dieser Reihe, „Schlüssel zum Göttlichen Selbst", entnommen.

- übermächtige, furchterregende Gefühle (Trauma)
- langanhaltende Lebensumstände, z.B. Aufwachsen in Armut
- die momentane Lebenssituation
- Überzeugungen, besonders der Glaube an Begrenzungen
- Beziehungen

Die Bereitschaft zu klären, entwickelt sich organisch und lässt sich nicht überstürzen. Die Verbundenheit mit unserem inneren Selbst gibt uns Kraft, die Punkte, an denen wir steckengeblieben sind, anzuschauen und zu lieben.

Klären wird zu einem Prozess bewusster Entfaltung. Ungelöste Probleme aus der Vergangenheit tauchen in neuen Lebenssituationen wieder auf, oft auch in unerklärlichen Gefühlen, damit schließlich alles geklärt werden kann.

Und dies unterstützt den Prozess der Klärung:

- dein starker Wunsch
- deine Bereitschaft
- deine Bereitschaft, alles zu lieben, was du herausfindest
- deine Bereitschaft, die Vergangenheit loszulassen (zu vergeben)
- deine Bereitschaft, eine schnelle Veränderung der Lebensumstände zu akzeptieren
- deine Konzentration auf die Seele

- das leidenschaftliche Loslassen und Bekräftigen des Neuen
- deine Bereitschaft, dich neu und positiv zu definieren
- das Auffüllen der Leere, die durch Loslassen entsteht, durch deine neue Wahrheit
- Geduld, Disziplin und Ausdauer beim Erschaffen des Neuen, für das du dich immer wieder von neuem entscheidest
- Zurücklassen -Tranzendieren - des Alten, Betreten des Raumes in dir, wo das Alte nie existiert hat

Und vor allem: Liebe dich selbst, nähre dich, sei geduldig und freundlich mit dir und folge deinem eigenen Weg. Lass auch den Perfektionismus und die Hast los.

Das Göttliche tief in unserem Bauch

Die Gegenwart eines Meisters - ob persönlich oder auf einem Bild - strahlt eine heitere Gelassenheit aus, die das ganze Wesen umgibt.

Die meisten von uns - ich z.B. auch - fühlen sich vom Brustkorb aufwärts recht gelassen. Schmerz, Furcht, Trauer, Wut und Verwirrung in unseren unteren drei Chakren haben wir dagegen weitgehend unterdrückt oder verleugnet. Wir lassen diese Gefühle nicht zu, weil wir sie als nicht spirituell und unwürdig abtun.

Früher fürchtete ich mich unterschwellig davor, in meine Trauer und Hoffnungslosigkeit hineinzufallen und mich für immer in ihnen zu verlieren, wenn ich mir erlaubte, sie wirklich zu spüren. Als ich dann aber ganz in diese Abgründe eintauchte, sie einatmete und mir ihrer bewusst war, wurde mir klar, dass es nichts gab, in dem ich mich verlieren könnte. Meine Angst war unbegründet.

Die Beziehung zwischen den verschiedenen Aspekten des Selbst lassen sich so betrachten:

Der Kopf ist der Vater, der Verstand, das Licht, der Himmel. Das Herz ist der Christus in uns, unsere eigene Individuation des/der eingeborenen Sohnes/Tochter von Gott/Göttin. Unsere unteren Chakren sind Mutter, Erde, Gefühl, Dunkelheit. Dunkelheit bedeutet hier nicht Schwierigkeit oder Schmerz, sondern der heilige Schoß der Schöpfung, die Leere, der alles entspringt. Die unteren drei Chakren können auch unser menschliches Selbst genannt werden, das auf der Erde ist und voller Gefühle ist.

Vater und Mutter, Verstand und Gefühl, Dunkelheit und Licht, Himmel und Erde sind nötig, damit Schöpfung entsteht und Leben existieren kann. Wir brauchen beide für unsere Existenz.

Das Herz, der Christus in uns, ist der Retter unseres menschlichen Selbst. Es ist da, um unsere Sünden zu heilen. Sünde bedeutet hier Trennung. Sie besteht in dem irrtümlichen Glauben, wir seien vom Göttlichen getrennt.

Wenn wir uns oder unsere Gedanken, Gefühle, unser Tun und Nichttun beurteilen, dann geschieht etwas Außergewöhnliches. Wir ersetzen den allliebenden Christus mit Jehovah, dem zornigen, urteilenden Gott. Jehovah ist Ego. Wir verraten uns selbst, spalten uns in verschiedene Aspekte auf. Dieser Selbstverrat manifestiert sich im Leben durch Situationen oder Menschen, die uns im Stich lassen oder „verraten".

Der Christus liebt bedingungslos alles an uns. Er fürchtet und verleugnet nichts. Wenn sich beispielsweise unser Zorn geliebt und akzeptiert fühlt, dann verpufft seine Energie. Er verwandelt sich in Liebe und wird damit zum verwirklichten Teil des Göttlichen.

Es ist Zeit zu erkennen, dass alle Urteile, die wir über uns selbst fällen, Teil des Problems sind und nicht die Lösung. Es wird uns nicht gelingen, ins Licht zu gehen - aufzusteigen -, wenn wir versuchen, die Bereiche hinter uns zu lassen, die wir verurteilt haben. Wir haben einen Körper auf der Erde angenommen, damit wir alles als göttlich erfahren und lieben können. Das Göttliche umfasst nicht nur alle unsere Gefühle, sondern auch unseren Körper. Die Integration von Dunkelheit und Licht in uns ist Teil unseres Aufstiegs. Sie *ist* unser Aufstieg.

Wir besitzen alles, um die Göttlichkeit unseres ganzen Wesens erkennen zu können. Der Christus, der wir sind, ist furchtlos und liebt vollkommen. Er liebt bereits alles, was wir sind. Wenn wir uns auf unsere Liebe einlassen, auf diese größte Wahrheit unseres Wesens, und dem Göttlichen in unserem Bauch Liebe hinunterschicken, dann sind wir auf dem Weg zur Meisterschaft.

Die unten beschriebenen Initiationen zeigen Möglichkeiten auf, wie und was zu klären ist. Bestimmte Elemente, wie Vergebung und das Bejahen der eigenen Macht, sind vielen Initiationen gemeinsam. Ich gehe hier bewusst ins Detail, weil jede Initiation eine einzigartige Richtung für eine bestimmte Klärung verfolgt.

Mach auch hier, was für dich stimmig ist; folge immer deiner eigenen Weisheit.

Veränderung akzeptieren

Wenn du mit Hilfe dieser Initiationen eine entscheidende innere Kehrtwendung machst, dann leitest du damit wahrscheinlich große Veränderungen in deinem Leben ein. Vielleicht lässt du eine Beziehung hinter dir und ziehst dich für eine Weile zurück, vielleicht verändert sich aber auch das Leben um dich herum. Das erfuhr eine Frau, die eines Abends einen riesigen Bewusstseinssprung machte und am nächsten Morgen ins Büro kam und - entlassen wurde.

Dummerweise fordern uns Veränderungen oft bis zum äußersten. Auch wenn wir einen eingefahrenen Weg oder eine unerträgliche Situation schon lange satt haben und uns bereits für eine Veränderung entschieden und Schritte unternommen haben, können wir die haarsträubende Entdeckung machen, dass sich etwas in uns noch immer wie ein Ertrinkender an das Alte klammert.

Die Angst vor der Veränderung ist in der Menschheit tief verwurzelt und drückt sich meist als Überlebens- oder Todesangst aus. Um ein erfülltes Leben leben zu können, müssen wir diese Angst überwinden.

So lange du einen Schritt vorwärts und zwei zurückgehst oder zögerlich bist, wenn du das Eine sagst und das Andere tust, wenn trotz all deiner Anstrengungen nur wenig passiert, dann hast du höchstwahrscheinlich Angst vor der Veränderung. Folgende Initiation hilft dir, diese Angst loszulassen.

Die Initiation

Setz dich bequem hin und stimme dich auf deine Seele ein. Denke an die Veränderung, die du dir wünschst und die noch auf sich warten lässt. Mach sie dir zum Geschenk. Tauche in ihr ein. Genieße sie voll und ganz und sei dir dessen bewusst.

Spürst du Angst dabei? Wo sitzt sie? Frag, was geschehen wird, wenn du die Veränderung zulässt. Worin liegt die Gefahr?

Lausche aufmerksam in dich hinein. Es können Bilder, Worte oder andere Gefühle auftauchen. Werde dir der Hürden so klar wie möglich. Lass dich auf die Liebe in deinem Herzen ein, spüre die Gefühle und bleib bei ihnen, wenn du kannst. Atme mit ihnen. Verfang dich nicht in Gedanken und Reaktionen auf sie, sei einfach bei ihnen. Wenn du weinen oder toben musst, lass es geschehen. Sei Zuschauer. Zuschauer sind ruhig und losgelöst. Wenn es dir möglich ist, dann liebe auch die schwierigen Gedanken und Gefühle. Du wirst vielleicht öfter daran arbeiten müssen. Aber irgendwann klingen die Gefühle von allein ab, und du wirst ruhig und ganz und im Frieden mit dir sein.

Hier einige Affirmationen, die bei diesem Prozess helfen können.

Ich bin immer geschützt, wenn ich mein Leben erweitere. Meine Seele und meine wahren Freunde unterstützen meine Wandlung. Ich ziehe Menschen an, die ähnliche Veränderungen erlebten wie ich; ich ermächtige mich, das gleiche zu tun wie sie, und genieße es. Ich werde geliebt, während ich eine neue Richtung einschlage und die alten Wege hinter mir lasse. Mein Leben ist harmonisch. Ich weiß, dass das, was ich loslasse, durch etwas Besseres ersetzt wird. So sei es.

Du kannst während deines Initiationsprozesses immer wieder auf diese Worte zurückgreifen.

Liebes Ego, verlass die Kälte

Wenn du auf andere Personen herabschaust oder dich ihnen unterlegen fühlst, wenn du urteilst, kämpfst, in Konkurrenz stehst, es anderen recht machen möchtest, dich fürchtest, arrogant oder hartherzig bist, dich verpflichtet oder als Opfer fühlst, ist immer das Ego in Aktion. Auch hinter allen Urteilen, Schuldgefühlen und dem Gefühl, nichts wert zu sein, steckt das Ego.

Das Ego glaubt an unser Abgetrenntsein von Gott und den anderen Menschen und fördert dadurch die Illusion in uns. Es würde sich nicht wiedererkennen, wenn wir eins mit allem wären. Eine so tiefe Wandlung wäre sein „Tod".

Viele von uns haben das Ego zum Feind erklärt und bekämpfen es. In Wirklichkeit erstarkt es aber durch diese Taktik, die wieder nur auf Trennung ausgerichtet ist. Es hat in seinem begrenzten Verständnis sein Bestes gegeben; es hat uns gut gedient und verdient unsere Liebe. Nur so wird es sich in erleuchtete Energie verwandeln können.

Sprich freundlich mit deinem Ego, wenn es dich behindert:

Mein liebes Ego, ich liebe dich.

Lange Zeit glaubte ich, von Gott getrennt zu sein. Ich glaubte, ich müsste mich vor anderen verteidigen. Danke, dass du mich verteidigen wolltest.

Jetzt habe ich erkannt, dass ich Teil des Göttlichen bin, eins mit der Seele, mit allem und allen. Die Seele ist wundervoll! Sie ist all-liebend, allmächtig und allwissend. Sie tut mir und allen anderen Gutes.

Die Seele ist unser Ursprung, unser Sein. Ohne sie hätten wir keinen Körper, kein Bewusstsein, könnten weder denken, noch fühlen, sehen oder hören. Es ist die Seele, die in jeder Sekunde die Trillionen von Wechselwirkungen zwischen unseren Körperzellen steuert und unseren Körper am Leben erhält. Ohne sie gäbe es keine Schöpfung - keine Erde, keine Menschen, keine Bäume, Pflanzen und Tiere. Sie ist das Wesen allen Seins.

Die Seele ist Freude, Fülle, Licht, Leichtigkeit, Freiheit. Sie ist in allem gegenwärtig. Es ist wundervoll, mit ihr eins zu sein.

Gleichzeitig sind wir aber auch einzigartig, und das Göttliche offenbart sich in der Schöpfung immer im Einzigartigen. Im Gefühl des Einsseins mit der Seele werden wir niemals unsere Individualität verlieren. Sie wird sich vielmehr verstärken, wenn wir unsere Göttlichkeit ausdrücken. Wir brauchen uns vor der göttlichen Kraft nicht zu fürchten, denn wir sind diese Kraft, wir sind Teil von ihr. Macht und Liebe, Liebe und Macht sind eins. Ich lade dich ein, aus der Kälte zu kommen. Wir sind beschützt und haben unsere Verteidigungsmechanismen nicht mehr nötig. Das Einssein ist unsere wahre Zuflucht, denn es ist die Wahrheit. Wir werden von der Seele vollkommen geliebt, beschützt und genährt. Du kannst dich jetzt entspannen und Freude empfinden. Deine Aufgabe ist beendet. Fühl dich wohl, glücklich und geliebt. Du kannst dich vergnügen! Ich liebe dich. Komm und nimm teil!

Beobachte, wie dein Ego reagiert. Lässt es sich auf deine Bitte ein? Besonders am Anfang begegnet es ihr vielleicht mit Misstrauen. Dann liebe es so, wie es ist. Aber sei beharrlich. Irgendwann wird es die Kälte verlassen.

Das Karma klären

Das gesamte Kapitel befasst sich mit der Klärung von schwierigem Karma - den steckengebliebenen, unglücklichen Energien der Vergangenheit. Karma, das wir loslassen und verändern möchten, lässt sich durch einen entsprechenden Befehl klären.

Mach es dir an einem ungestörten Ort bequem und rufe dein Höheres Selbst, einen Meister oder einen anderen inneren Führer. Mach dir deinen Wunsch und deine Absicht bewusst, alles loszulassen, was dir nicht länger nützlich ist und nicht mehr zu „dir“ gehört. Sprich mit Kraft und Überzeugung:

Ich ordne an, dass jetzt alles Karma von mir genommen wird, das ich loslassen und tansformieren möchte. (Atme tief und frei und schicke dieses Karma beim Ausatmen zur Seele hinauf.) Für Karma, das ich noch nicht bereit bin loszulassen, erbitte ich Beistand, damit dies rasch und harmonisch geschehen kann. Ich wünsche mir, völlig frei von Karma zu sein. So sei es!

Denke in den nächsten Wochen daran. Nimm dir Zeit, ihm nachzuspüren und es dir zueignen zu machen.

Die Kraft der violetten Flamme

Die violette Flamme ist vergebende und reinigende geistige Energie. Mit ihrer Hilfe kannst du jedes Problem erhellen und alles klären, was ansteht. Sie ist besonders wirksam, wenn du den leidenschaftlichen Wunsch zur Klärung verspürst. Ich rufe auch andere Flammen herbei: die blaue Flamme des Erzengels Michael, die rosa Flamme der göttlichen Mutter, die goldene Flamme meiner eigenen Göttlichkeit und die diamantene Flamme der Muttergöttin/des Vatergotts.

Nimm dir ein Problem vor, das du klären möchtest, oder mache eine Gesamtklärung von allem, was dir nicht länger dient. Beabsichtige, aus deinem ganzen Wesen heraus zu klären, aus deinem Unbewussten, in dem alle vergangenen Leben und die verschütteten Gedanken gespeichert sind; kläre deine Gefühle, den Verstand, den physischen Körper und die Aura. Nimm dir vor, alles noch am gleichen Tag zu tun.

Wenn du möchtest, kannst du den Erzengel Zadekiel (der uns die violette Flamme gab) rufen oder den aufgestiegenen Meister St. Germain (den wirksamsten Auslöser der violetten Flamme), oder bring die violette Flamme einfach aus deinem eigenen Herzen und deiner Seele hervor.

Beobachte, wie die Flamme kraftvoll und zielgerichtet aus der Erdmitte aufsteigt. Lass sie jede Ebene deines Bewusstseins durchdringen. Atme. Betrachte, fühle sie. Sieh, wie sie sich kilometerweit in den Himmel erhebt. Lass deine Begrenzungen bewusst los, damit sie sich in der Flamme auflösen. Forme aus ihnen mit deinen Händen eine Energiekugel, hebe sie hoch über deinen Kopf und schleudere sie von dir, indem du tief ausatmest. Nimm dir vor, frei zu sein! Wenn du ein Muster klärst, sprich folgende Worte und lass sie auf dich wirken:

Ich lasse jetzt alle Ursachen los, die zu diesem Muster führten. Ich lasse alle Erinnerungen aus diesem und aus vergangenen Leben los, die mit diesem Muster zusammenhängen. Ich löse mich von dem begrenzten Denken, das dieses Muster umgibt. Ich lasse die alten Gefühle los. Das Muster verschwindet aus meinen Körperzellen. Ich entlasse es aus meiner Aura. Ich habe alles losgelassen, was mir im Augenblick möglich ist.

Ich vergebe mir. Ich vergebe allen. Ich bin frei! Ich bin geklärt!

Schau jetzt hin. Kannst du noch mehr tun? Die erste Klärung ist vielleicht noch nicht vollständig oder hat die Notwendigkeit für eine weitere gezeigt. Arbeite daran, wenn du bereit bist.

Entscheide dich, was du jetzt willst. Sieh es, fühl es, sei es. Deine neue Realität ist wie ein kleines Samenkorn, das wachsen möchte. Wenn du in deine alten Gedanken zurückfällst, wird es zugrunde gehen. Es braucht Nahrung, Wasser, das Licht deiner Liebe und Aufmerksamkeit. Sei geduldig - vielleicht ist es angebracht, die alten Muster behutsam und Schritt für Schritt aufzulösen. Erlaube dir, dich zu entfalten.

Damit die Klärung nachhaltig ist, ist es sehr nützlich, die violette Flamme häufig, ja sogar täglich, anzurufen.

Die Atem-Initiation des Rebirthing

Die Rebirther-Bewegung wurde von Herakhan Babaji inspiriert und in den 70er Jahren von Leonard Orr, dem Begründer dieser Bewegung, entdeckt. Eine bessere Bezeichnung für das Rebirthing wäre „bewusstes Atmen". Es war zwar anfänglich als Klärung von Geburtstraumen gedacht (siehe unten), ist aber auch ein höchst wirksames Mittel für die allgemeine Klärung. Auf geheimnisvolle Art schlägt der Rebirthing-Atem eine Brücke zwischen Verstand, Körper und Geist, die so stark ist, dass du dich in deiner Ganzheit erfährst.

Rebirthing ist eine Atemtechnik, die das Einatmen mit dem Ausatmen und das Ausatmen mit dem Einatmen so koordiniert, dass zwischen den Atemzügen keine Pausen eintreten. Du atmest durch die Nase, weil dies deinem Nervensystem und damit deinem ganzen Wesen guttut. Die Atmung ist kräftig, aber nicht übertrieben tief; besondere Aufmerksamkeit erhält das entspannte Ausatmen. Es scheint wesentlich zu sein, in die Brust hinein zu atmen, da wir uns im Herzbereich gegen schmerzliche Gefühle wappnen. Es kann auch helfen, in andere Chakren-Zentren zu atmen.

Es geht einfach darum, einzuatmen und alles anzunehmen, was kommt. Verfange dich nicht in schwierige Gefühle. Atme durch sie hindurch, wenn sie auftauchen. Wenn dich starke Gefühle überkommen, atme eine Zeitlang durch den Mund. Weine, wenn das etwas löst. Atme dann durch die Nase weiter. Wenn deine Nase verstopft ist, kannst du durch den Mund atmen.

Ein Rebirthing ist ein Energiezyklus, der etwa 45 Minuten, vielleicht auch eine Stunde oder etwas länger dauert. Am Ende der Sitzung ist man fast immer von tiefer Freude erfüllt, manchmal sogar von einem intensiven Glücksgefühl.

„Rebirthers“ sind geschult, das Rebirthing zu erleichtern, indem sie den „Raum freihalten“ für Klärung und Transformation (und, wenn nötig, den Atmenden wach halten). Atmender und Rebirther schaffen zusammen mit Sicherheit eine exponenzielle Kraft und eine Absicht. Aber nach einigen Sitzungen - oder auch gleich von Anfang an - kann es gut für dich sein, diese Technik selbstständig anzuwenden.

Schon bei meinen ersten Rebirthing-Sitzungen unter Leonards Anleitung wurden meine „massiven“ Probleme auf einmal transparent. Auch fing ich eines Tages plötzlich an, Äther auszuatmen. Ich hatte davon gehört, dass im Körper festgehaltene Anästhetika durch Rebirthing aktiviert werden, und dachte nicht weiter darüber nach. Doch da kam Äther, es war nicht zu leugnen! Er musste von meiner Mandeloperation zurückgeblieben sein, als ich sechs Jahre alt war.

Rebirthing kann auch eine mächtige Kraft im physischen Heilungsprozess sein. Ich leitete Gruppen-Rebirthing-Sitzungen in meinen Workshops. Einmal kam eine Frau mit einem verstauchten Bein auf Krücken herein und ging ohne sie wieder hinaus. Eine andere litt an einer Missbildung des Nackenwirbels. Am Abend nach dem Rebirthing traf sie ihren Chiropraktiker auf einer Party. Er erinnerte sie daran, dass wieder einmal eine Nackenbehandlung fällig war. „Fühl mal“, sagte sie. Zu seiner Überraschung hatte sich das Gesundheitsproblem aufgelöst.

Es gibt mittlerweile viele Varianten von Rebirthing - z.B. das Holotrope Atmen, das von Musik begleitet wird -, und wahrscheinlich sind alle gut. Nur bei strikten Regeln würde ich vorsichtig sein, denn es gibt keine Regeln dafür, was für den jeweiligen Anwender das Beste ist.

Es gibt viel Literatur über Rebirthing, in der du mehr Information darüber finden kannst.

Die Kraft der Vergebung

Unschuld

Denk an eine Begebenheit, als du etwas tatest oder sagtest, was du nachher bereut oder dir vorgeworfen hast. Mache es dir an einem ungestörten Ort bequem und rufe deine Seele. Denk an die Zeit, die zu diesem Zwischenfall führte und ihn auslöste; vielleicht waren es Jahre, Wochen oder auch nur Momente. Was dachtest du? Welche Gefühle hattest du?

Versetz dich jetzt in die Augenblicke vor diesem Vorfall. Was geschah? Was hast du gedacht und gefühlt? Folge deiner Erinnerung bis zu dem Vorfall selbst. Kannst du erkennen, dass du damals eigentlich keine andere Wahl hattest? Du hast dein Bestes getan. Auch wenn dein Verhalten das Ergebnis einer überlegten Entscheidung war, konntest du damals nichts Besseres tun. Fühle das wirklich, werde dir dessen bewusst. Nimm dir Zeit dafür.

Und jetzt vergib dir. Frag dich, was du dich damals lehren wolltest. Hast du es gelernt? Kannst du es jetzt noch tiefer verstehen? Denk darüber nach, sei ehrlich mit dir. Auf jeden Fall hast du gelernt, dass es nichts Gutes bringt, wenn du über dich oder andere urteilst. Was noch?

Wenn du anderen vergeben musst oder dem Vorfall oder der Situation, dann tu es jetzt, so gut du kannst.

Nun bist du bereit für Arbeit, die noch in der Tiefe auf dich wartet.

Wenn du die folgenden (oder ähnliche) Worte sprichst, halte öfters inne, um bestimmte Dinge, die du dir vorwirfst, zu fühlen, zu atmen, loszulassen und zu vergeben. Denk daran: Vergebung kommt aus dem Herzen und ist ein emotionales Loslassen. Atme da hindurch.

Völlige Vergebung geschieht allmählich. Wenn es dir guttut, dann wiederhole diesen Prozess ein paarmal im Jahr - einmal im Monat, einmal die Woche -, wie du es für richtig empfindest.

Hier die Affirmationen:

Ich bin geschaffen als die wahre Essenz von Gott/Göttin. Ich bin schuldlos und frei von Sünde, unschuldig auf immer und ewig. (Fühle, atme! Lass beim Ausatmen los!) *Durch nichts, was ich je tat, sagte, fühlte oder scheinbar versäumte, wurde meine grundlegende Unschuld in Frage gestellt. Ich habe in jedem Augenblick nach bestem Wissen und Gewissen gehandelt und werde es weiterhin tun. Ich habe nie das innere Wesen eines anderen verletzt, denn es ist unantastbar.*

Wenn ich weiß, dass ich unschuldig bin, kann ich mich nicht anklagen. Wenn ich mir völlig vergeben habe, habe ich allem vergeben.

Ich vergebe mir, dass ich an Gott/Göttin und an mir gezweifelt habe.

Ich vergebe mir, dass ich meiner Mutter Kummer verursachte, als ich ein Kind war. (Wenn deine Mutter oder andere Familienmitglieder krank waren oder gestorben sind oder deine Eltern sich scheiden ließen, dann vergib dir;

normalerweise machen wir uns nämlich für solche Vorfälle verantwortlich). Ich vergebe mir für ....

Ich vergebe mir für alles, womit ich die Gefühle, den Körper und das Leben anderer verletzte. (Denk an die Betreffenden. Fühle, atme und lass los.) Ich vergebe mir für die Worte, die ich im Zorn gesprochen habe. Ich vergebe mir für unwahre Worte. Ich vergebe mir, urteilend und nachtragend gewesen zu sein. Ich vergebe mir für alle meine Ängste. Ich vergebe mir für meine Verhaftungen, die mir den Zugang zu meiner Seele verdunkelt haben. Ich vergebe mir für die Zeiten, wo ich meinem Ego erlaubte, die Führung zu übernehmen. Ich vergebe mir, dass ich mir, meinem Leben und denen um mich herum nicht 100prozentig verpflichtet gewesen bin. Ich vergebe mir jetzt, so tief und vollkommen, wie ich kann. (Sag jetzt alles, was dir am Herzen liegt.)

Ich beginne, mich im Licht der Liebe, Unschuld und Göttlichkeit zu sehen. Ich beginne, alle anderen im gleichen Licht zu sehen. Alle und alles, worauf mein Blick fällt, ist gesegnet und segnet mich. Ich lebe in einer Welt, in der alles vergeben wurde und in der alles gut ist. Es gibt nichts zu befürchten. Ich liebe dieses Einssein. Die Welt ist in Frieden, weil in meinem Herzen Frieden ist. Ich lebe im Himmel auf Erden. So sei es.

Wenn du deine Unschuld „testen" möchtest, dann sieh, ob du die Einheit dieser Zweiheiten im Herzen fühlen kannst:

Unschuld und ich

Unschuld und Reichtum ; Unschuld und Geld

Unschuld und Kraft; Unschuld und Macht

Unschuld und Sex

Unschuld und freudige Freiheit; Unschuld und Behagen

Unschuld und Schönheit

Unschuld und Ruhm

Bei den folgenden Gegenüberstellungen sprechen wir nicht von den Opfern. Wer das Leben anderer zerstören will, muss selbstverständlich daran gehindert werden. Hier geht es um das Wesen einer Person. Willst du dich der Herausforderung stellen? Denk an die betreffenden Menschen. Vergegenwärtige dir die unschuldige Kleinkindzeit eines Buben. Stell dir vor, was ihn veranlasst haben kann, später solche Handlungen zu begehen!

Verbrecher und Unschuld

Mörder und Unschuld

Drogendealer und Unschuld

eigennütziger Politiker und Unschuld

korrupter Polizist und Unschuld

Nazi und Unschuld; Hitler und Unschuld

Vergewaltiger und Unschuld

Sei gesegnet, wenn du deine essentielle Unschuld erkennst und dir und anderen vergibst.

Wir sind Mitschöpfer

Diese Affirmationen wirken, wenn du dich in einer verwirrenden Situation befindest oder jemandem oder einer Sache Schuld zuweist. Rufe deine Seele und konzentriere dich innerlich auf die betreffende Person oder Situation. Wenn du ganz konzentriert bist, sprich folgende Worte und nimm dir Zeit, sie zu fühlen:

Du und ich sind eins. Ich und diese Situation sind eins. Wir haben sie gemeinsam zur Selbsterkenntnis geschaffen. Ich werde mir der Liebe bewusst und dessen, was Liebe benötigt. Ich danke dir, dass du mich in meinem Wachstum unterstützt. Ich bin bereit zu wachsen. Ich nehme dich an, wie du bist und vergebe dir. Ich segne diese Situation. Ich lerne von ihr. Sie hilft mir, in ein neues Bewusstsein hineinzuwachsen.

Die Klärung von angstbesetzter Energie

Den Kreislauf durchbrechen

Es ist immer gut, wenn wir herausfinden, was geklärt werden möchte, und wenn wir es in Angriff nehmen. Aber daran tatsächlich zu arbeiten, ist eine ganz andere Sache.

Wenn wir klären, lauert immer die Gefahr, dass wir uns von der Erinnerung an ein bestimmtes traumatisches Erlebnis oder an eine Reihe solcher Erlebnisse so hypnotisieren lassen - wie das Kaninchen vor der Schlange! -, dass wir uns schließlich nur noch im Kreis drehen. Solche Erlebnisse können Belästigung, Missbrauch oder Gewalt gewesen sein, die uns angetan wurden. Daraus machen wir dann unsere Geschichte. Wir konzentrieren uns darauf, sprechen ständig darüber, kauen es immer wieder durch und definieren uns sogar dann noch damit, wenn wir daran „arbeiten, es aufzulösen“. Hast du schon einmal jemanden getroffen, der dir in den ersten fünf Minuten alles über sein Trauma erzählte?

Natürlich ist das Klären eine ernste Angelegenheit und sollte gewürdigt werden. Aber manchmal nimmt unsere Ernsthaftigkeit überhand, und dann passiert es, dass wir nur noch im Kreis herumlaufen. Oh, meine eigenen Fusstapfen - ich habe schon wieder eine Runde gedreht!

Ich leitete einmal eine Sitzung für eine Frau, die sich große Sorgen machte wegen giftiger Rückstände im Brunnenwasser, das sie vor Jahren getrunken hatte. Wir entdeckten, dass sie das Gift in ihrem Körper selbst produziert hatte. Unser Geist hat die Kraft, alles zu erschaffen, worauf wir uns konzentrieren, und in diesem Fall hatte er den Chemiker in ihrem Körper angewiesen, das Gift herzustellen. Die Überzeugung der Frau, dass Gift in ihrem Körper zurückgeblieben war, diente dabei als Befehl, dem der Körper gehorchte.

Warum tun wir so etwas? Oft glauben wir, dass uns ein altes Erlebnis verfolgt und Leid zufügt. Und so ist es dann auch. Oder wir fürchten, dass es sich wiederholt, und benehmen uns, als sei es eine Schlange, die wir in Schach halten können, solange wir sie anstarren. In beiden Fällen ist uns das Geschehen gegenwärtig, obwohl es längst der Vergangenheit angehört, und wird dadurch Teil unserer Energie.

Ein anderer Grund, warum wir uns an einem alten Trauma festhalten, ist die Tatsache, dass wir damit Eindruck machen können. Es kann ganz gelegen kommen, soviel Aufmerksamkeit zu erhalten oder das Mitgefühl anderer auszunutzen.

Wie können wir etwas loslassen, wenn wir fortwährend darüber brüten, reden und uns damit unbehaglich fühlen? Das hilft genauso wenig wie Lady MacBeths Ausruf: „Hinweg, verdammter Fleck!“

Um ein Leben voller Freude zu schaffen, müssen wir unserer Vergangenheit vergeben und sie vergessen und uns auf unsere Herzenswünsche konzentrieren. Hier liegt der Schlüssel für ein volles, kreatives, glückliches und kraftvolles Leben.

Das Im-Kreis-Gehen, das auf spezielle Schwierigkeiten zurückgeht, werden wir den „spezifischen Kreislauf“ nennen.

Der schlimmste, gefährlichste Im-Kreis-Laufen, das es gibt und das am schwierigsten zu erkennen ist, ist unsere unbewusste Negativität. Die

Erwartung, dass das Leben schwierig sein muss, macht das Leben schwierig, und dabei ist uns nicht bewusst, das wir selbst dahinter stecken. Die negative Einstellung wird uns häufig von Klein auf in der Familie und durch gesellschaftliche Konditionierung eingetrichtert, kann aber auch von Schwierigkeiten herrühren, die bewusst oder verschüttet sind. Diesen Kreislauf nennen wir einen „allgemeinen Kreislauf".

Diese Initiation soll den Kreislauf durchbrechen und uns aus der Selbsthypnose aufwecken, damit wir Schwierigkeiten klären, die gewohnheitsmmäßige Negativität loslassen und unseren Weg weitergehen können.

Wenn dir bereits klar ist, dass du dich im Kreis drehst und fest entschlossen bist, dich daraus zu befreien, dann überspringe die folgende Initiation.

Wenn du nicht sicher bist, ob du in einem Kreislauf feststeckst, dann denke an die Gespräche, die du in letzter Zeit geführt hast. (Du könntest ein paar Gespräche mit einem Diktiergerät aufnehmen). Worüber hast du gesprochen? Über eine gute Entwicklung in deinem Leben, über etwas, auf das du dich freust? Oder hast du dich darüber beschwert, wie schlimm alles ist?

Wenn letzteres überwiegt, dann schau es dir jetzt an. Was genau hast du gesagt? Mach dir ein paar Notizen. Vielleicht nimmst du dir dafür einige Tage oder Wochen Zeit. Mach dir deine Gedanken- und Sprechgewohnheiten wirklich bewusst.

Wie empfindest du die Muster, die du erkennst? Möchtest du sie verändern? Wenn nicht, dann ist es gut und du kannst die nachfolgende Initiation überspringen. Wenn der alte Trott aber Verzweiflung oder Langeweile bei dir auslöst, lass diese Emotionen ruhig aufkommen. Sie können dir helfen, dich für eine Veränderung zu entscheiden.

Du bist wirklich entschlossen, etwas zu verändern? Dann geht es hier weiter:

Die Initiation

Mach es dir an einem ungestörten Ort bequem und rufe die Seele. Atme eine Zeitlang tief und befreit. Spüre deine Entschlossenheit und deine Entscheidung für das Neue. Bitte deine Seele um Hilfe. Sei offen für eine Botschaft, ein Gefühl, eine Gewissheit oder innere Bilder.

Wenn du im „allgemeinen Kreislauf" steckengeblieben bist, kannst du den folgenden Teil überspringen und bei den Worten: *„Jetzt durchbreche ich den Kreislauf der Negativität"* beginnen. Du kannst sie laut oder still für dich sprechen. Für einen „spezifischen Kreislauf" folgen Affirmationen, die du übernehmen oder verändern kannst, wie du willst. Nimm dir Zeit, jede Affirmation zu spüren, und vergiss das Atmen nicht.

Als das geschah, war ich machtlos. Ich liebe mich dafür, dass ich mich dadurch so verloren fühlte. Ich liebe mich dafür, dass ich dachte, ich sei verletzt, und dass ich versuchte, mich zu schützen und Wiederholungen auszuschalten, indem ich mich darauf konzentrierte. Ich liebe mich dafür, dass ich das Drama, die Aufmerksamkeit oder Manipulation liebte.

Ich erkenne, dass ich jetzt anders bin. Ich bin nicht länger machtlos, ich habe Macht. Nichts kann mir meine Macht wieder nehmen. Über diese Situation bin ich hinausgewachsen. Es gibt keinen Grund für eine Wiederholung. Es ist Vergangenheit, und ich lebe in der Gegenwart. Sollte es sich tatsächlich wiederholen, dann kann ich damit umgehen.

Ich habe mich entschlossen, den Kreislauf zu durchbrechen! Ich durchtrenne jetzt den Knoten in diesem Erlebnis, der Reihe von Erlebnissen, dieser Situation. Ich nehme davon Abstand. Ich definiere mich nicht mehr darüber. Es ist vorbei, und ich erschaffe es nicht mehr neu. Ich gebe der Erinnerung daran keine Macht. Ich bringe meine Energie jetzt zurück in die Gegenwart. So sei es.

(Wenn du in einem ‚allgemeinen Kreislauf' steckst, dann beginne hier:)

Jetzt durchbreche ich den ‚allgemeinen Kreislauf' der Negativität. Ich bin kein Opfer und bin nie Opfer gewesen. Ich habe mein Leben durch meine Überzeugungen geschaffen. Ich entschließe mich, zu vergeben und zu vergessen.

Ich wähle ein positives, frohes, kreatives und effektives Leben. Ich werde mich in Einheit mit der Göttlichkeit, die ich bin, auf das Gute im Leben konzentrieren und das Gute erwarten,. Ich beschließe, positiv über mein Leben und das Leben anderer zu sprechen. Ich ermutige mich dazu, zu wissen, dass ich alles tun, sein und haben kann, was mein Herz begehrt. Ich beschließe, mich und andere darin zu unterstützen.

Bei dieser Veränderung habe ich Geduld mit mir und anderen. Ich tue jeden Tag mein Bestes und weiß, dass ich mein Leben ausdehne und eins werde mit der Seele.

Wenn große Veränderungen in meinem Leben stattfinden, werde ich sie willkommen heißen, denn das zeigt mir, dass ich mich wirklich in meinem

Inneren verändere. Ich weiß, dass alles, was aus meinem Leben geht, ersetzt wird durch etwas Besseres für mich und für alle. So sei es.

Jetzt wirst du wahrscheinlich beschließen, etwas Bestimmtes an deiner Sprech- oder Denkweise, deiner Einstellung dir selbst gegenüber oder an deinen Beziehungen zu verändern. Es ist hilfreich, alles zu notieren. Vielleicht setzt du dir einen Zeitrahmen von vierzig Tagen (s. Kapitel „Die eigene Macht annehmen"), dir bestimmte Ziele stecken und diese verwirklichen.

Vielleicht zeigt dir deine Seele jetzt auch eine Veränderung, die in deinem Leben anliegt, oder etwas anderes, was sich auf deine Entscheidung bezieht.

Wenn du ein traumatisches Erlebnis hattest, beschäftige dich mit folgender Klärung von Traumata oder vergangenen Leben, um es noch tiefer aufzulösen. Aber auf jeden Fall hast du den Kreislauf durchbrochen! Herzlichen Glückwunsch!

Die eigene Geburt klären

Viele von uns erlebten eine traumatische Geburt, selbst wenn es in der Klinik hieß, dass alles „ordnungsgemäß" verlaufen ist. Für eine traumatisch erlebte Geburt gibt es viele Faktoren: unerwünscht zu sein (vielleicht wurden Abtreibungsversuche unternommen); unsere Mutter war nicht in der Lage, uns beim Verlassen des warmen Schoßes den Eintritt in die Welt zu erleichtern; die Gewissheit, unserer Mutter Schmerzen bereitetet zu haben; eine um den Hals gewickelte Nabelschnur; ein kalter, blendender und ohrenbetäubend lauter Kreißsaal; das Wissen, dass unsere Eltern sich ein Kind des anderen Geschlechts gewünscht hatten; Schmerzen oder Verletzungen durch Zangen; Durchtrennung der Nabelschnur, bevor wir atmen konnten; ein mit Angst und Schmerzen verbundener erste Atemzug, während dessen wir geschlagen wurden; als Frühgeburt von der Mutter getrennt zu werden (ich wurde von meiner Mutter in den ersten vierundzwanzig Stunden getrennt, nur weil das üblich war); eine drogen- oder alkoholabhängige Mutter; bei der Geburt nicht als göttlich angesehen zu werden... Jeder einzelne dieser Sachverhalte kann der Psyche eine schmerzhafte Wunde zufügen, und fast alle von uns haben mehrere davon erleben müssen.

Das Kleinkind, das wir damals waren - ein großes Wesen in einem hilflosen, winzigen Körper - hatte keine Worte und keine Schutzmechanismen. Die erschreckenden Geburtserfahrungen verankern sich normalerweise fest in unser Psyche. Wir glauben, nichts wert zu sein, oder sind wütend auf uns, weil wir leben. Diese Gefühle sind so tief vergraben, dass wir uns ihrer kaum bewusst sind.

Wie klärt man solche Erfahrungen? Es ist normalerweise ein langer Prozess, der mit den Jahren klarer wird. Hier einige Vorschläge:

- Bitte deine Seele, dass sie dir hilft, dich an deine Geburt zu erinnern und deutlicher zu erinnern. Die Erinnerung kommt oft bruchstückweise. Versuche, dich an einige deiner Gefühle zu erinnern. Eine Rebirthing-Sitzung kann dabei helfen.

- Vergib dir, wenn nötig. Selbstvorwürfe als Geburtstrauma sind unlogisch, aber ziemlich verbreitet. Atme und lass los. Hier einige Worte für die Selbstvergebung:

Ich vergebe mir, dass ich meiner Mutter Schmerzen verursachte. Ich vergebe mir, wenn meine Mutter bei meiner Geburt starb. Ich vergebe mir, wenn ich unerwünscht war. Ich vergebe mir dafür, wenn ein Kind des anderen Geschlechts gewünscht wurde. Ich vergebe mir dafür, hier zu sein. Ich entlasse meine Wut und meine Vorwurfshaltung gegenüber meinem Leben. Als Ausdruck des Göttlichen bin ich ewiglich unschuldig. Ich werde geliebt. Ich liebe mich.

Füge alles hinzu, was du noch sagen möchtest.

- Vergib allen anderen (und atme!):

Obgleich bei meiner Geburt mein göttlicher Ausdruck nicht anerkannt wurde, weiß ich jetzt, dass ich Teil des Göttlichen bin. Ich bin jetzt machtvoll, und ich kann vergeben.

Ich vergebe meiner Mutter, dass sie mich nicht wollte, dass sie versuchte, mich abzutreiben oder sich ein anders geschlechtliches Kind wünschte. Ich vergebe meinem Vater für alles, was ich ihm vorgeworfen habe. Ich vergebe den Ärzten, Krankenschwestern und allen bei meiner Geburt Anwesenden. Ich weiß, dass sie nach bestem Wissen und Gewissen handelten.

Ich in meiner ganzen Göttlichkeit lasse jetzt meine Ängste los, die auf meine Geburt zurückgehen und die mich davon abhielten, vollständig in der Gegenwart zu leben. Es wird mir gelingen. Ich stecke alle meine Energien in das Jetzt. So sei es.

- Geh eine andere Initiation durch, die dich anspricht, z.B. Trauma-Klärung oder ‚violette Flamme‘.

- Erschaffe deine Geburt neu, so wie sie deinem Wunsch entspricht. Dies wird deine Vergangenheit buchstäblich verändern. Du kannst deine eigene Hebamme sein oder diese Rolle einem vertrauten Freund oder Meister übertragen. Hier ein mögliches Szenario, das du verändern kannst, wenn du möchtest:

Der Raum für deine ideale Geburt ist warm und sanft beleuchtet. Schöne Musik liegt in der Luft, und die Menschen sprechen leise. Es sind nur Menschen anwesend, die du um dich haben möchtest. Sie unterstützen deine Mutter liebevoll und erwarten deine Ankunft.

Ein göttliches Wesen kommt auf die Erde. Alle sind begeistert, dass du geboren wirst, besonders deine Mutter. Es ist eine Wassergeburt geplant. Du wirst die Welt durch Wasser betreten, das genau deine Körpertemperatur hat.

Sei bei dir im Geburtskanal, streichle, liebe und ermutige dich. Beseitige alle Schwierigkeiten mit deiner Lage und mit der Nabelschnur. Erweitere durch einen Zauber den Geburtskanal, damit deine Mutter es bequem hat und entspannt ist. Wenn du bereit bist, dann komm durch das Tor in dein neues Leben!

Wenn du in die Welt trittst, begrüssen dich alle mit großer Freude - oft ist es die Wiedersehensfreude.

Im Wasser erholst du dich von den Strapazen der Geburt. Wenn du bereit bist, komm aus dem Wasser heraus und reinige behutsam deine Atmungsorgane. Durchtrenne nach den ersten Atemzügen die Nabelschnur. Leg dich auf den Bauch deiner Mutter, ihre Arme umfassen dich zärtlich. Sie zieht dich an ihre Brust, damit du ihre warme, süsse Milch trinken kannst.

Du tauchst ein in die Geborgenheit, Liebe und Freundlichkeit. Du weißt, alles ist gut. Dieses Leben wird glücklich und ist ein großer Schritt auf dem Weg zur Vereinigung mit dem Göttlichen.

Du möchtest deine ideale Geburt vielleicht mehrmals erleben, damit sie Teil deiner Erinnerung, deiner Geschichte wird.

Jetzt kannst du sagen:

Ich liebe mich. Ich liebe das Kleinkind, das ich bin. Ich liebe mich dafür, dass es mich gibt. Ich bin es wert, hier zu sein, zu leben. Ich bin ein großes und wunderbares göttliches Wesen. Die Welt ist unvollständig ohne mich, und ich bin hier willkommen. Auf ganz neue Weise heiße ich mich im Leben willkommen. So sei es!

Gefühle, die Umarmung

Weder der Gedanke der Begrenzung noch das dazugehörige Gefühl - z.B. Angst -sind real. Sie sind nur eine Drachenmaske. Wenn wir tief in ein solches Konstrukt aus Gedanke/Gefühl eintauchen, wandelt es sich schließlich - oft durch eine Reihe von Metamorphosen - in unbegrenztes Denken, das von Liebes- und Freiheitsgefühlen begleitet wird.

Mach es dir an einem ungestörten Ort bequem und rufe deine Seele. Entspanne Körper und Geist und atme tief.

Lokalisiere ein Gefühl und das dazugehörige Denken, die dir das Leben schwer machen, z.B. die Angst vor jemanden oder vor etwas Bekanntem oder Unbekanntem, Wut, Groll, Einsamkeit, Verwirrung oder das Gefühl, Opfer zu sein. Wenn du dieses Gefühl mit einer Situation verbindest, dann beschwöre sie nicht herauf. Konzentriere dich auf das Gefühl und heiße es willkommen. Lass es zu. Finde es. Wo hat es sich in deinem Körper festgesetzt?

Schau dir dieses Gefühl an. Fühle es. Beginnt dein Geist zu wandern - eine große Versuchung! - hole ihn zurück. Untersuche das Gefühl. Springt es im Körper umher, dann folge ihm. Vielleicht siehst du Bilder aus deiner Kindheit, Babybilder oder Bilder aus einem vergangenen Leben, die eine tiefere Ursache deines Gefühls darstellen. Atme tief! Welcher Gedanke begleitet dieses Gefühl?

Wenn du das Gefühl willkommen heißt, ermöglichst du die Transformation, wenn auch nicht immer sofort in etwas Schönes. Gefühle sind oft vielschichtig. Vielleicht empfindest du zunächst Wut, dann die darunterliegende Traurigkeit oder Angst. Das ist ausgezeichnet! Du bewegst dich!

Gesammelte Aufmerksamkeit deinem Gefühl gegenüber bedeutet Liebe. Wenn du es noch mehr lieben kannst, dann tu es jetzt. Stell es dir vor und umarme es. Sieh, wie es sich mit Licht füllt, vielleicht mit rosafarbenem Licht oder der Flamme der Liebe. Wenn du es wirklich liebst, wird es sich transformieren.

Willst du vergeben? Dann fang jetzt damit an.

Liebe dich jetzt dafür, dass du so empfunden hast. Du wolltest etwas lernen und verdienst nichts als Liebe, Verständnis und Vergebung für dieses Gefühl. Tu einfach dein Bestes. Leg deine Handflächen vor deinem Herzen aneinander und schwinge leicht hin und her.

Drück dann das wahre Gefühl dahinter aus. Ist es eins der hier genannten?

Ich bin Gott/Göttin.

Ich werde unendlich und ewig geliebt.

Ich bin überall und immer beschützt.

Ich habe die Macht und die Wahl.

Ich bin unendlich reich. Gott/Göttin ist meine allgegenwärtige Quelle.

Ich bin Friede, Liebe, Freude, Klarheit, Wissen, Macht, Weisheit, Licht, Einheit, die Freiheit meiner Göttlichkeit.

Unterschätze diesen einfachen Prozess nicht. Er kann zu einer tiefgreifenden Wandlung führen. Die Liebe zu allem in dir und um dich herum ist ein Weg zur Erleuchtung. Während du lernst, schwierige Gefühle zu empfinden und zu lieben, werden sie sich Schritt für Schritt in freudige Gefühle umwandeln, die deiner göttlichen Natur entsprechen.

Das Ungesagte

Wir kommen auf die Erde mit der Erinnerung an die himmlischen Sphären, die wir verlassen haben. Dort ist das Leben im Einklang mit der Wahrheit, denn das Göttliche wird als das einzig Existente erkannt.

Das Leben auf der Erde ist großenteils die Verneinung dieser uranfänglichen Wahrheit. Die Menschheit setzt selbst dem Glauben an Gott Grenzen, indem sie sich und Gott falsch definiert. Als kleine Kinder kennen wir zwar die Wahrheit, sehen sie aber um uns herum verneint. Zuerst können wir sie nicht aussprechen, und später wagen wir es nicht, weil uns die übermächtigen Überzeugungen einschüchtern, die überall am Werk sind.

Im Auf und Ab der zwischenmenschlichen Beziehungen werden wir als Kinder unsere Gefühle oft nicht ausdrücken können, besonders Autoritätspersonen gegenüber. Unausgesprochene Worte und Gefühle blockieren unsere Energie. Sie sitzen uns in der Kehle, schnüren uns die Brust zu, lassen unsere Schultern, unseren Brustkorb einsinken, sind uns ein Kloß im Hals. Wenn wir sprechen, müssen unsere Worte einen Bogen um diese Hindernisse machen.

Es ist ein großes Geschenk, wenn wir entdecken, was ungesagt blieb, und es endlich herauslassen können. Wenn wir das Ungesagte nur für uns aussprechen, schützen wir uns und andere. Und da niemand die Schuld trägt, übernehmen wir die Verantwortung dafür.

Mit der Hilfe eines befreundeten Heilers entdeckte ich, dass mir allerhand Unausgesprochenes in der Kehle stecken geblieben war. Als ich es mir in der Meditation anschaute, schrie ich plötzlich aus vollem Halse: „Wisst ihr denn nicht, dass Gott wirklich existiert?!!! Ihr Unwissenden, ihr!" Das war zwar nicht gerade erleuchtete Kommunikation, aber nun war es heraus, und meine Energien waren befreit. Ich erkannte, dass es mehr zu lösen gab, und machte mich auf Entdeckungstour. Welch eine Erleichterung! Ich denke, dass praktisch alle von uns so etwas loswerden müssen.

Mach es dir an einem Ort bequem, wo du schreien kannst, wenn es nötig wird. Gehe in die Meditation, stimme dich auf die Seele ein und frage:

Was habe ich nicht ausgesprochen, das ich hätte sagen sollen? Welche Gefühle muss ich ausdrücken?

Warte geduldig. Diese Dinge sind seit der Kindheit oder noch länger verschüttet und können nur allmählich an die Oberfläche kommen. Hast du heute keinen Erfolg, dann komme ein andermal darauf zurück.

Wenn etwas an die Oberfläche kommt, dann drücke es so aus, wie du möchtest. Du kannst rasen oder weinen, auf ein Kissen einschlagen, sprechen oder schreien - alles ist gut.

Beobachte, wie du dich befreist, während du die alten Energien entlässt. Hier sind einige Affirmationen:

Ich finde alles heraus, was ich sagen muss und noch nicht gesagt habe. Und ich sage es! Ich finde alle Gefühle heraus, die ich ausdrücken muss, und drücke sie aus. Meine Energien sind frei. Ich lebe freudig im Jetzt und in der Fülle meines Wesens. So sei es!

Das Ziel erreichen

Diese Initiation hilft dir, wenn du etwas schaffen willst und dich wie gelähmt fühlst.

Stell dir vor, du hättest dein Ziel erreicht, und es ist jetzt Teil deines Lebens geworden. Sieh und spüre es deutlich. Wahrscheinlich wird tief aus deiner Psyche ein Angstgefühl auftauchen, weil du es geschafft hast. Hier eine Methode, um zu dem Denken hinter diesem Gefühl durchzudringen - meistens sind es mehrere. Diese Methode hilft dir, Denkstrukturen zu verändern.

Ruf deine Seele und verbinde dich mit ihr. Geh in dein Gefühl hinein. Wo sitzt es fest in deinem Körper? Wie fühlt es sich an?

Frage es: „Was möchtest du mir mitteilen?“ Sei offen für jede Antwort der Stimme deines Gefühls, auch wenn sie deinem Verstand unlogisch erscheinen mag. Es ist wichtig, dass du die Antwort ernst nimmst.

Die Stimme mag dir einiges zuflüstern, z.B.: „Das ist unmöglich. Du machst dir etwas vor. Es kann überhaupt nicht klappen! Du wirst scheitern und am Boden zerstört sein. Außerdem ist es falsch, so viel Gutes zu bekommen. Und es ist sehr gefährlich, so viel Macht zu haben.“ Nimm alles, was du hörst, ruhig an und notiere es.

Wenn deine Stimme verstummt, gehe tiefer. Wenn sie dir beispielsweise gesagt hat, dass sich dein Plan nicht durchführen lässt, dann frage nach dem Grund. Du bekommst dann vielleicht eine Antwort wie: „Das Leben ist eben nicht so toll!“ Wende dich solchen Überzeugungen zu und versuche, alle wichtigen Gedanken zu erkunden, die mit dem Gefühl zu tun haben.

Für diese Emotionen und Gedanken gibt es einen guten Grund: Sie wollen dich vor Bestrafung, Ungeliebtsein, Tod und anderen Gefahren schützen.

Frage dein Gefühl: „W*ozu bist du da? Wie dienst du mir*“? Sei offen für die Antwort.

Unabhängig davon, ob du eine Antwort bekommen hast, mach jetzt den nächsten Schritt: *Was möchte ich hier lernen?* Wenn du beispielsweise herausfindest, dass du Angst vor deiner eigenen Macht hast, wird deine Ehrlichkeit eine große Rolle bei der Auflösung spielen.

Wenn du die Gedanken und Gefühle verstehst, die dich bei deinem Vorhaben einschränken, dann sprich:

Ich liebe und akzeptiere euch. Ihr seid ein altes Konstrukt aus Gedanken und Gefühlen, das auf Begrenzung beruht, und das ist in Ordnung so.

Ich habe beschlossen, in meine Göttlichkeit einzutreten. Sie ist meine Wahrheit. Ich bin unbegrenzt. Ich kann alles tun, sein und haben, was ich will. Ich bin fähig, mein Ziel zu erreichen.

Lade die Stimme deines Gefühls jetzt ein, dir zu antworten. Sie glaubte, dass dein Vorhaben gefährlich ist. Unterhalte dich mit ihr so lange, bis „ihr beide“ zu einer Einigung kommt. Frage dann: „Bist du *bereit*, mich in dem zu unterstützen, was ich möchte?“

Bestehe nicht darauf, dass die Veränderung auf der Stelle eintritt; gib ihr Zeit, das aufzunehmen, was du sagst. Fühle jeden Tag von neuem, dass dein Vorhaben erreicht ist. Du kannst dir eine Frist von 40 Tagen setzen.

Unternimm die nötigen Schritte, um dein Ziel zu festigen. Deine alten Gedanken und Gefühle können immer noch zum Vorschein kommen, sprich mit ihnen, wenn du dich herausgefordert fühlst.

Im Verlauf eines solchen Dialogs wirst du langsam alle Aspekte von dir darauf ausrichten, deine Herzenwünsche leidenschaftlich zu spüren und zu erfüllen.

Das magische Kind

Viel von dem Schmerz, den wir klären, stammt aus den Kinderzeiten in unseren vielen Leben. Die Summe all dieser Kinder werden wir einfachheitshalber „unser Kind“ nennen. Es hat die verschiedensten Seiten und Charakterzüge. Unser Kind glaubt oft, nicht sprechen zu können. In der Regel ist es unsicher, weil es sich nicht anerkannt fühlt. Es ist unsere Aufgabe - die Aufgabe des Erwachsenen -, eine ehrliche Beziehung zu diesem Kind aufzubauen. Mit dem Schmerz des Kindes konfrontiert zu werden, mag schwierig sein, aber wenn wir ihn klären, werden wir reich beschenkt.

Geh in die Stille. Gib deinem Kind einen Namen, entweder denjenigen, mit dem du tatsächlich gerufen wurdest, oder einen, der sich passender anfühlt. Ruf dein Kind und sprich:

Ich liebe dich sehr. Du bist ein Teil von mir, und ich verehre dich tief. Ich brauche dich. Ich brauche deine Leidenschaft und deine Lebendigkeit. Ich brauche deine Ehrlichkeit, deine Freude! Ich muss jeden Schmerz kennen, den du empfindest, damit wir beide glücklicher werden. Ich brauche deine Kreativität. Ich möchte mit dir spielen. Kommst du?

Sei einfach da, warte geduldig ab, was geschieht. Du hörst vielleicht keine Worte, aber schließlich wird sich ein Gefühl einstellen, und du wirst wissen, dass es deinem Kind gehört. Bitte das Kind, dir seine Wünsche in Gefühlen, Worten oder Bildern mitzuteilen.

Wenn dein Kind Schmerzen hat, liebe und umarme es in deinem Herzen. Wenn es Hilfe braucht, um etwas zu klären, steh ihm bei. Um zu vergeben, benötigt das Kind oft den Gleichstellungsprozess. (s. Beziehungskapitel)

Wenn sich dein Kind nach Freude und Abenteuer sehnt, nimm es dir zu Herzen. Freude und Abenteuer sind ein Bedürfnis, kein Luxus. Was wolltest du schon immer tun, was du bis heute nicht getan hast? Wer würde dich dabei begleiten wollen? Mache Pläne und halte an ihnen fest!

Was sagt dir dein Kind noch? Hör ihm zu, nimm es ernst, schenke ihm auch weiterhin deine Aufmerksamkeit. Frag es, ob es einen der Meister oder Engel treffen möchte, die du liebst. Es wird wahrscheinlich ja sagen. Rufe dieses Wesen. Dein Kind wird ihm vielleicht in die Arme springen und lange dort verweilen.

Frag dein Kind oft, was es will und was es tun möchte. Wenn du gerade sehr beschäftigt bist und diesen wundervollen und wichtigen Teil in dir vernachlässigst, dann entschuldige dich:

Ich weiß, ich habe dir in letzter Zeit nicht viel Aufmerksamkeit geschenkt, aber morgen nehme ich mir Zeit. Wir können etwas Schönes zusammen unternehmen. Du bist der Chef! Was sollen wir machen?

Mögen sich die magischen Geschenke deines magischen Kindes voll entfalten und dein Leben mit Wunder erfüllen.

Elementale

Denken erschafft Energien oder Gedankenformen, Elementale genannt. Nehmen wir zum Beispiel den Gedanken *„Ich habe kein Geld"*. Je öfter du ihn denkst, um so stärker wird das Mangel-Elemental. Es verselbstständigt sich und nährt sich von deinem ständigen Gedanken, dass du kein Geld hast.

Elementale haben eine zyklische Natur. Sie scheinen zeitweilig zu verschwinden, doch wenn du denkst, du wärst sie los, dann sind sie mit einem Schlag wieder da und erschaffen irgend etwas Unheimliches.

Wenn du ein Muster erkennst, das dich einschränkt, dann mach dir bewusst, dass die von dir geschaffenen Elementale um dich sind und diese Muster festhalten. Rufe deine Seele und verbinde dich mit ihr. Sprich mit fester Stimme:

Alle Elementale, die mit diesem Muster zusammenhängen, lösen sich jetzt in der Wahrheit in Licht und Liebe auf! So sei es! Wiederhole dies, bis du damit abgeschlossen hast.

Sei nicht entmutigt, wenn das Muster wieder auftaucht; das macht die Gewohnheit. Jedesmal, wenn du es auflöst, verblasst es etwas mehr.

Für welche Gedanken entscheidest du dich jetzt? Schreib sie auf, denke und fühle sie. Ertappst du dich bei alten Gedankenmustern, reagiere nicht darauf, bewerte sie nicht und dich auch nicht. Du wirst sie allmählich in den Griff bekommen, wenn du ganz einfach immer wieder zum neuen Denken übergehst. So kann das neue, unbegrenzte Muster Gestalt anzunehmen. Nähre es mindestens sechs Wochen lang.

Wenn du durch diese Arbeit noch tieferliegende Probleme an die Oberfläche förderst, dann kläre diese durch eine entsprechende Initiation. Beharrlichkeit ist hier von unschätzbarem Wert und wird dich schließlich zum Erfolg führen.

Klärung von Traumata und vergangener Leben

Ein Trauma ist die Kristallisation deiner Reaktion auf ein schwieriges Erlebnis in diesem oder einem anderen Leben. Gewöhnlich geht es dabei um etwas, was du erlebt oder was jemand dir „angetan hat". Es kann aber auch etwas sein, was du jemandem zugefügt hast, und was bei dir Schuldgefühle und Angst vor der eigenen Macht auslöst.

In vielen Leben sind wir immer wieder Opfer und Täter gewesen, wurden missbraucht und haben Missbrauch getrieben. Wenn man immer nur in der Opferrolle war, ist die Klärung meist schwieriger, denn als Täter fühlt man sich zumindest nicht ganz machtlos.

Solange das Trauma nicht aus deiner Psyche gelöscht ist, wird es dich steuern. Es hält Energie in der Vergangenheit fest, die dir dann im Leben nicht zur Verfügung steht.

Wenn das Trauma aus einem vergangenen Leben herrührt, hilft eine ungefähre Vorstellung von dem weiter, was damals - möglicherweise wiederholt - geschehen ist. Unerklärlichen Ängsten in diesem Zusammenhang solltest du nachgehen. Vielleicht brauchst du die Hilfe eines guten Therapeuten. Da dir das Problem bewusst geworden ist, bist du wahrscheinlich auch bereit, es anzupacken. Wenn du schon weißt, was es mit dem Trauma auf sich hat, kannst du gleich anfangen.

Mit folgender Übung lassen sich auch Traumata aus vergangenen Leben lösen:

Versenke dich. Bitte dein inneres Selbst, dich bei der Klärung zu unterstützen, zu schützen und zu lieben. Fühle diese Verbindung.

Erkenne, dass du dich auf einer bestimmten Ebene für dieses Erlebnis entschieden oder es zumindest zugelassen hast. Du warst in Wirklichkeit nicht machtlos, auch wenn du es so empfunden hast.

Ich, ..., weiß, dass ich mich für diese Erfahrung entschieden habe und dass ich damals nicht machtlos war.

Vergib dir jetzt - so gut du kannst - dafür, dass du dieses Erlebnis gewählt oder zugelassen hast:

Ich vergebe mir dafür, dass ich es zugelassen oder geschaffen habe. Nimm dir Zeit, vergib dir von Herzen.

Erkläre nun, dass du diese Situation oder dieses Erlebnis nie wieder erschaffen wirst. Steh aufrecht, die Füße hüftbreit auseinander, mit gelockerten Knien. Sprich folgende Worte mit deiner ganzen Leidenschaft:

Ich bin über dieses Erlebnis hinausgewachsen. Ich werde es nie wieder erschaffen. Es wird sich nicht mehr wiederholen. Ich habe mich endgültig davon befreit. So sei es!

Wenn du dich davor gefürchtet hast, dass sich das Trauma wiederholt - und das ist eine sehr verbreitete Furcht -, entwickelt sich eine seltsame Logik. Man glaubt sich dann zu schützen, indem man anderen Schuld zuweist. Wenn du das Trauma für beendet erklärst, hilft dir das, allen Beteiligten zu vergeben.

Bevor du denen vergeben kannst, die dir „Unrecht" taten, musst du vielleicht die Übung „Ins Reine Kommen" machen. (s. Beziehungs-Kapitel). Vielleicht brauchst du auch eine stärkere Gewissheit, dass du geschützt bist. Für diesen Fall ist die Initiation „Verlässlicher Schutz" gedacht:

Mach dir klar, dass die anderen in dieser Situation ihr Bestes taten. Wenn sie grausam waren, haben sie gelernt, dass Grausamkeit keine Freude bringt und auf sie selbst zurückkommt. Du selbst hast gelernt, dich psychisch oder physisch zu schützen. Ihr ward einander behilflich und habt in den tiefsten Schichten eures Herzens aus Liebe gehandelt, um an Weisheit zu gewinnen.

Wenn du das verstanden hast, nimm dir Zeit, um allen Beteiligten zu vergeben. Vergib aus tiefstem Herzen. Dieser Prozess berührt manchmal viele Schichten, denn Traumata können sehr tief sitzen.

Ich vergebe allen Beteiligten. Ich weiß, dass sie aus bestem Wissen und Gewissen handelten. Wir halfen uns gegenseitig, zu lernen und zu wachsen.

Finde heraus, was du lernen wolltest. Spüre in das Erlebnis hinein und verstehe es. Lerne aus ihm, verstehe es noch tiefer:

Ich lerne jetzt, was ich damals erlernen wollte. Ich habe verstanden, dass .... Ich nehme die Lernerfahrung an.

Ich habe dieses alte Erlebnis (die alte Situation) abgeschlossen. Ich brauche keinerlei Wiederholung. Ich habe jetzt mehr Macht. Ich bin weiser geworden. Ich gewinne meine Energie zurück, die in der Vergangenheit steckengeblieben ist. Ich hole sie zu mir in die Gegenwart. So sei es.

Beobachte in den nächsten Tagen, wie sich dein .Loslassen und deine Lernerfahrung auf dein Leben auswirken. Welche Veränderungen fallen dir auf? Nähre diese Veränderungen. Du kannst folgende Worte sprechen:

Ich ersetze das, was ich losgelassen habe, durch positives, neues Verhalten. Ich weiß, was ich in meinem Leben erschaffen will. Ich erschaffe es. So sei es.

Eine Übung eigens für spirituelle Lehrer

Diese Klärung liegt mir sehr am Herzen. Ich brauchte sie in den Anfängen meiner spirituellen Arbeit sehr, ahnte dabei aber nicht, worum es eigentlich ging, geschweige denn, wie ich vorgehen sollte. Langsam wurden mir sämtliche schrecklichen Erfahrungen bewusst, die ich als spiritueller Lehrer in vergangenen Leben gemacht hatte, und konnte nun klären und vergeben. Weil dieses Thema für mich beendet ist, konnte ich vielen anderen beistehen.

Hast du das Gefühl, es gibt eine spirituelle Aufgabe für dich, die du noch nicht erkannt hast oder der du noch nicht erlaubt hast, sich zu entfalten? Dann könnte folgende Klärung nützlich sein. Sie unterscheidet sich von der obigen nur in Einzelheiten.

Wenn dir deine Traumata aus vergangenen Leben als Lehrer bewusst sind, kannst du sofort beginnen. Ansonsten verbinde dich mit deiner Seele und frage:

War ich in der Vergangenheit ein spiritueller Lehrer?

Wenn ja: Hat diese Rolle zu einem Trauma geführt?

Wenn ja: Bitte zeig mir, was zu klären ich bereit bin.

Halt dich gut fest, denn was du jetzt zu sehen bekommst, könnte dich ziemlich erschüttern.

Wenn du herausgefunden hast, was zu klären ist, fahre mit der ‚Klärung von Traumata und vergangenen Leben' fort. Erkenne deine Macht als Schöpfer(in), vergib dir und allen Beteiligten. Schließe mit folgenden Worten:

Ich erkenne, dass alle, die damals dieses Erlebnis gemeinsam mit mir schufen, Angst vor meiner Wahrheit hatten und sich deshalb so verhielten. Mit eurer Hilfe habe ich erkannt, dass ich diese schwierige Situation einlud. Ich bin inzwischen über solche Erlebnisse hinausgewachsen (oder wachse jetzt darüber hinaus). Ich habe euch gelehrt, dass Angst und Gewalt keine Freude bringen, und habe in euch das Samenkorn einer größeren Wahrheit gelegt. Ich weiß, dass die meisten von euch jetzt offener für die eigene innere Wahrheit sind und sich anderen gegenüber friedfertiger verhalten.

Ich erkläre vor mir selbst, dass ich nie wieder Missbrauch erfahren werde, wenn ich anderen meine Wahrheit mitteile. Ich befinde mich jetzt in einem geschützten, friedvollen, gewaltlosen Raum. Wenn ich meine Wahrheit mitteile, bin ich vollkommen geschützt und sicher. Ich ziehe nur Menschen an, die an meinem Wissen teilhaben möchten, die es schätzen und nutzen können. Ab jetzt teile ich meine Wahrheit mit anderen in vollkommener Harmonie, in Frieden, Freude und Liebe. So sei es!

Sucht

Beim Loslassen von Süchten ist es eine große Hilfe, wenn wir uns geliebt fühlen - besonders dann, wenn wir keine liebevollen Beziehungen mit anderen Menschen haben. Schon eine einzige klare, liebevolle Beziehung kann uns helfen loszulassen. Liebe kann die Ursache für die Abhängigkeit auflösen.

Die Anonymen Alkoholiker und andere bekannte Gruppen können dir dabei helfen, die Sucht zu durchbrechen. Wenn du jemanden um Hilfe bittest, dann such dir einen Menschen mit Mitgefühl und Erfahrung aus. Du brauchst niemanden, der die Sache für dich in die Hand nimmt.

Bewusste Aufmerksamkeit kann der Sucht das Rückgrat brechen. Nachdem sich ein zwanghafter Esser völlig auf sein Essen konzentriert hatte und sich nur noch mit den verschiedenen Nahrungsmitteln und ihren Geschmäckern befasste, überwand er seine Abhängigkeit. Raucher können mit jeder Zigarette, die sie rauchen, folgende Worte schreiben: Was fühle ich, bevor ich rauche? Während des Rauchens? Was empfindet mein Körper?

Drogen können anfänglich angenehm sein, werden dann aber zur Sucht. Man kann sich entgiften lassen und Hilfe bekommen. Es kann wichtig sein herauszufinden, warum man anfällig für Drogen wurde.

Schwere Sucht kann so übermächtig werden, dass man einen neuen und positiven Lebensmittelpunkt braucht, um etwas zu verändern. Man kann beispielsweise versuchen, anderen bei Problemen beizustehen, die man selbst schon überwunden hat.

Mach dir klar, dass du hier bist, um deine Göttlichkeit auszudrücken.

Hier einige Anregungen, wenn du eine Sucht überwinden willst:

- Lass dir von einer weisen, mitfühlenden Person oder Organisation helfen, dich zu stärken.
- Erkenne die Liebe und Macht Gottes an. Sei dir bewusst, dass du geliebt wirst.
- Mach dir klar, wie der Abhängigkeitsprozess funktioniert.
- Wenn du bereit bist, erlaube der Ursache von Schmerz und Selbsthass, an die Oberfläche zu kommen. Lass zu, dass sie sich auflöst.
- Vergib dir. Liebe dich.
- Vergib anderen.
- Mach wieder gut, was du bei anderen gutzumachen hast.
- Finde einen Weg, anderen zu helfen.
- Erkenne, dass du Teil des Göttlichen bist - eins mit allem, was ist. Erfülle den Zweck deines Hierseins.

Verlässlicher Schutz

Diese Initiation schützt dich körperlich. (Zur Klärung von Unfall-Karma siehe das Gesundheitskapitel)

Rufe deine göttliche Präsenz und/oder einen Meister. Erzengel Michael, Jesus, Babaji oder jeder andere wahre Meister sind mächtige Beschützer.

Stell dich so hin, dass du die Kraft deines Körpers spürst - Füße hüftweit auseinander, Knie gelockert, Rücken aufrecht, Kopf gerade. Spüre deine Göttlichkeit als goldenen Lichtstrahl, der von deinem Scheitel aus deinen ganzen Körper durchdringt. Fühle auch deine Verbundenheit mit dem Erdzentrum.

Stell dir eine schützende, unüberwindliche Energie in einer Farbe vor, die du selbst wählst. (Erzengel Michael ist für sein starkes elektrisches Blau bekannt.) Lass diese Energie als kreisende Bewegung unter deinen Füßen beginnen und langsam nach oben steigen, bis sie den ganzen Körper und die Aura umkreist und über deinem Kopf zum Stillstand kommt. Sprich folgende Worte:

Im Namen und durch die Macht des Göttlichen, das mein Wesen durchdringt, erkläre ich, dass ich ab sofort und für immer diesen Schutz genieße. Ich bin immer und überall geschützt und geborgen. Ich bin in allen Situationen, bei allen Menschen in Sicherheit. Ich bin jetzt und immer in Sicherheit. Dieser Schutz ist vollkommen. So sei es!

Fühl den Schutz. Mach ihn dir bewusst. Mach dir klar, dass er immer da ist. Ruf ihn dir immer wieder in Erinnerung. Rufe ihn jedesmal herbei, wenn du Angst hast, und du wirst bemerken, dass er da ist.

Ein Meister, den du liebst, wird sofort da sein, um dir beizustehen. Ruf ihn einfach, leise oder laut.

Lichtarbeiter-Syndrom

Wenn du der Menschheit und dem Planeten hilfst, sich höher zu entwickeln, dann bist du ein „Lichtarbeiter" und verdienst Dank dafür.

Vielen Lichtarbeitern sind Muster gemeinsam, die einmal erhellt werden sollten. Hier ein paar verbreitete Gedankengänge:

Ich kümmere mich um alle, nur nicht um mich selbst.

Ich nehme ungern Geschenke von anderen an.

Ich kann es mir nicht leisten, auszuruhen oder zu spielen. Meine Aufgabe nimmt mich völlig in Anspruch.

Dieses Syndrom stammt aus vielen vergangenen Leben als Lichtarbeiter. Wir meinten oft, wir trügen die gesamte Last der Menschheit und seien die einzigen, die sich bemühen. Oft galten wir in unserer Familie und bei anderen als „stark"; man erwartete von uns, dass wir uns um alles kümmern. Nur allzuoft fühlten wir uns allein gelassen und beladen.

Das Lichtarbeiter-Syndrom ist auch eine Art der Isolation. Wenn ich mich um alle anderen kümmere, nur nicht um mich selbst, dann fühle ich mich von meinen Schützlingen abgetrennt. Ich bin nicht offen für die wertvollen Gaben der anderen und habe mich eingemauert. Nicht spielen zu können, bedeutet Abgrenzung; ich fühle mich anders als die anderen, ihnen vielleicht überlegen. Ein Geschenk von einem derart überforderten Menschen zu erhalten, ist keine ungetrübte Freude. Gaben entströmen einem überfließenden Gefäß - nicht einem trockengelegten.

Initiation

Schau dir deine Gedanken und dein Leben an. Hast du das Lichtarbeiter-Syndrom? Falls ja, hier ein paar Anregungen:

Ich erkenne, dass es jetzt Millionen von Lichtarbeitern gibt, und ich schließe mich wieder meiner uralten spirituellen Familie an. Ich bin nicht länger allein. Ich werde jetzt tiefe Freundschaften mit meinen Gefährten schließen. Ich gebe und empfange reichlich. Ich habe Spaß am Leben. Ich entspanne mich, atme, ruhe mich aus und genieße. Aus meinem Glück heraus mache ich unserem erwachenden Planeten ein viel größeres Geschenk. So sei es.

Eine Situation entstören

Jede Situation spiegelt deine (bewussten und unbewussten) Gedanken wider. Sie ist immer zu deinem Nutzen, und du bist hundertprozentig verantwortlich für deine Erfahrung.

Wenn du deine Gedanken veränderst, erfährst du die Situation anders. Entweder kehrt sie sich um oder verschwindet ganz aus deinem Leben. Wenn du dich selbst liebst, wird es anderen leichter fallen, dir ihre Liebe zu zeigen. Und wenn du die Menschen um dich herum lieben und in ihnen Wesen voller Liebe, Kraft, Freude, Freiheit und Licht sehen kannst, dann lädst du sie ein, sich in deiner Gegenwart zu wandeln.

Wenn noch jemand in der gleichen Situation ist und mit dir daran arbeiten möchte, verstärkt das die Kraft zum Guten.

Lass die alte Erfahrung zuerst bewusst los. Niemand und keine Situation ist an die Vergangenheit gebunden. Wenn du dich durch einen bestimmten Menschen gestört fühlst, heile die Beziehung (s. Beziehungskapitel).

Überlege jetzt gründlich: Was ist insgesamt gesehen das Beste? Aber sei vorsichtig, denn wir Menschen verfallen nur allzuleicht in egoistisches Denken. Vielleicht brauchst du die Hilfe eines weisen und unparteiischen Freundes. Versetze dich in die anderen Beteiligten. Was möchten sie? Was würdest du an ihrer Stelle wollen? Stellst du unfaire Ansprüche? Tun sie es? Was ist fair? Kannst du einen Kompromiß schließen?

Wenn es dir richtig erscheint, dann beziehe die Menschheit und den Planeten mit ein. Was ist das Beste für das größere Ganze?

Wenn du glaubst, wirklich alles verstanden zu haben, dann ist es Zeit, in dir den Grundstein für die äußere Veränderung zu legen. Unterschätze nicht die Macht der inneren Arbeit, auch wenn die Situation sehr verwickelt ist. Es können Wunder geschehen. Es geschehen immer Wunder!

Vergib dir, liebe dich und vergib allen Beteiligten. Bekräftige und spüre auch, dass sie dir vergeben - aus ihrem wahren Selbst, ihrer Göttlichkeit.

Vielleicht möchtest du jetzt beten.

Wenn dir danach ist, schreibe einen Brief an das göttliche Selbst eines oder mehrerer Beteiligten. Schreib ihnen, dass du sie liebst und würdigst. Sag ihnen, wie du dich fühlst. Bitte sie, das Ihre zum Besten aller beizutragen. Lass diesen Brief deine Privatangelegenheit sein.

Schicke allen anderen deine Liebe. Betrachte alle Beteiligten als göttlich und segne alle. Segne die ganze Situation und hülle sie in Licht. Wenn diese Menschen bei dir sind, schicke ihnen deine Liebe im Stillen oder offen, wie es für dich am besten ist.

Versichere dir: *Göttliche Liebe erfüllt jetzt diese Situation und durchdringt sie mit vollkommener Harmonie.*

Stell dir vor, was zum Besten aller geschehen sollte. Sieh, wie Verständnis und Liebe alle verbindet. Bitte das Göttliche in allen, die Veränderung geschehen zu lassen.

Solltest du mit den anderen darüber sprechen? Wahrscheinlich möchtest du sie an deiner Vision Anteil nehmen lassen. Sei dir jedoch bewusst, dass deine Vision nicht der Weisheit letzter Schluss ist. Hör den anderen zu und würdige auch ihre Sicht. Kommt es zu einem Austausch, der für alle annehmbar ist? Kommt ihr zu einem harmonischen Ergebnis?

Die anderen wollen vielleicht gar nicht unbedingt hören, was du zu sagen hast. Manchmal ist es leichter, um des Friedens willen Kompromisse zu schließen, anstatt die eigenen Überzeugungen durchzusetzen. Sprich deine Wahrheit aus; das ermutigt die anderen, das Gleiche zu tun, was letztlich im Interesse aller ist. Dann kann man das - im göttlichen Sinn - Richtige tun.

Wenn sich die anderen deinen Worten verschließen und die Gespräche zu keinem Ergebnis führen, dann tu das, was dir dein Herz eingibt.

Ein wichtiger Schlüssel: Tu dein Bestes und hänge nicht am Ergebnis. Mit deiner Absicht und Liebe wird sich die Situation entfalten, so gut dies bei dem Bewusstsein aller Beteiligten möglich ist. Übernimm die Verantwortung dafür, dass du die Situation miterschaffen hast, auch wenn sie dir unfair erscheint, und sei zufrieden damit.

In emotional aufgeheizten Situationen - z.B. Geldangelegenheiten, Scheidung oder Politik - können die einander widersprechenden Forderungen jede Harmonie untergraben. Finde dann in dir Harmonie und Vergebung und gib die Ansprüche auf, die die Integrität eines anderen kompromittieren würden. Alles, was du sagst, muss sich mit deiner Integrität vereinbaren lassen; denk an das Ganze und sei unberührt vom Ergebnis. Wenn sich nichts ändert, wirst du wahrscheinlich woanders hingehen wollen.

Konditionierungen auflösen

Nimm dir einige Wochen oder Monate Zeit, um über deine Vergangenheit nachzudenken. Untersuche gründlich alles, was dir von deiner Familie, deinen Freunden und Mitarbeitern beigebracht wurde. Ist es dir noch nützlich? Möchtest du neue Wege suchen? Sprich die folgenden Worte:

Liebe Eltern, ich danke euch, dass ihr mich zum Teil eures Lebens gemacht habt. Danke, dass ihr euer Bestes gabt und mich geliebt und aufgezogen habt. Ich weiß, dass ihr euch so verhalten habt, wie es für euch richtig war. Ich bewundere .... (zähle alles auf).

Ich habe mir neue Wege gesucht: (Nenne diese; z.B: Ich habe beschlossen, den Alterungsprozess aufzuhalten und werde mich verjüngen.) Im Namen und durch die Macht meines göttlichen Wesens werde ich das manifestieren, was ich mir aussuche. So sei es.

Um die neuen Wege zu beschreiten, braucht man natürlich Energie und Absicht. Arbeite mit den Initiationen so, wie es dir eingegeben wird.

Eine neue Tagesordnung

Hier einige Gedanken, die „normalen“ Denkweisen entgegenwirken:

Ich bin die Seele. Ich bin göttlich.

Ich liebe mich. Ich bin mir mein bester Freund.

Ich möchte, dass die Seele mein Leben durchdringt und die Veränderungen herbeiführt, die für mich am besten sind.

Ich löse meine karmischen Verstrickungen aus jedem Leben.

Meine bewussten und unbewussten Gedanken und Gefühle erschaffen meine Realität.

Ich kann alles tun, sein oder haben.

Ich bin immer vollkommen beschützt und sicher. Es gibt keine ‚Unfälle‘, die mir Schaden zufügen.

Erkältungen, Grippe und andere Krankheiten können mich nicht ‚erwischen‘. Schädliche Bakterien oder Viren existieren für mich nicht. Ich ignoriere sie, und sie ignorieren mich. Ich erschaffe Krankheit nur durch meine Gedanken und Gefühle. Keine Krankheit ist endgültig. Wenn ich bereit bin, kann ich Gesundheit manifestieren.

Leben ist Freude. Leben ist Licht.

Materie ist Illusion.

Ich erfülle den Zweck meines Hierseins.

Das Universum unterstützt liebevoll und mühelos all das, was ich gern tun möchte.

Engel sind real.

Je mehr ich gebe, desto mehr erhalte ich und desto mehr habe ich zu geben.

Jeder kann aus der Fülle leben.

Feen existieren wirklich.

Gott und Liebe sind die allerwirklichste Wirklichkeit.

Das Leben ist dazu bestimmt, leicht zu sein - nimm es leicht!

Der Zauber in der Welt ist real.

Ich habe wunderbare, gute Freunde. Ich bin ein guter Freund.

Meine Freunde unterstützen mein spirituelles Wachstum und meine Freude.

Ich habe die Liebe und den Mut zur Intimität.

Jeder in meinem Leben ist göttlich, ist geliebte/r Göttin/Gott.

Zeit existiert nicht. Wir haben sie erfunden.

Wir sind keine Opfer der Zeit. Die Zeit ist unser Diener.

Unternehmen, die auf Liebe und Knowhow setzen, werden am reichsten.

Rechtsanwälte und Leichenbestatter werden arbeitslos.

Wir haben die Weltuntergangs-Szenarien bereits hinter uns gelassen.

Ich sehe in allem die Vollkommenheit.

Alles fügt sich zum Besten.

Die Erde ist ein Paradies und wartet nur darauf, dass wir uns daran erinnern.

Geist und Materie sind eins.

Mein Körper lebt ewig. Leben, Gesundheit und Schönheit entfalten sich immer mehr.

Ich bleibe auf der Erde, so lange ich will. Wenn ich sie verlasse, nehme ich meinen Körper mit ins Licht. Ich hinterlasse keine Form.

Verjüngung ist möglich und kann leicht und schnell sein.

Wenn ich meine Fähigkeit akzeptiere, kann ich durch die Kraft meiner Gedanken reisen, meinen Körper ins Licht bringen und mich überall niederlassen, wo ich will.

Ich kann mich in verschiedenen Dimensionen frei bewegen .

Ich kann alles, was ich brauche oder möchte, aus dem Feinstofflichen manifestieren.

Ich werde ein aufgestiegener Meister auf der Erde.

Formuliere deine eigenen unbegrenzten Gedanken. Mach sie zu deiner Wahrheit. Sei geduldig mit dir, erinnere dich, dass du auch emotionale Muster verändern und mit den tieferen Schichten deines Bewusstseins arbeiten musst. Sei beharrlich.

Folgende Affirmationen sind nützlich, wenn du etwas manifestieren oder danken möchtest:

Ich bin geklärt. Mein ganzes Karma ist geklärt. Ich habe alle alten Wunden vergessen. Ich definiere mich nun als die Seele. Ich bin stark. Ich bin glücklich. Ich liebe. Ich folge dem Weg meines Herzens in einem erfüllten Leben. Ich drücke meine Göttlichkeit immer vollkommener aus. So sei es.

Unendliche Segenswünsche für dich!

Klärende Initiationen in anderen Kapiteln

Kapitel 4: Der Höhepunkt der Gesundheit:
Die genetische Kette sprengen
Unfall-Karma klären
Die Ursache klären

Kapitel 5: Die eigene Macht annehmen
Die Angst vor Macht loslassen

Kapitel 6: Beziehungen harmonisieren
Vermählung des weiblichen und männlichen Aspektes
Psychische Bindung lösen
Partnerschaftsheilung

Kapitel 9: Die Göttin erwecken
Die Heilung des Weiblichen

Kapitel 10: Dem Einen dienen
Astralheilung

Kapitel 11: Verjüngung und Unsterblichkeit
Das Unbewusste klären
Den Tod loslassen
Hindernisse überwinden
Die Todeshormone in der Hypophyse umkehren

4. Kapitel

Der Höhepunkt der Gesundheit

Dein Körper ist nicht nur ein Tempel des Göttlichen.
Er ist göttlich.
Wie könnte er etwas anderes als vollkommen sein?

Der göttliche Körper

Der menschliche Körper ist göttlich, denn alles Existierende ist Ausdruck des Göttlichen und Teil von Gott/Göttin. Der Körper besteht aus göttlicher Substanz - Energieteilchen, von denen keines fest ist. Göttliche Intelligenz formte unseren Körper im Mutterschoß mit der größten Vollkommenheit, die wir zulassen konnten. Göttliche Intelligenz erhält unseren Körper und steuert sechs Trillionen Transaktionen in jeder Sekunde.

Als Menschen haben wir die Aufgabe, die Göttlichkeit unseres Körpers anzuerkennen und ihr zu erlauben, sich auszudrücken. Wenn das geschieht, wird der Körper unsterblich. Er kann durch die Kraft der Gedanken reisen, in anderen Dimensionen ein- und ausgehen und für alle Zeiten jugendlich und schön aussehen. Diese Möglichkeiten scheinen unserem gegenwärtigen Denken so fremd, sind aber das Allernatürlichste. Nur unsere Überzeugung, vom Göttlichen abgetrennt zu sein, hat das Altern und den Tod hervorgebracht. Nur dieses Trennungsdenken hat den Körper krank gemacht.

Wir sollten die Tatsache akzeptieren, dass wir die Krankheitssymptome selbst erschaffen, uns dafür aber nicht verurteilen. Wir kehren jetzt ins Göttliche zurück und erfahren unser Einsseins. Wir haben unser Möglichstes getan und werden es weiterhin tun, bis wir wieder wissen, dass alles eins ist.

Krankheitsursachen

Nicht alle Krankheiten haben ihre Ursache im mental-emotionalen Bereich. (Mir fällt auf, dass ich hier meine früheren Schriften revidiere - das passiert, wenn man beim Bücherschreiben wächst!) Ein Mensch, der unwissentlich verseuchte Nahrung zu sich nimmt, wird normalerweise krank. Dass er sich diese Erfahrung aussucht, hat oftmals einen inneren Grund, aber manchmal ist er den Gefahren der dritten Dimension unschuldig ausgeliefert.

Es kann tiefe Gründe für eine Krankheit geben, die nichts mit dem mentalen/emotionalen Bereich zu tun haben. Ich habe einen Freund, dem die Seele eingab, bei Sonnenaufgang zum Fluss hinunterzugehen. Er tat es, und genau in dem Moment, als er ins Wasser stieg, entgleiste ein Frachtzug auf der Brücke. Aus einem aufgerissenen Waggon kippten Unkrautvernichtungsmittel ins Wasser. Die Fische versuchten, dem zur tödlichen Falle gewordenen Wasser zu entkommen, indem sie in die Luft sprangen, nur um wieder zurückzufallen. Die Seele meines Freund wollte den sterbenden Fischen und Pflanzen helfen und bekam selbst eine große Dosis Gift ab. Er brauchte Jahre, um sich davon zu erholen. Das war eine Aufgabe, die seine Seele übernommen hatte, und er nahm die Krankheit an und empfand keine Bitterkeit. Krankheit, die aus dem Dienen entsteht, ist eine Kategorie für sich.

Kehren wir jetzt aber zu den siebenundneunzig Prozent der Krankheiten zurück, die mentale/emotionale Ursachen haben. Der Gedanke, von Gott abgetrennt zu sein, spaltet sich in unzählige Gedanken und Gefühle auf, die sich alle als Krankheiten manifestieren können, wenn sie intensiv genug sind und über lange Zeit genährt werden. Hier ein paar Möglichkeiten:

- Abhängigkeit von anderen. Wenn du zu sehr von den Menschen um dich herum abhängig bist, kannst du ihre Gedanken und Gefühle ‚auffangen‘ - und damit auch die entsprechenden Krankheiten.

Wir sind alle von Glaubens- und Erziehungsmustern geprägt. Besteht in deiner Familie eine erbliche oder häufig auftretende Krankheit, dann stammt die ursprüngliche mentale/emotionale Ursache von dem Familienmitglied, bei dem sich diese Krankheit zum ersten Mal manifestierte. Wenn du an die Krankheit glaubst und sie erwartest, kannst du sie auch bekommen. Deine Überzeugung könnte die mentale Ursache dafür sein. Du kannst das Muster auflösen und gesund bleiben oder werden.

Da du dir deine Familie vor der Geburt ausgesucht hast, könnte in deiner Psyche die gleiche mentale Ursache wie bei dem betreffenden Vorfahren bestehen. Auch das wirst du klären müssen.

Dein Körper zieht die Krankheit nur dann an, wenn du der Vorstellung der Krankheit unterliegst. Das Gleiche gilt für Unfälle. Solche Mechanismen sind praktisch in uns allen am Wirken. Deshalb tun wir gut daran, uns mit dem Gedanken an Gesundheit und Sicherheit zu schützen.

Außer bei Kindern lässt sich diese Prägung verändern (vgl. Genetische Ketten sprengen).

- Nicht vergeben wollen. Vielleicht hältst du deinen Eltern vor, wie sie dich als Kind behandelten. Du glaubst, dass du nicht gesund werden kannst, weil sie dich so tief verletzt haben. (Eine andere verbreitete Reaktion auf Kindheitsverletzungen ist, sich von den Eltern immer wieder aus Schwierigkeiten helfen zu lassen, auch wenn man schon längst aus dem Elternhaus ausgezogen ist). Das innere Kind glaubt, dies sei der einzig mögliche Ausgleich.

Unbewusst glaubst du vielleicht, mit dem Vergeben öffne man vergangenen Traumata wieder die Tür. Du brauchst das Gefühl, beschützt und geliebt zu werden. Wahrscheinlich musst du innerlich mit den anderen ins Reine kommen.

- Gefangensein in intensiven Emotionen wie Kummer, Angst, Wut oder Schuld.

- Angst davor, eine Krankheit loszulassen. Vielleicht fehlt dir das Vertrauen, für dich selbst sorgen zu können, deinen Weg im Leben zu gehen. Du denkst, Krankheit ist der einzige Weg, geliebt zu werden, weil andere sich dann um dich kümmern müssen. Du hast Angst, in einem gesunden Körper das tun zu müssen, wonach du dich eigentlich sehnst, wovor du dich aber fürchtest, weil du es nicht schaffen könntest.
Diese Angst ist oft verschüttet, so dass man gar nicht an sie herankommt. Fang an, dich bedingungslos zu lieben. Das öffnet deine Emotionen, und du wirst spüren, was vergraben ist, und dich mit ihm versöhnen.

- Unerträgliche Lebensumstände, z.B. eine unglückliche eheliche oder berufliche oder eine andere Situation, aus der es scheinbar kein Entrinnen gibt. Mein Freund Norman fühlte sich in einem verhassten Job gefangen und verpasste sich Muskelschwund. Jetzt heilt er sich davon.

- Eine große Fussangel ist die Furcht, einen gutbezahlten Job aufzugeben, weil man sich nicht vorstellen kann, finanziell zu überleben - besonders, wenn man eine Familie zu unterhalten hat. Ein ähnliches Hindernis ist eine schlechte Ehe, in der man materiell versorgt ist.
Es gibt immer verschiedene Möglichkeiten in deinem Leben. Mach dir deine Gefühle bewusst und gestehe sie dir ein. Lerne, mit anderen darüber zu sprechen. Unternimm etwas, um dein Leben zu verändern. Falls dein Körper bereits krank ist, musst du wissen, dass du dir ein neues Leben schaffen kannst, sobald du deine Gesundheit wiedererlangt hast. (Siehe dazu das Kapitel “Die Lebenssufgabe erfüllen“.)

- Ein Aspekt deines Lebens - vielleicht dein Beruf - macht dir keine Freude. Du entwickelst eine anhaltende gesundheitliche Störung, z.B. das Chronische Müdigkeitssyndrom. Chronische Zustände - oder anhaltende Schwierigkeiten - können aus der Überzeugung stammen, dass man im Leben zum Opfer geworden ist, dass nichts gelingt und immer etwas zu beklagen ist. Hast du schon einmal erlebt, wie Freunde sich gegenseitig mit ihren Problemen übertrumpfen? Da heißt es dann: „Ach, das ist gar nichts, mir ging es noch viel schlimmer!"
- Der ewig gleiche Trott. Du fürchtest, deinem Herzen und deiner Seele auf neuen Wegen zu folgen. Krankheit ist ein Signal, aufzuwachen!
- Wogegen leistest du Widerstand? Was möchte in dein Leben treten? Was hast du bisher unterdrückt, wo du es doch so gerne ausdrücken möchtest? Welches neue Leben möchte in dir geboren werden? Nimm es an! Folge ihm! Tu es!
- Du hast dir die Krankheit tief in deiner Seele gewünscht. Ein solcher Wunsch erfüllt sich immer - schnell oder langsam. Du kannst die Entwicklung beschleunigen, indem du deine Seele nach dem Grund fragst. Lerne, was du dir vorgenommen hast zu lernen.

Die rosa Farbe

Die Heilkraft der Farben wird mehr und mehr anerkannt. Rosa ist die Farbe der Gesundheit und der Vitalität, und die folgende Initiation setzt die Heilung durch Rosa in Gang!

Verbinde dich mit deiner Seele. Stell dir eine rosa Flamme oder ein rosa Licht vor und erfülle deinen Körper damit. Spüre tief in jeden Körperteil hinein. Bemerkst du irgendwo ein schwieriges Gefühl, dann löse es in der rosa Flamme auf. Lass es ganz und gar los!

Spüre, wie sich dein Körper in dem Rosa gesund anfühlt, besonders die Stellen, die Beschwerden verursachten.

Vergößere die Flamme/das Licht, bis du deinen Körper als strahlende rosa Sonne wahrnimmst. Fühle, wie das Licht aus jedem Atom und jeder Zelle strömt. Bleib eine Weile in diesem Gefühl und genieße es.

Wenn du dir lieber Lavendelblau oder eine andere Farbe vorstellst, dann arbeite damit.

Fastenkuren

Ich faste gern mit Säften oder Wasser, das mit Nährstoffen angereichert ist, und halte das ein paar Tage durch. Fasten ist ein wirkungsvoller Weg, die Eingeweide und somit den ganzen Körper zu reinigen. Ein gereinigter Körper hat mehr Energie. Fasten erhöht außerdem die Schwingungen von Körper, Geist und Psyche.

Aber nicht jeder sollte fasten. Es kann selbst für diejenigen schädlich sein, die bisher ab und zu gefastet haben. Mein Körper wurde allergisch auf bestimmte Samen, die ich am Anfang einer Kur einnahm, bis ich schließlich merkte, dass Fasten für mich ungeeignet war. Wenn du fasten möchtest, spüre in dich hinein oder meditiere darüber. Geh zum Arzt oder zum Heilpraktiker, wenn du dir aus gesundheitlichen Gründen nicht sicher bist.

Da wir regelmäßig Nahrung zu uns nehmen und die Verdauung sehr energieaufwendig ist, hat unser System nicht genügend Zeit, mit den aufgenommenen Giften fertigzuwerden. Diese Gifte werden im Körper abgelagert. Während des Fastens gelangen sie in den Blutstrom, bevor sie ausgeschieden werden. Dies kann den Körper schwächen und reizbar machen. Am leichtesten kann man fasten, wenn man viel Ruhe hat. Auch tägliche Spaziergänge sind hilfreich.

Bevor du beginnst, iss schon einige Tage vorher kein Fleisch mehr und halte dich an Gemüse. An den beiden letzten Tagen vor der Fastenkur iss nur Salate und Früchte.

Gut und dazu lecker ist die „Meister-Fastenkur“:

4 Liter Quellwasser oder destilliertes Wasser (verschiedene Experten schwören auf das eine oder das andere)

8 - 12 Zitronen, so viel Cayenne-Pfeffer, wie du vertragen kannst (mindestens ½ Teelöffel)

ca. 1 ½ Tassen Ahornsirup (möglichst wenig raffiniert) oder Gerstenmalzsirup

Dieses Mischung ist ein gutes Basisgetränk. (Vorsicht, man kann dabei auch zunehmen!) Du kannst auch andere Flüssigkeiten zu dir nehmen. Ich mag gern Gemüsesaft oder -brühe. (Rezepte siehe unten).

Geh von deinem Wissen aus, wenn du entscheidest, wie lange du fasten willst. Am Anfang werden drei bis fünf Tage empfohlen, später, wenn du mehr Erfahrung hast, sieben bis zehn Tage oder auch länger.

Da die Flüssigkeiten den Darm nicht anregen können, sind Klistiere oder Colontherapeutika wichtig.

Bestimmte Produkte scheinen für die Reinigung ganz allgemein nützlich zu sein. Apfelpektin zum Beispiel überzieht die Darmwand mit einer Schicht und unterstützt die Ablösung alten Materials, das dann mit Hilfe eines Klistiers oder Colontherapeutikums herausgespült wird. In den USA ist Bentonite auf dem Markt, ein flüssiges Mittel aus sehr feinen Tonerdepartikeln, das Gifte absorbiert und das Fasten angenehmer macht. Auch grüne Produkte wie Chlorophyll, grünblaue Algen oder Spirulina helfen, das System während des Fastens zu vitalisieren.

Hier eine Fastenkur mit rohen oder gekochten Frucht- und Gemüsesäften. Ich weiß nicht, woher sie stammt; wahrscheinlich wird sie durch Mundpropaganda weitergegeben.

Frühstück:
Mische Trockenpflaumensaft, Traubensaft und Wasser zu gleichen Teilen und trinke einen Viertel Liter davon warm. Eine halbe Stunde danach trinke eine Tasse Ingwer-Tee.

Ingwertee
Reibe ein 3 cm großes Stück Ingwer in 1/2 Liter Wasser. Lass es köcheln und schmecke es mit Zitrone und Honig ab. Dieser Tee ist besonders im Winter köstlich und hilft bei Erkältungen und Bronchitis.

Mittag- und Abendmahlzeit:
Trinke eine Tasse Gemüsebrühe oder ¼ Liter Möhrensaft.

Gemüsebrühe
4 Liter destilliertes Wasser, Grünkohl (es gibt kaum Mengenangaben bei den Gemüsen), rote Kartoffeln, Sellerie, Petersilie

3 weiße Zwiebeln, Rote Bete, Lima-Bohnen, Maismehl

15 Minuten köcheln und dann 2 Stunden stehen lassen. Durchsieben.

Karottensaft
Roher Saft von 1 kg Karotten, 3 Stangensellerie, 1 Gurke, 1 Granny Smith Apfel, falls vorhanden, 1 Handvoll Sprossen, 6 - 8 Spinatblätter.

Trinke jeden Tag die angegebene Menge in ¼ Liter-Portionen.

Ausklang der Fastenkur:

1. Tag: wie oben, zusätzlich aber etwas Obst
2. Tag: Früchte am Morgen, gedämpftes Gemüse mittags und abends
3. Tag: zusätzlich Salate (kein Getreide)
4. Tag: normale Nahrung

Gewichtsprobleme

Das Gewicht ist das Sorgenkind für so viele. Die Definition des „Idealgewichts“ ist von Gesellschaft zu Gesellschaft unterschiedlich und unterliegt dem Zeitgeist und der Kultur. Aber von den Unsterblichen, die ich kenne - Babaji, St. Germain und einige Taoistisen - ist keiner fett. Ein magerer Körper benötigt weniger Energie, weshalb mehr Energie für angenehmere Dinge zur Verfügung steht. Gehen wir also davon aus, dass ein schlanker Körper gesünder, glücklicher und energiegeladener ist.

Auch Untergewicht ist natürlich ein Problem. Hier scheint die mental-emotionale Ursache das mangelnde Selbstwertgefühl zu sein, das mit der Überzeugung verbunden ist, dass Dünne mehr bewundert und akzeptiert werden. Ich glaube, Wallis Simpson sagte einmal: „Man kann nie zu reich oder zu dünn sein.“ Bulimie und ähnliche Muster sind dann oft die Folge.

Da aber viel mehr Menschen an Übergewicht leiden, wollen wir darauf näher eingehen. Hier die wichtigsten Gründe, die mir während meiner Arbeit mit meinen Klienten aufgefallen sind:

- Mangelndes Selbstwertgefühl, das oft davon stammt, dass man sich in der Familie nicht geliebt fühlt. Man isst zu viel, um sich zu trösten und/oder um in der Gesellschaft, die den dünnen Körper zum Idol erhoben hat, minderwertig zu erscheinen.
- Schutzbedürfnis. Dieses kann aus sehr tiefen Schichten kommen. Physischer oder psychischer Missbrauch kann im Leben immer der Anlass für Übergewicht sein. Ich habe eine Freundin, die unmittelbar nach einer Vergewaltigung zunahm, und es fiel ihr sehr schwer, die neuen Pfunde wieder loszuwerden. Ich kenne auch Frauen, die sich durch ihr Übergewicht unattraktiv machen wollen, weil sie sich davor fürchten, Männer anzuziehen.
  Dies hat damit zu tun, dass Sex in unserer Gesellschaft noch immer anrüchig ist, was zu den sonderbarsten Gedankenkonstruktionen führt: Schön ist dumm; Spiritualität und Sexualität passen nicht zusammen; wer

eine Traumfigur hat, wird nicht ernstgenommen. Übergewicht kann dann mit mehr Respektabilität gleichgesetzt werden.

- Abhängigkeit von übergewichtigen Menschen. Diese Nuss ist meist nur schwer zu knacken. Hier gilt das unausgesprochene Diktat: Dies ist unsere Familie oder unserer Freundeskreis, und die Körpergröße muss eingehalten werden, um die Liebe der anderen nicht zu verlieren.
- Die Gene eines übergewichtigen Elternteils werden dem Kind vererbt. Wir haben bisher geglaubt, über Vererbung keine Kontrolle zu haben, aber das ist nicht die höchste Wahrheit. Es ist einer der Grundsätze, die durch unsere Überzeugung übermächtig geworden sind. Alles kann durch die Seele verändert werden.
- „Wenn du fett- oder kohlehydratreich isst, nimmst du zu!“ Nahrung muss nicht mit Gewicht oder Gewichtsverlust in Zusammenhang gebracht werden, weil der Körper immer unseren Überzeugungen (unserem Befehl) folgt. Ich habe eine Freundin, die während einer Lichtdiät (Prana, Lebenskraft wird über die Hautzellen und den Atem aufgenommen) zunahm. Eine andere fastete zwei Wochen lang sehr streng und verlor nicht ein Gramm. Eine dritte hatte ein Gewichts“problem“ und lernte, alles zu essen und schlank zu werden. Meister, die große Festmahlzeiten lieben, sollen gesagt haben: „In Wirklichkeit essen wir gar nicht.“
- Konditionierungen aus vergangenen Leben. Ich legte ein paar ungewollte Pfunde zu, und es war schwierig, sie wieder loszuwerden. Nach einer Weile erhielt ich die Information, dass ich in vergangenen Leben im gleichen Alter genauso zugenommen hatte. Mein Körper war stolz und sehr zufrieden mit dieser Leistung. Als ich näher hinschaute, sah ich den Gedanken, dass mehr Gewicht mehr Respekt bedeutet.

Falls wir im vergangenen Leben immer hungrig waren oder verhungerten, kann Übergewicht scheinbar eine Pufferzone gegen solche Gefahren sein. Ebenso kann ein schlanker Körper Ängste auslösen, wenn in einem früheren Leben der körperliche Verfall noch zu Lebzeiten eingesetzt hat.

Jede dieser mental-emotionalen Ursachen kann im Körper Reaktionen auslösen, z.B. Unterfunktion der Schilddrüse, die dann für das Übergewicht verantwortlich gemacht werden. Die Kur kann die eigentliche Ursache heilen, tut es aber oftmals nicht.

Fort mit dem Gewicht

Hier einige Anregungen zum Ausprobieren:

- Versuche unbedingt, die mental-emotionalen Ursachen für dein Übergewicht herauszufinden und zu klären.
- Liebe deinen Körper unabhängig vom Gewicht, so wie er ist. Dies kann gar nicht oft genug betont werden. Die Liebe für deinen Körper fördert Selbstwertgefühl und Selbstliebe und unterstützt dich darin, dein gewünschtes Gewicht zu erreichen. (s. die Kapitel: ‚Den eigenen Körper lieben' und ‚Verjüngung')
- Erinnere dich daran, dass du selbst die Macht bist und deine Macht alle deine gegenwärtigen Überzeugungen fundiert. Du kannst jede Überzeugung verändern: Bestimme jetzt, dass Nahrung und Ernährung dein gewünschtes Körpergewicht nicht beeinflussen. Sei dir dessen bewusst, wenn du isst.
- Wenn du noch nicht bereit bist, alte Überzeugungen, Ernährung und sportliche Betätigung zu verändern, weil du noch an die Kraft deiner Überzeugungen glaubst, dann segne deine Nahrung und genieße ihren Geschmack und ihre Konsistenz. Dann wird dich das Essen viel mehr befriedigen, und du wirst wahrscheinlich weniger zu dir nehmen.
- Achte während des Essens sehr auf deinen Körper und höre sofort auf, wenn er nichts mehr möchte. Du wirst wahrscheinlich weniger essen und deshalb überzeugt sein, dass du weniger wiegen wirst. Der Ausdruck „Gewicht verlieren" ist ungünstig gewählt. Es sollte stattdessen heißen: durch Schlank- oder Magersein mehr Freude gewinnen.
- Assoziiere den Begriff „schlank" mit robuster Gesundheit, Kraft und Vitalität.
- Denk dich dünn. Stelle dir deinen Körper so vor, wie du ihn gern hättest. Vergiss den Spiegel und die Waage. Erkläre, dass du das richtige Gewicht bereits besitzt und bleib dabei. Sei glücklich darüber und dankbar damit. Wenn du das lange genug durchhältst, wirst du Erfolg haben.
- Solltest du entdecken, dass eine Konditionierung aus einem vergangenen Leben der Grund für dein gegenwärtiges Gewicht ist, sprich zu deiner DNA. Danke ihr und lobe sie, dass sie deinen unbewussten Befehl so perfekt ausgeführt hat. Teile ihr mit, dass du deine Meinung geändert hast und jetzt soundsoviel wiegen möchtest. Hol dir das Einverständnis deiner DNA. Sie freut sich, dir zu assistieren.

Hier einige Affirmationen, um dein Idealgewicht zu manifestieren oder zu halten:

Ich liebe meinen Körper unabhängig von seinem Gewicht und finde ihn schön. Ich unterliege keinen sozialen Konditionierungen. Ich erfreue mich am Zauber und Leben meines Körpers, so wie er ist. Ich bin unabhängig von meinem Aussehen liebenswert und werde als das göttliche Wesen geliebt, das ich bin.

Ich bin die Macht, die mein Körpergewicht bestimmt.

Mein Körpergewicht wird durch meine Überzeugung geregelt. Es liegt an mir, Überzeugung, die ich erkannt habe, zu ändern.

Nahrung hat keinen Einfluss darauf, ob mein Körper schwerer wird oder sein Gewicht hält. Was und wieviel ich esse, hat keine unerwünschten Auswirkungen auf mein Gewicht.

Alles, was ich zu mir nehme, verwandelt sich in Gesundheit, Jugendlichkeit und Schönheit.

Mein Körper ist ein göttlicher Körper.

Bewegung

Die folgenden Übungen mache ich oft, weil sie meinem Körper Freude bereiten. Einige basieren auf dem Hatha Yoga, einer uralten und sehr empfehlenswerten Technik, andere stammen aus verschiedenen Quellen. Ich danke meinen Freunden Edel und Sola für einige dieser Übungen.

Zieh dich bequem an und überfordere dich nicht. Dehne dich, so weit du kannst, ohne dich zu überfordern. Mach die Übungen in der Reihenfolge, die dir gefällt.

- Rückgrat. Hebe beide Arme über den Kopf und stell dich auf die Zehenspitzen. Dehne deinen ganzen Körper. Komm auf die Fusssohlen zurück und beuge die ausgestreckten Arme zusammen mit deinem Kopf nach vorn. Rolle Wirbel für Wirbel nach unten ab - ganz langsam. Wenn sich irgend etwas unbehaglich anfühlt, mach eine Pause und atme tief hinein. Atme langsam ein und aus. Dann beuge dich weiter nach unten, lass Arme und Kopf locker baumeln. Schwinge sanft vor und zurück. Nimm einige tiefe Einatemzüge und sieh, ob sich deine Wirbelsäule beim Ausatmen noch ein wenig mehr biegen lässt.
  Komm langsam, sehr langsam in die aufrechte Position zurück und lass die Arme seitlich herunterhängen. Stell dir deine Wirbel als Goldmünzen vor,

die übereinanderliegen und durch Zwischenräume voneinander getrennt sind. Hals und Kopf krönen das Ganze. Wiederhole die Übung, wenn du willst.

Nacken. Lass deinen Kopf einige Male nach vorn und dann nach hinten fallen. Nun jeweils zur Seite, Ohr zur Schulter. Deine Schultern sollten entspannt sein und herabhängen. Dreh den Kopf einige Male sanft nach jeder Seite.

Kreise langsam deinen Kopf, zuerst in eine Richtung, dann in die andere, lass ihn so tief fallen wie möglich. Wenn du irgendwo ein Unwohlsein verspürst, halte inne und atme hinein.

- Augen. Wenn meine Augen mich im Stich lassen, mache ich folgende Übungen eine Woche lang, worauf sich die Sicht wieder verbessert.

  Halte einen Finger im Abstand von einigen Zentimetern vor deine Augen oder so dicht, dass du ihn noch klar erkennen kannst. Schau erst auf den Finger und dann auf einen Gegenstand, der mindestens etwa 20 Meter entfernt ist. Wiederhole das mehrmals. Blinzle ein paarmal, schließ die Augen kurz und entspanne sie.

  Halte jetzt einen Finger von jeder Hand im Abstand von einigen Zentimetern jeweils etwas seitlich vor deine Augen. Halte den Kopf still und blicke abwechselnd auf die beiden Finger. Blinzle.

  Blicke jetzt mehrmals, so weit du kannst, von oben rechts nach unten links, dann von oben links und unten rechts. Blinzle, entspanne die Augen.

  Halte den Kopf still und richte die Augen auf den Boden. Lass die Augen langsam kreisen, zuerst in eine Richtung, dann in die andere. Konzentriere dich dabei auf die äußerste Grenze deines Blickfeldes. Wenn dein Blick anfängt zu springen, konzentriere dich auf sanfte Augenbewegungen. Mach diese Übung nur einmal. Blinzle.

  Zum Schluss reibe beide Hände mit Druck aneinander und bedecke die Augen mit den Handflächen so, dass die Fingerspitzen an deiner Stirn übereinanderliegen. Halte die Augen offen und fühle, wie sie sich zu entspannen beginnen. Dies ist sehr wohltuend und soll sogar schon Blindheit geheilt haben.

- Schultern. Schiebe deine Schultern nach vorn und hebe sie auf Ohrenhöhe, lass sie dann zurückfallen. Wiederhole die Übung ein paarmal. Hebe deine Schultern jetzt in gerader Linie mehrmals in Ohrenhöhe und lass sie wieder zurückfallen. Schüttle alle Last ab.

- Arme und Handgelenke. Strecke die Arme seitwärts aus und kreise sie zuerst in eine, dann in die andere Richtung. Spanne deine Muskeln bei der Bewegung an. Entspanne sie. Wiederhole die Übung, vergrößere die Kreise.
  Lass deine Handgelenke ein paar Mal in jede Richtung kreisen. Schüttle die Hände aus.

- Körperseiten. Stell dich mit gespreizten Beinen hin. Strecke einen Arm nach oben, die Handfläche nach außen. Halte die Augen auf die Hand gerichtet und führe die andere Hand, so weit du kannst, am Bein entlang nach unten. Atme tief in dieser Position. Dehne dich leicht. Wiederhole die Übung gegengleich.

- Becken. Schiebe deine Hüften so weit wie möglich (sanft!) nach vorn, dann nach hinten. Halte dabei den Rücken gerade und bewege die Taille nicht. Wiederhole dies mehrmals. Dann das gleiche zu jeder Seite. Beschreibe eine möglichst große Kreisbewegung mit deinen Hüften, zuerst in die eine, dann in die andere Richtung.

- Knie. Beuge deine Knie leicht und lege die Hände darauf. Beschreibe mit beiden Knien zusammen mehrmals einen Kreis nach rechts und links.

- Fesseln. Komme mit einem Fuss (barfuss) in völlig senkrechte Zehenspitzenposition. Wiederhole dies ein paarmal. Lass die Zehenspitzen auf dem Boden, kreise deine Fesseln jetzt ein paarmal in beide Richtungen. Wiederhole die Übung mit dem anderen Fuss.

- Rücken (Kobra). Leg dich auf den Bauch, Handflächen seitlich neben dem Kopf. Hebe beim Einatmen Kopf und Schultern und bewege sie sanft so weit wie möglich nach hinten. Drücke deine Hände gegen den Boden, Arme bleiben abgewinkelt und so weit wie möglich vom Körper entfernt. Halte den Atem ein Weilchen. Komm beim Ausatmen zurück in die Ausgangsposition. Wiederhole die Übung mehrmals.

- Unterleib. Leg dich auf den Rücken, verschränke die Hände hinter dem Kopf. Winkle die Knie an, die Füße stehen flach auf dem Boden. Heb den Kopf zusammen mit den Händen und spanne die Unterleibsmuskeln an. Wiederhole die Übung mehrmals.

- Combo. Leg dich auf den Rücken, die Arme ruhen seitlich auf dem Boden. Führe die Knie an die Brust. Lass sie angewinkelt und schwinge sie zu einer Seite, bis sie den Boden kurz berühren. Führe sie zurück an die Brust und schwinge sie dann zur anderen Seite. Wiederhole dies mehrmals. Lass dabei deinen Rücken so flach wie möglich am Boden. Dein Gesicht ist zur Decke gerichtet.

Viel Spaß!

Die genetische Kette sprengen

Mir ist bewusst, dass das Klären der Genetik durch unsere Absicht von der Medizin noch nicht anerkannt wird. Doch wenn wir unsere Einheit mit der unbegrenzten Macht des Göttlichen anerkennen, müssen wir diese Möglichkeit akzeptieren.

Diese Initiation hilft, uns von den Begrenzungen unserer Vorfahren zu befreien. Auch im Bewusstsein, dass Zeit eine Illusion ist - alle Zeit ist in Wirklichkeit jetzt -, kann deine Erklärung den Mitgliedern deiner Familie helfen: und zwar sowohl in bezug auf das Leben, das sie als deine Vorfahren lebten, als auch in bezug auf jetzt.

Unabhängig davon, ob deine Ahnen diese Hilfe annehmen, bist du imstande, dich von ererbten einschränkenden Mustern physischer und psychischer Natur zu befreien. Anfälligkeit für Krankheiten und vererbte Krankheiten, Abhängigkeiten, Missbrauch, Co-Abhängigkeit und andere dysfunktionale Muster können unterbrochen werden. Das Gleiche gilt für das Muster des Alterns und des Todes.

Dies ist keine mentale Übung, sondern eine Initiation, die echte Willenskraft und Leidenschaft erfordert. Bist du bereit, das Grenzenlose willkommen zu heißen? Bist du bereit, gegen den Strom zu schwimmen? Bist du bereit, - leise oder laut, wie es gerade angebracht ist - die Wahrheit zu sagen, wenn jemand über Begrenzungen spricht? Bist du bereit, deine Gesundheit zu erklären angesichts einer Familienkrankheit, auch wenn du sie bereits hast? Kannst du dich als alterslos erklären? Darum geht es nämlich! Es ist wunderbar, wenn du bereit bist, auch nur einen oder zwei der genannten Punkte anzugehen - zum Beispiel Befreiung von Co-Abhängigkeit oder Krankheit. Später kannst du mehr in Angriff nehmen, wenn du möchtest.

Zähle die Begrenzungen deiner Familie auf, von denen du dich befreien möchtest. Formuliere deinen Wunsch und deine Absicht, wirklich frei zu sein.

Geh in die Grundmeditation („Kontakt"-Kapitel), rufe dein göttliches Meister-Selbst und bitte es, dich mit einem Lichtschwert auszurüsten. Wenn du magst, kannst du Erzengel Michael mit seinem blitzenden, allmächtigen Schwert rufen.

Benutze das Schwert als ein mächtiges Werkzeug, mit dem du ein Muster nach dem anderen auflöst. Schwinge das Schwert über deinem Kopf und hole zu einem mächtigen Schlag aus, bringe das Schwert bis hinunter zum Boden, atme dabei laut aus dem Mund aus; konzentriere deine Absicht!

Hier einige Affirmationen, die dir in diesem Prozess Macht verleihen:

Im Namen und durch die Kraft meines göttlichen Wesens befreie ich mich jetzt von .... Ich sprenge die genetische Kette. Ich werde niemals .... Ich habe beschlossen, ... So ist es! So sei es! Ich bin frei!

Nimm dir Zeit, das Neue zu segnen!

Sollte sich später herausstellen, dass etwas nicht „anschlug", dann saß es sicherlich so tief, dass du es damals nicht ganz zu fassen bekommen hast. Du bist so tief vorgedrungen, wie es damals für dich richtig war. Wiederhole den Prozess für das betreffende Problem.

Viel Segen bei deiner neuen Freiheit!

Unfall-Karma klären

Ein gesunder Körper ist aus einem Guss, und alles funktioniert. Du tust gut daran, alles Karma zu klären, das du bereit bist loszulassen, besonders wenn es deinem Körper schaden könnte. Wenn mir früher bekannt gewesen wäre, dass das möglich ist, hätte ich mir nicht bei einem Autounfall Verletzungen zugezogen. Bitte deine Seele auch, alles „unmittelbare" Karma zu beseitigen, das dir schaden könnte. Der amerikanische Schauspieler Christopher Reeve, der seit einem Reitunfall querschnittsgelähmt ist, erwähnte, dass er sich wenige Wochen vor dem Unfall mit dem Phänomen der Querschnittslähmung beschäftigt hatte und sich damals fragte, wie das wohl sein müsse. Interessant, nicht wahr?

Mach es dir an einem ungestörten Ort bequem und rufe deine Seele. Verbinde dich mit deinem Wunsch und deiner Absicht, sicher vor allen „Unfällen" zu sein. Bewege diesen Wunsch in deinem Verstand und deinem Herzen und sprich mit Überzeugung und Kraft:

Im Namen und durch die Macht meines göttlichen Seins bitte und versichere ich, dass alles Karma, das meinen Körper verletzen könnte und das ich bereit bin, aufzulösen, jetzt von mir weicht. Ich rufe die Flamme meiner Göttlichkeit, dass sie mein Unterbewusstsein, meinen Körper, meine Gefühle, mein Bewusstsein und meine Aura durchdringt und alles klärt und reinigt, das mir nicht länger dient. (Atme. Entlasse es beim Ausatmen.) Ich bitte darum, dass alles unmittelbare Karma, das ich durch meine Gedanken schaffe und das meinen Körper verletzen könnte, sofort nach seiner Erschaffung von mir genommen wird. Es ist mein vollkommener Wunsch und meine Absicht, immer einen gesunden, starken, beschützten Körper zu haben, der in dieser Welt perfekt funktioniert. So sei es!

Lass es jetzt zu und fühle es intensiv, klar und leidenschaftlich. Beabsichtige es wirklich. Tu es wirklich.

Bei manchen Sportarten, z.B. beim Skifahren, kommt es leicht zu Unfällen wie Verstauchungen oder Knochenbrüchen. Auch hier kannst du deine Überzeugung für deine Sicherheit einsetzen. Einheit mit allem ist der Schlüssel. Du wirst zum Beispiel nie bei Lawinengefahr skifahren. Hier einige Affirmationen zur Unfallverhütung:

Ich bin in Sicherheit, wenn ich .... (benenne die Aktivität). Ich bin eins mit dem Land, der Luft, dem Wasser, dem Schnee, meiner Ausrüstung, den Bäumen und Tieren, mit allen anderen Menschen und deren Ausrüstung - mit allem. Ich bin eins mit meiner Ausrüstung. Im Auto bin ich eins mit dem Auto, der Straße, den anderen Menschen und Fahrzeugen auf der Straße, den Tieren, dem Wetter - mit allem. Mein Tiefenbewusstsein weiß alles, was es zu wissen gibt. Ich handle klar und weise bei allen meinen kleinen und großen Entscheidungen. Alles arbeitet in perfekter Harmonie und im perfekten Timing für meine Sicherheit und die Sicherheit aller um mich herum. Ich akzeptiere meine Sicherheit. So sei es.

„Unheilbare“ Krankheiten loslassen

Die Seuchen, die die Menschheit im Lauf der Geschichte immer wieder so verheerend dahingerafft haben, haben viele buchstäblich zu Tode erschreckt. Die Angst vor einer schrecklichen Krankheit, gegen die man kein Mittel zu haben glaubt, ist verständlich; aber die Angst ist der Beweis, dass wir falsch gewickelt sind. Sie ist der Glaube an die Erscheinungen, so real und entsetzlich diese auch sein mögen.

Wenn wir uns Gott und der Vollkommenheit im Hier und Jetzt zuwenden, werden wir die Unüberwindbaren sein. Im „Schlüssel zum Göttlichen Selbst“ erwähne ich Bekannte, die seit Jahren oder länger mit HIV infiziert sind und die niemals AIDS haben werden, weil sie dieser Krankheit keine Macht einräumen. Gott ist in allem, und Gott ist Liebe - und zerstört sicherlich nicht so etwas Wunderbares und Zartes wie den menschlichen Körper.

Vertrauen angesichts einer angsteinflößenden Krankheit ist eine große Lernerfahrung, eine ehrfurchtserregende Weisheit. Jeder von uns kann solche Weisheit entwickeln, da alles in uns angelegt ist. Wie auch immer unser Gesundheitszustand sei mag, wir brauchen uns vor keiner Krankheit zu fürchten. Wenn wir Angst haben, können wir unsere Angst umarmen und sie hinter uns lassen. Wir sind die Macht, die Krankheit verhindert und heilt.

Ein Arzt sagte zu einer Frau, sie habe Brustkrebs und müsse sich die Brust abnehmen lassen. „Das glaube ich nicht, Doktor" antwortete sie und ging. Sie heilte sich selbst.

Schau dir die Affirmationen in den letzten zwei Abschnitten dieses Kapitels an.

Die Ursache klären

Die Ursache physischer Beschwerden ist meist eine Reaktion auf etwas in der Gegenwart oder Vergangenheit. Wenn reaktive Energie in der Psyche feststeckt, kann sie sich in Form von körperlichen Beschwerden manifestieren.

Wenn du solche Beschwerden hast, reagierst du möglicherweise auf eine der folgenden Sachverhalte:

- Missbrauch oder Angriff
- schwierige Beziehung
- Krebs oder andere Krankheiten in der Familie
- Verletzung oder Tod einer geliebten Person
- schwierige Erfahrung oder eine Serie schwieriger Erfahrungen
- schwieriges Umfeld
- ähnliche Situation wie in einem vergangenen Leben, als du verletzt oder getötet wurdest

Allgemeine Reaktionen sind Furcht, Verstimmung, Ärger oder Wut, Leid, Schuld, Verwirrung, Ohnmacht und die schier unendliche Zahl von Kombinationsmöglichkeiten dieser Gefühle. Werden sie nicht ausgedrückt oder geklärt, dann nagen sie an dir und können Krankheit, Verletzung oder Tod herbeiführen.

Wenn du eine Krankheitsursache heilen willst:

- Rufe deine göttliche Seele und damit deine Fähigkeit, alles zu wissen. Konzentriere dich auf dein körperliches Unwohlsein. Frag nach seinem Grund und horche. Vielleicht musst du weiter gar nichts tun, um die Ursache zu erfahren.

  Du kannst auch direkt deinen Körper nach der Ursache fragen. Du kannst ein Bild von der Krankheit oder von deinem kranken oder verletztem Körper zeichnen.

  Es können Gefühle auftauchen. Dann tauche tief in sie hinein. Lass sie zu dir sprechen und dir die Dinge zeigen. Vielleicht kommt ein Bild, eine Erkenntnis oder Worte.Vielleicht zeigt sich dir ein vergangenes Leben.

  Lass mit Hilfe der Seele die alte Ursache los. Benutze die violette Flamme, wenn du möchtest (s. "Klärungs"-Kapitel). Wenn du bereit bist, die Ursache anzuerkennen, hat sie ihre Aufgabe erfüllt. Vielleicht willst du weitere Initiationen aus dem „Klärungs"-Kapitel anwenden.Heilung kann auch stattfinden, wenn die Ursache nicht bekannt ist.

- Vergib dir dafür, dass du die Ursache durch Gedanken und Gefühle manifestiert hast. Erinnere dich daran, dass Vergeben keine mentale Übung ist, sondern ein emotionales Loslassen. Nimm dir Zeit, die Vergebung zu fühlen und atme mit ihr.

- Beende den Vorgang, auch wenn du glaubst, dass die Vergebung noch nicht ganz vollzogen ist. Du kannst später weiter daran arbeiten.

- Wenn eine andere Person in die Ursache verwickelt ist, frage dich, ob du ihren Schutz brauchst. Falls ja, mache die Initiation „Verlässlicher Schutz", dann kannst du leichter vergeben.

  Vergib allen anderen Beteiligten. Nimm dir so viel Zeit, wie du benötigst. Solltest du das Gefühl haben, dass du noch nicht alles erreicht hast, dann komm ein anderes Mal darauf zurück. Vielleicht möchtest du mit jemandem eine Beziehung heilen.

- Erkläre deine Freiheit vom alten Trott. Hier einige Vorschläge: *Im Namen und durch die Macht meines göttlichen Seins befreie ich mich jetzt von................ . Ich bin ihm nicht länger unterworfen. Ich lasse es hinter mir. Ich habe davon gelernt und bin darüber hinausgewachsen. Ich bin frei!*

- Erkläre, was jetzt für dich wahr ist und wozu du dich entschlossen hast: *Im Namen und durch die Macht meines göttlichen Seins beschließe ich jetzt, völlig gesund zu sein. Meine Seele ist heil und vollkommen, folglich ist auch mein Körper heil und vollkommen. Meine neuen, unbegrenzten Gedanken sind:* .... .Fühle und sieh deinen neuen Zustand. Nimm ihn an, sei glücklich und dankbar dafür.

Wiederhole die Initiation bei Bedarf.

- Versetz dich auf diese Weise täglich in deine Macht, mindestens sechs Wochen lang. (s. die 40tägige Übung: „Die eigene Macht annehmen“)

Wenn sich deine körperliche Verfassung trotz all deiner Bemühungen nicht bessert, sei geduldig und liebevoll mit dir. Hab Geduld mit deinem Zustand. Einige Krankheitsursachen sind sehr tief in der Psyche verankert. Wenn du bereit bist, allem ins Gesicht zu blicken, was in dir ist und dich zu lieben, wirst du gesund werden.

Heilung durch Visualisieren

Im amerikanischen Öffentlichen Fernsehen wurde eine Heilung durch Visualisieren ausgestrahlt. Eine ältere Dame hatte einen großen, inoperablen Tumor, der für die Ärzte bereits im „Endstadium“ war.

Die Frau hatte irgendwo gehört, dass man sich durch Visualisieren heilen kann. Sie arbeitete zwei bis dreimal täglich damit und stellte sich die kleinen Gesichter mit den großen Mündern aus dem Videospiel „Pacman“ vor, die ihren Tumor auffrassen. Nach einigen Monaten suchte sie ihren Arzt auf. Er war überrascht, dass der Tumor nicht gewachsen war. Allerdings hatte er sich auch nicht verkleinert.

Die mutige Frau war entschlossen, mehr zu tun. Sie zog sich in ihr Zimmer zurück und visualisierte fünfmal am Tag.

Als der Arzt sie nach einigen Monaten untersuchte, war der Tumor verschwunden und sie völlig gesund.

Ihr Arzt trat im Fernsehen auf und erklärte, dass diese Heilung die Einstellung in seinem Krankenhaus verändert hatte. Die Ärzte würden nie wieder einen Zustand als „Endstadium“ bezeichnen.

Die Frau hatte sich nicht mit der Ursache ihrer Erkrankung befasst. Vielleicht hatte sie gebetet, aber davon erwähnt sie nichts. Doch der Tumor verschwand. Es ist immer gut, die Tür für das Unerwartete offen zu halten. Unsere Erwartungen müssen nicht immer eintreffen.

Carl Simpson, der mit Krebspatienten arbeitete, leistete bahnbrechende Arbeit beim Visualisieren und setzte mit seinem Buch „Getting Well Again“ ein Zeichen.

Visualisieren

Rufe deine Seele, wenn du die Heilung anregen und unterstützen möchtest. Natürlich kannst du an der Klärung der Ursache arbeiten und alles tun, was dir bei deiner Visualisierung hilft.

Mach dir ein Bild von deiner Krankheit. Überlege dir dann, wie du am besten visualisieren kannst, wie sie sich auflöst....verschwindet....verschwunden ist! Lass dir etwas einfallen. Experimentiere damit, wie oft du die Übung machen solltest; unsere Freundin visualisierte fünfmal täglich.

Wenn es dir schwerfällt zu visualisieren, dann bitte deine Seele, dich dabei zu unterstützen. Oder nimm Melatonin, das es in (amerikanischen) Apotheken gibt - es soll das Visualisieren unterstützen.

Hier einige Vorschläge:

- Sieh, wie sich deine weißen Blutkörperchen vermehren; sie bekämpfen die Krankheit. Du kannst sie personifizieren - z.B als Pacman oder Haie -, aber das ist nicht notwendig. Visualisiere, wie sie jedes Teilchen deiner Krankheit attackieren und zerstören. Wenn es dir gefällt, erkläre immer wieder: *Mein Immunsystem ist stark und zerstört* ....
- Visualisiere, wie ein Müllauto deine Krankheit ganz oder teilweise auflädt und zur Mülldeponie fährt.
- Löse deine Krankheit mit einen Laser, einer Strahlenpistole oder einer anderen Waffe auf.
- Wenn du einen Tumor hast, sieh zu, wie er von Tag zu Tag schrumpft.
- Visualisiere den betroffenen Körperteil in perfekter Gesundheit.
- Fülle deinen Körper mit gleißendem Licht, so dass keine Krankheit an ihn herankommt!
- Sieh zu, wie ein Engel oder ein geliebter Meister deine Krankheit von dir nimmt.

Benutze deine Imagination!

Heilung durch Handauflegen

Für dich oder andere:

Hol dir von deiner Seele die Energie und das Wissen um die Vollkommenheit. Sprich - still oder laut - ein kleines Gebet, damit die größtmögliche Heilungskraft durch deine Hände fließen kann.

Reib deine Hände aneinander, um den Energiefluss anzuregen. Lege sie liebevoll auf den betroffenen Körperteil. Rufe wieder die Energie des Göttlichen oder einen geliebten Meister. Lenke deine liebevolle Absicht auf den entsprechenden Körperteil und visualisiere ihn in seiner Vollkommenheit. Vielleicht strömt Energie durch dich, vielleicht spürst du sie, vielleicht nicht. Es kann Hitze, Licht oder auch beides sein. Du wirst spüren, wenn die Behandlung beendet ist.

Kümmere dich nicht um Resultate. Falls du die Heilung für andere durchführst, hilf ihnen, offen dafür zu sein, dass sie geheilt oder auch nicht geheilt werden. Nicht jeder kann Heilung akzeptieren, auch wenn er/sie glaubt, er/sie sei dazu bereit. Vielleicht lässt ihr Karma keine Heilung zu. Vertraue darauf, dass auch jetzt die Wirkung des Göttlichen vollkommen ist.

Für mich ist Reiki ein höchst wirksames Werkzeug bei Heilungen durch Handauflegen und bei Fernheilungen.

Augen haben für das Vollkommene

Für dich oder andere:

Betrachte ein Gesundheitsproblem nicht länger als Problem. Versenke dich in die Seele: wo es nie Probleme gibt, sondern immer nur Vollkommenheit. Rufe einen geliebten Meister, wenn du willst. Gott/Göttin ist! Sieh, fühle und erkenne nichts als Vollkommenheit. Visualisiere Vollkommenheit. Nimm nichts anderes wahr! Verlange sie, bitte um sie oder bete für sie bei der Muttergöttin/dem Vatergott.

Und noch einmal: Kümmere dich nicht um Resultate. Diejenigen auf diesem Planeten, die wie Jesus heilten, heilen nicht jeden. Selbst wenn keine Heilung stattfindet, wird die Vision der Vollkommenheit in der Aura bleiben und zur Verfügung stehen, sobald sie von Nutzen ist. Tu einfach dein Bestes.

Der Genesungsprozess

Benutze die Affirmationen, die dir zusagen:

Bei meinem Genesungsprozess höre ich die innere Stimme der vollkommenen Weisheit und folge ihr.

Ich bin kein Opfer. Ich habe diese Erfahrung geschaffen, um aus ihr das zu lernen, was ich lernen wollte und sollte. Meine Lernerfahrung wendet mein Leben zum Besseren.

Ich kann die Ursache hinter jeder Krankheit/Verletzung meines Körpers erkennen. Ich kann diese Ursache in der mir angemessenen Zeit und Weise auflösen.

Ich akzeptiere keine Krankheit als endgültig. Meine Entscheidung und mein Wort - an der Oberfläche und in den tieferen Schichten meines Wesens - bestimmen meine Gesundheit.

Ich bin offen für alles, was mir nützt. Ich ziehe jetzt alle hilfreichen Informationen an, und meine Seele führt sie mir zu. Ich lade die Ganzheit und die Heilungskräfte der Erde und der ganzen Natur ein, mich zu unterstützen. Ich wende die Initiationen in diesem Buch und/oder aus anderen Quellen so an, wie es mir meine Seele eingibt.

Ich gebe meinem Körper die Ruhe, die er benötigt, um zu vollkommener Gesundheit zurückzukehren.

Ich weiß, dass mein Körper in jedem Moment durch mein Denken neu geformt und umgestaltet wird. Ich wende dieses Wissen weise an.

Da sich meine Körperzellen alle elf Monate fast gänzlich erneuern, befehle ich jetzt, dass alle erkrankten Zellen durch vollkommene, gesunde Zellen ersetzt werden.

Es ist wissenschaftlich erwiesen, dass mein Interesse an meiner Genesung und meine Beschäftigung mit ihr eine große Heilkraft darstellen.

Ich suche die Gesellschaft von Menschen, die mich wahrhaftig auf dem Wege meiner Genesung unterstützen.

Meine Seele ist vollkommen und göttlich, und ich bin es in Wahrheit auch. Meine Göttlichkeit drückt sich ganz natürlich in einem gesunden Körper aus.

Um meine Gesundheit zu verbessern, entscheide ich mich für Frieden, Liebe, Freude und Dankbarkeit und für grenzlose, angenehme Gedanken.

Falls meine Anstrengungen, meinen Körper zu heilen, keine Früchte tragen, dann verstehe ich, dass unbewusste Schichten an dieser Schwierigkeit beteiligt sind. Ich werde dann geduldig sein oder mich leidenschaftlich engagieren oder irgend etwas dazwischen tun.

Ich erlaube meinem Gesundheitsproblem nicht, mein Glück oder meine positive Ausstrahlung auf dieser Welt zu mindern..

Da ich weiß, dass ich eins bin mit dem Göttlichen, kann ich alle gesundheitlichen Probleme schnell lösen. Ich kann auch anderen dabei behilflich sein. So sei es.

Vollkommene Gesundheit

Ich ehre diesen Körper, den Tempel des Göttlichen. Ich liebe ihn und kümmere mich um ihn. Als Ausdruck des Göttlichen ist er vollkommen.

Mein Körper ist gesund, kräftig und vital. Alle meine Körperzellen sind stark und vollkommen. Sie werden täglich in der Vollkommenheit meines göttlichen Seins gebadet.

Meine Wirbelsäule und mein ganzer Körper sind beweglich und stark und fühlen sich gut an. Ich kann alles mit meinem Körper tun, was ich will, wenn ich weise mit ihm umgehe.

Alle meine Organe funktionieren perfekt in Freude, Liebe, Lebendigkeit, Licht und Leichtigkeit: mein Herz, meine Lungen, Leber, Nieren, Genitalien, Magen, Gehirn etc.

Meine Augen sehen in allen Entfernungen klar.

Meine Ohren hören perfekt.

Mein Blut ist klar, rein und voller Licht und fließt unbehindert durch alle Gefäße.

Meine Nerven sind stark und ruhig.

Meine Knochen haben die optimale Dichte und Biegsamkeit.

Meine Muskeln sind stark und haben das Potenzial der unbegrenzten göttlichen Kraft.

Meine Haut ist klar und straff.

Mein Gewicht ist so, wie ich es mir wünsche.

Die endokrinen Drüsen, die mit meinen Chakren zusammenhängen - Sexual-, Bauchspeichel-, Nebennieren-, Thymus-, Schild-, Zirbel- und Hirnanhangs-

drüse - schicken jetzt ihr Leben, Licht, Liebe und ihre Glückshormone in optimaler Menge und perfekter Ausgewogenheit durch meinen ganzen Körper.

Meine sieben Energiezentren (Chakren) sind geöffnet und voller Leben und Licht. Sie drehen sich mit optimaler Geschwindigkeit in die optimale Richtung. Sie sind eine klare Verbindung zu meinen feinstofflichen - astralen, ätherischen und höheren - Körpern.

Meine Meridiane und Akupunkturpunkte sind alle frei, und die Lebensenergie fließt ungehindert durch meinen Körper.

Die drei Kanäle entlang meiner Wirbelsäule - Pingala, Ida und Shushumna - sind frei und vollkommen.

Um völlig gesund zu bleiben, entscheide ich mich für Frieden, Liebe, Freude und Dankbarkeit und für die angenehmen, unbegrenzten Gedanken meiner Göttlichkeit.

(Falls du möchtest:) So lange ich beabsichtige, in dieser physischen Gestalt zu bleiben, wird dieser geliebte, göttliche Körper perfekt funktionieren und immer stärker, vitaler, froher und schöner werden. So sei es.

Dir und den Deinen Segenswünsche für eine perfekte Gesundheit!

Gesundheits-Initiationen in anderen Kapiteln:

Kapitel 11: Verjüngung und Unsterblichkeit
Die Liebe zum Körper
Die tibetischen Riten

5. Kapitel

Die eigene Macht annehmen

Macht, Liebe und Licht sind eins.
Als Teil des Göttlichen bist du allmächtig.
Nimm dir deine Macht!

„Du bist allmächtig." Wie kann man so etwas sagen? Was bedeutet das? Wir scheinen alles andere als allmächtig zu sein. Jeder von uns kann viel tun, aber vieles eben auch nicht.

Wie denkst du über dich? Was glaubst du, tun zu können? Dein Wissen ist allmächtig, und das Gleiche gilt für dein Wissen, etwas nicht tun zu können. Unser Wissen ist allmächtig, weil wir göttlich sind.

Soziale Konditionierung besteht im Wesentlichen aus einer Reihe von Vorschriften und Regeln, die uns entmündigen und uns in unserem Menschsein schwächen. Wir haben uns diese Regeln schon vor unserer Geburt einverleibt und gelernt, dass wir bestimmte Dinge erreichen können, wenn wir hart und entschlossen genug arbeiten. Wir können Fertigkeiten und Auszeichnungen auf den verschiedensten Gebieten erlangen: im Geschäftsleben, in der Kunst, in zwischenmenschlichen Beziehungen, Medizin, Sport und Wissenschaft.

Bisher fehlt uns noch das Wissen, wie wir z.B. unsere eigenen Zähne reparieren und einen Körperteil nachwachsen lassen können. Wir haben noch nicht erkannt, dass wir jede Verletzung oder Krankheit heilen und immun dagegen sein können. Wir wissen nicht, dass wir uns verjüngen, unsere Gestalt verändern, etwas aus dem Nichts manifestieren können, durch die Kraft der Gedanken reisen und unsterblich sein können. Das Göttliche, das wir sind, kann alle Wünsche manifestieren.

Je mehr wir mit unserer Göttlichkeit in Kontakt kommen, um so mehr fallen unsere uns einschränkenden Überzeugungen von uns ab. Wir sind fähig, unsere Göttlichkeit vollkommener auszudrücken. Wir werden lernen, dass alle

Fertigkeiten - von den irdischen bis zu den übernatürlichen - ganz natürlich für uns sind.

Soziale Konditionierung und Macht

Einschränkende Überzeugungen gibt es wie Sand am Meer, sobald Macht ins Spiel kommt. Sie beruhen auf Trennungsangst, Opferhaltung und Schuldgefühlen. Hier einige dieser Glaubenskonstrukte:

- Ich bin machtlos. Diese Überzeugung ist fast universell. Sogar Menschen, die in den Augen anderer als mächtig gelten, haben Ängste und zweifeln an sich selbst, ihren Fähigkeiten und ihrem Leben.

- Ich bin ein Spielball des Lebens. Diese Einstellung schließt die Überzeugung ein, dass vieles zufällig geschieht: Unfälle, Unglückssträhnen, höhere Gewalt, durch die das Leben grundlos und sinnlos zerstört wird.

- Ich kann nicht. Welch unheilbringender Glaube!

- Irgend etwas muss daran Schuld haben, dass ich „nicht kann". Normalerweise weisen wir jemandem oder einer Sache Schuld zu, wenn wir unser Ziel nicht erreichen: einer Person, einer Beziehung, einem Vorfall, einem Umstand, einer Situation, unserer Gesundheit oder uns selbst.

- Es ist nicht gut, alles zu bekommen, was ich mir wünsche. Es ist falsch, einflussreich zu sein. Ich verdiene es nicht. Solche Überzeugungen beruhen auf Schuldgefühlen, die entstanden sind, weil wir unsere Einheit mit dem Göttlichen verneinen. Auch Szenarien aus vergangenen Leben tragen zu dieser Einstellung bei.

- Wer Einfluss hat, verletzt andere. Lange haben wir Macht und Liebe voneinander getrennt. Der Bösewicht in vielen Geschichten ist entweder ein mächtiger Mann oder eine mächtige Frau. Viele von uns haben in dem einen oder anderen Leben Machtmissbrauch betrieben.

- Schuld an den schlechten Lebensumständen sind einflussreiche Menschen. Das ist Opfermentalität.

- Macht haben andere - ich nicht. Dies ist eine weit verbreitete Selbstbeschränkung, die auf einem Mangel an Vorstellungskraft beruht. Würden wir der Sache nachgehen, dann würden wir entdecken, dass viele einflussreiche Personen ganz klein begannen.

Wer Macht gewinnt, macht sich verletzlich. Diese Einstellung kommt oft noch aus vergangenen Leben, als wir Macht gewonnen und diese wieder verloren haben - und oft unser Leben dazu. In einem früheren Leben wurde ich ermordet, weil ich als Sohn eines mächtigen Herrschers geboren wurde.

- Wenn ich einflussreich bin, werde ich nicht geliebt. Familienbande und Freundeskreise grenzen Macht oft aus. Wer sich entschließt, einflussreich zu sein, verlässt damit die Wärme und Liebe seiner Bezugsgruppe.

- Hier sind „Gegenmittel" gegen dieses einschränkende Denken:

- *Ich bin mächtig. Meine stärksten - bewussten und unbewussten -Überzeugungen erschaffen mein Leben. Ich kann einengende Glaubenskonstrukte erkennen und verändern, so dass es in meiner Macht steht, mein Leben nach meinen Wünschen zu erschaffen.*

- *Das Leben entfaltet sich in Übereinstimmung mit dem Denken und Fühlen. Nichts ist dem Zufall überlassen. Schwierigkeiten im Leben sind wertvolle Lernerfahrungen. Ich vergebe, vergesse und gehe meinen Weg.* Jedes Ding hat zwei Seiten, heißt eine Redewendung. Es mag manchmal ein Weilchen dauern, bis man die gute Seite sehen kann, wenn man in Schwierigkeiten steckt, aber sie existiert.

- *Ich kann. Im Rahmen meines Wissens, das ich erschaffen kann, und meiner Akzeptanz des Guten kann ich alles tun und sein und haben, was ich mir aussuche. Ich treffe meine Wahl im Einklang mit der Harmonie des Lebens.* Viele Menschen, die anfangs schwierige Lebenumstände hatten - sie waren arm, behindert, ungewollt oder ungeliebt - haben erreicht, was sie wollten. Wir können es auch schaffen.

- *Da das Göttliche unschuldig ist, ist alles unschuldig. Ich brauche niemanden und nichts verantwortlich zu machen. Alles, was mich einschränkt, ist in mir, und ich habe die Fähigkeit, es zu verändern. Wenn ich es nicht verändere, liebe ich mich und habe Geduld mit mir und meinem Leben.*
  In meiner Stadt lebt ein Mann mit einem spastischen, behinderten Körper. Es wäre leicht für ihn gewesen, unglücklich zu sein und sein Unglück auf die Situation zu schieben. Aber er kommt mit seinem motorisierten Dreirad überall hin, er kauft ein, er tut alles, was er will. Er ist nicht zu übersehen, denn er gibt sich lautstark zu erkennen. Er hat das sonnigste und freundlichste Gemüt, das man sich vorstellen kann. Er hat sich überall Achtung verschafft und wird von allen geliebt.

- *Mächtig zu sein, zu besitzen, was ich mir in Harmonie mit dem Leben aussuche, ist gut und stimmig. Es ist im Einklang mit dem Göttlichen, es ist spirituell - eins mit der Liebe. Ich benutze meine Macht weise und liebevoll zum Wohle aller. Ich bin Teil des Göttlichen und verdiene es deshalb, mächtig zu sein.*

- *Ich vergebe mir, wenn ich in der Vergangenheit meine Macht missbraucht habe. Macht und Liebe sind eins. Ich kann mächtig und freundlich zugleich sein, und ich wähle diesen Weg.* (Hast du „A Christmas Carol" gesehen?) Wir sollten uns Menschen zum Vorbild nehmen, die gleichzeitig Freundlichkeit und Macht ausdrücken.

- *Ich übernehme die volle Verantwortung als Schöpfer meines Lebens. Menschen in einflussreichen Positionen tun ihr Bestes. Ich ehre sie als Ausdruck des Göttlichen. Ich bin ihnen ebenbürtig.* Wenn Menschen ihre Macht missbrauchen, sollten sie daran gehindert werden. Nicht mit Hass,Verachtung oder unnötiger Gewalt. Sie sollten einfach aufgehalten werden - so wie die Engländer von Ghandi aus Indien vertrieben wurden.

- *Einflussreiche Menschen sind nicht anders als ich. Was andere getan haben, kann ich auch tun. Bis jetzt habe ich mir noch nicht gewünscht, einflussreich zu sein, doch sobald ich bereit bin, werde ich diese Wahl treffen. Ich werde lernen, mit Macht umzugehen.*

- *Ich bin beschützt, wenn ich Macht habe. Wenn vergangene Erfahrungen meine Macht hintertreiben, entdecke und kläre ich sie.*

- *Ich werde dafür geliebt, dass ich Macht habe. Wenn meine Familie oder meine Freunde mich nicht darin unterstützen, ziehe ich Menschen an, die es tun.*
  Die meisten Menschen müssen den Widerstand von Familie und Freunden überwinden, wenn sie an Einfluss gewinnen wollen. Aber es gelingt ihnen!

Das eigene Leben erschaffen

Es ist ein großer Schritt, ohne Selbstvorwürfe die Verantwortung für das zu übernehmen, das wir bis jetzt erschaffen haben. Dazu einige Affirmationen:

Ich gestehe mir das Wissen zu, dass ich durch meine tiefsten - bewussten und unbewussten - Überzeugungen sämtliche Beziehungen, Umstände und Ereignisse in meinem Leben selbst geschaffen habe (oder zuließ, dass andere es für mich taten). Ich suchte mir die Eltern und Familie aus, die zum damaligen Zeitpunkt für mich am besten geeignet waren. Ich erkenne, dass alles, was ich erlebe und zu hören bekomme, mein Denken vollkommen widerspiegelt, denn wir alle bilden eine Einheit. Ich bin eins mit meiner Umgebung. Jede Erfahrung, die ich mir aussuchte, war zu meinem Besten.

Ich nehme mir die Freiheit, alle Ursachen unglücklicher Situationen zu heilen. Ich fange jetzt an oder fahre fort, mein Leben nach meinen Wünschen neu zu erschaffen. Ich hole mir Hilfe aus meinem Inneren und von anderen Menschen. Ich entscheide mich für das beste - oder ein noch besseres - Leben, das ich mir vorstellen kann. Das ganze Universum unterstützt mich. So sei es.

Die Angst vor Macht loslassen

Um ein erfülltes Leben zu führen und andere beschenken zu können, ist es wichtig, dass wir unsere Macht akzeptieren. Viele fürchten sich vor der Macht in sich selbst und in anderen. Hier einige Ängste im Zusammenhang mit Macht:

- Als wir in der Vergangenheit unsere Macht ausdrückten, war dies mit der Erfahrung des Verlusts verbunden.
- Wir haben irgendwann unsere Macht missbraucht und fürchten, wir könnten es wieder zu tun.
- Wir fühlen uns nicht würdig, Macht zu haben. Wir glauben, es wäre Unrecht.
- Wir glauben, wir würden die Liebe der anderen verlieren.
- Wir glauben, wir könnten in unserer Macht zerstörerisch sein.

Hier eine entsprechende Initiation:

Mach es dir an einem ungestörten Ort bequem und rufe deine Seele. Erde dich. Entspanne dich. Atme tief.

Versetz dich in eine Situation, ein Projekt oder eine Beziehung und stell dir vor, du hast Macht. Wie fühlst du dich? Geh in das Gefühl. Lass die Gedanken oder Bilder zu, die jetzt kommen. Schau sie dir an. Fürchtest du dich, verletzt zu werden? Fürchtest du dich davor, andere gegen dich aufzubringen oder zu verärgern? Fürchtest du sich vor deinem eigenen Ärger? Schau dir deine Angst genau an.

Du kannst auf das „Klärungs"-Kapitel zurückgreifen, wenn du tiefer gehen möchtest. Die folgenden Affirmationen unterstützen ein neues Bewusstsein.

Macht, Liebe, Geborgenheit

Die Initiationen „Klärung von Traumata und vergangenen Leben" können dabei helfen, diese Affirmationen zur eigenen Wahrheit zu machen.

Ich erkenne, dass ich in diesem oder in vergangen Leben in Schwierigkeiten kam, wenn ich meine Wahrheit ausgedrückt habe. Ich beschließe jetzt, diese Erfahrung zu verändern.

Ich vergebe allen, die in diesem oder in vergangenen Leben Machtmissbrauch mit mir trieben. Sie alle taten ihr Bestes. (Das fällt dir vielleicht sehr schwer. Atme, vergib, lass aus tiefstem Herzen los.) Ich liebe alle, die ihre Macht ausdrücken.

Ich entschließe mich zu lernen, dass ich geborgen und beschützt bin. Ich entschließe mich zu lernen, dass ich geliebt werde, wenn ich mächtig bin.

Ich nehme meine eigene Macht an. Ich fühle mich wohl damit und in Harmonie mit den anderen. Meine Macht und meine Liebe sind eins. Auch die anderen akzeptieren meine sowie ihre eigene Macht. Alle sind in Harmonie. Während ich in Übereinstimmung mit dem Göttlichen immer mehr meine ganze und wahre Macht annehme, überwinde ich alle Schwierigkeiten im Leben.

Meine Familie, meine Freunde und alle anderen lieben mich in meiner Macht, so gut sie es vermögen. Ab jetzt pflege ich in meinem täglichen Leben nur noch Beziehungen und Situationen, die meine Macht unterstützen. Wenn etwas meine Macht nicht unterstützt, verändere ich es oder lasse es hinter mir.

Alle Macht ist göttliche Macht. Ich akzeptiere jetzt, dass ich ein allmächtiges Wesen bin, denn ich bin eins mit Gott/Göttin. Ich bin ein unbegrenzt freies, göttliches Wesen.

Ich erschaffe aus meinem Herzen. Ich drücke mich vollkommen und freudig aus. Ich kann alles sein, was ich sein möchte, alles tun, was ich tun möchte, alles haben, was ich mir wünsche. Ich verschenke alle meine Gaben, die ich zu verschenken habe. Ich gehe jetzt diesen neuen Weg. So sei es!

Ich weiß, dass ich immer nach bestem Wissen gehandelt habe. Während ich mir im Lauf meiner Leben Weisheit aneignete, habe ich manchmal meine Macht missbraucht. Ich vergebe mir für alles, was den Körper, die Gefühle oder den Geist eines anderen verletzt hat. Ich vergebe mir den Missbrauch meiner Macht (Dies wird dir vielleicht wieder schwerfallen. Nimm dir Zeit, ruf deine Seele - atme!)

Ich möchte alles lernen, was noch aus diesen Erfahrungen zu lernen ist. Ich will lernen, dass Macht und Liebe eins sind. Ich stehe nicht über den anderen. Jeder von uns ist gleich göttlich und wertvoll, vom Leben und von Gott/Göttin geliebt und verehrt. Ich brauche meine Macht nicht zu missbrauchen, um mich auszudrücken, geliebt zu werden, andere berühren zu können, in der Fülle zu leben oder etwas zu schaffen. (Nimm dir wieder für das Zeit, was für dich wichtig ist, und nimm die Wahrheit in dein Herz auf. Atme!)

Ich erkenne, dass Macht und Liebe zusammengehören, und dass alle Macht göttlich ist. Ich ehre die Göttlichkeit in allen Menschen, in allem Leben. Ich benutze meine göttliche Macht weise und liebevoll. Mein Herz ist offen. Ich liebe jeden. Ich bin freundlich. Ich bin ehrlich. Ich spreche die Wahrheit und bin integer in meinem Handeln. Ich benutze meine Macht zum Dienen. Die Menschen sind bei mir immer in Sicherheit. Indem ich meine Macht ausdrücke, bin ich in Harmonie mit dem Leben.

Ich liebe mich als mächtiges Wesen. Ich drücke meine Macht vollständig aus nütze damit allem Leben. So sei es.

Sich behaupten

Manchmal müssen wir ganz schön zäh sein. Wir alle haben unsere Stärke, aber die Menschheit ist doch auch ziemlich einfältig. Das Leben deckt die Schwächen auf, damit wir sie in Stärke umwandeln können.

Wenn unsere Leidenschaften im Leben unterdrückt werden, wenn uns jemand erniedrigt oder unsere Gruppe ausgenutzt wird, wenn eine Situation förmlich nach Wahrheit schreit, aber niemand diese auszusprechen wagt, wenn jemand in unserer Gegenwart missbraucht wird oder wenn es darum geht, Leben zu schützen, dann müssen wir die Kraft in uns wecken, frei zu sprechen und zu handeln.

Wenn uns jemand vorsätzlich herabsetzt, spiegelt sich darin unsere eigene Angst wider. In Wirklichkeit ist so eine Situation ein Segen, denn sie gibt uns Gelegenheit, die Furcht zu überwinden. Dabei hilft uns nur unser leidenschaftlicher Wunsch. Wir wissen nicht, wie die Sache enden wird, aber es ist für alle nützlich.

Hier mögliche Reaktionen auf Herabsetzung, Unterdrückung etc.:

- Führung. Stimme dich auf deine Seele ein und folge ihr. Oder geh von deinem Gefühl für das aus, was richtig ist.

- Besonnenes, entschlossenes Handeln. Meine Freundin Jonna bot einem Obdachlosen eine vorübergehende Bleibe bei ihrer Familie an. Sie half ihm bei der Wohnungssuche, aber nichts war ihm gut genug. Wochen vergingen. Schließlich gab ihm Jonna eine Woche Zeit. „Was ist, wenn ich bis dahin nichts gefunden habe?" fragte er. „Das spielt keine Rolle" lautete die Antwort. „Deine Taschen werden vor der Tür stehen." Am nächsten Tag fand er eine Unterkunft.

- Beherztes Handeln. Als Bill Clinton ein Junge war, verging sich sein Stiefvater oft an Bills Mutter. Eines Abends - Bill war vierzehn - kam der Stiefvater betrunken nach Hause und wurde gewalttätig. Bill stellte sich zwischen die beiden und sagte seinem Stiefvater, er dürfe die Mutter nie wieder verletzen. Er war entschlossen zu kämpfen. Der Mann ließ tatsächlich von Bills Mutter ab, aber das hatte der Junge nicht ahnen können.

- Wut. Wut kann in bestimmten Momenten genau richtig und sehr nützlich sein. Wenn du in einer Situation länger unterdrückt warst, ist Wut oft der erste Schritt zur Befreiung und ein Neuanfang. (Wenn Zorn/Wut unterdrückt und geleugnet werden, wird sich dieses Gefühl einen Weg durch den Körper bahnen.)

  Auch Meister werden wütend. Ein Zen-Meister vernichtete einen Mann, der ein Kind missbrauchte, ein zorniger Jesus warf die Händler aus dem Tempel. Wut kann klar und scharf wie ein Laserstrahl sein. Allerdings darf man nicht an ihr festhalten. Man lässt sie kommen und gehen.

- Schrittweises entschlossenes Vorgehen. Als ich in Memphis wohnte, planten Bauingenieure eine Schnellstrasse mitten durch den Overton Park, den einzigen noch verbliebenden Wald mit altem Baumbestand. Diese Dummheit wurde von dem System der „guten alten Knaben" abgesegnet, die an der Macht waren.

  Um den Park zu retten, rief eine Frau eine Gruppe ins Leben; die Befürworter der Schnellstrasse sprachen verächtlich von „den alten Ladies in Tennisschuhen". Hingebungsvoll arbeitete die Gruppe monatelang daran, den Park zu retten (ich beteiligte mich auch), und schließlich kam der Erfolg, auf den nur wenige zu hoffen gewagt hatten: Die ‚Interstate 40' endet direkt am Overton Park!

- Ein Bekannter sanierte ganz allein eine politisierte und korrupt gewordene Kirche, indem er bei jeder Vorstandssitzung die Wahrheit sagte. Er schaffte es durch seine Entschlossenheit und sein leidenschaftliches Herz!

- In den sauren Apfel beißen. Ein Freund, Lebenspartner oder ein Kind kann uns mit einer lange verdrängten Angst konfrontieren. Eine Frau, die von ihrem Vater ständig herabgesetzt wurde, wiederholt das gleiche Muster bei ihrem Mann. Jemand wurde in der Kindheit missbraucht und trifft nun auf einen Menschen, der dem Täter ähnlich ist. Solche Dinge aufzulösen kann sehr schwer sein, denn oft rührt die Angst noch aus einer Zeit, als wir weder sprechen noch uns wehren konnten.

  Hier braucht man oft Zeit, um Mut zu schöpfen. Voreilige Worte oder Handlungen können Schaden anrichten. Vielleicht benötigst du professionelle Hilfe oder einen weisen Freund, mit dem du über dich sprechen kannst. Du kannst auch proben, wenn du etwas tun willst, und dich auf alle möglichen Reaktionen vorbereiten. Das ist keine Lappalie. Achte dich dafür, wenn du deiner Furcht ins Auge blickst.

  Jetzt musst du für dich gerade stehen, frei sprechen und handeln! Bestehe auf deiner Würde, wenn du herabgesetzt wirst. Bestehe auf deiner unbedingten Unversehrtheit. Blick deiner Angst ins Gesicht und geh durch sie hindurch. Sieh in deinem Gegenüber den fehlbaren Menschen und nicht das Gespenst deiner Vergangenheit. Niemand hat Macht über dich. All das ist sehr wichtig, wenn du dein Leben leben möchtest. Ganz gleich, was dabei herauskommt oder wie die anderen reagieren: Du hast dein Bestes getan, und alles ist gut. Verlier nicht den Mut. Hol dir Unterstützung. Fühl in deinem Herzen, was als nächstes zu tun ist. Tu es.

- Wenn dein Einstehen für dich selbst und die Menschen, die du liebst, in Todesgefahr bringen kann, dann ist es nicht feige wegzugehen, sondern mutig und weise. Finde einen Ausweg und verschwinde. Deine Seele wird dich vermutlich aus Situationen von extremer Disharmonie - z.B. Krieg - herausführen, es sei denn, sie will bleiben. Vielleicht gibt sie dir ein, um jeden Preis deine Meinung zu sagen oder zu handeln. Wenn das Wohl anderer Menschen von deinem Handeln abhängt, dann überleg, ob du sie zuerst in Sicherheit bringen solltest.

- Vergeben. Heile - gemeinsam oder allein - die Beziehung zu allen Beteiligten. Erinnere dich daran: Alle tun ihr Bestes, und sie sind hier, um zu lernen - genau wie du.

Die richtige Entscheidung

Leben bedeutet unbegrenzte Möglichkeiten. Da alles eins ist, wirken sich unsere Entscheidungen auf die gesamte Schöpfung aus. Die richtige Entscheidung für uns ist auch richtig für den Rest der Schöpfung.

Die Weisheit der richtigen Wahl liegt in unserer Seele oder unserem höheren Selbst. Die richtige Entscheidung wird nicht in erster Linie durch den Verstand gesteuert, und was wir bekommen, entbehrt manchmal sogar jeder Rationalität. Mein Vater dachte daran, in meine Nähe zu ziehen, wusste aber auch, dass ich morgen nach Timbuktu ziehen würde, wenn mir das unmissverständlich eingegeben würde.

Da die meisten Wünsche in den seichteren Schichten unseres Seins entstehen, ist die rechte Entscheidung auch kein wunschgesteuerter Prozess - doch ist er sicherlich mit unseren tiefen Herzenswünschen verbunden.

Die Erfüllung dieser wahren Wünsche ist ein organischer Entwicklungsprozess, der manchmal auch der Logik trotzt. Den Zeitpunkt bestimmt nicht der Verstand; er ergibt sich aus dem, was für unser ganzes Wesen am besten ist, also auch für den Körper, das Unbewusste und die Gefühle.

In unserem Streben nach Spiritualität kommt es vor, dass sich unser Kopf für einen ehrgeizigen Weg entscheidet, den unser restliches Wesen noch nicht verkraftet. Ein Mann in Indien tat alles, um seine Kundalini zu erwecken (Schlummernde Lebenskraft am Ende der Wirbelsäule, die zur Erleuchtung führt, wenn sie bis ins siebente Chakra hinaufgeführt wird). Nach zwei Jahren der größten Konzentration gelang es ihm: Sein Gehirn knallte durch, und kurz danach starb er.

Wenn wir lernen, unserem ganzen Wesen gegenüber offen und aufmerksam zu sein, werden wir die richtigen Entscheidungen treffen. Ein Bekannter entschied sich für ein spirituell anspruchsvolles spirituelles Programm, fühlte sich aber bei jedem Schritt blockiert. Er entdeckte schließlich, dass der kleine innere Junge in ihm sich vor diesem Programm fürchtete und sich widersetzte. Er arbeitete daran, mit seinem inneren Kind zu kommunizieren, es zu beruhigen und alte Vorstellungen zu heilen. Schließlich akzeptierte es das Programm, und er konnte Fortschritte machen.

Wenn wir eine klare Verbindung zur Seele entwickeln, werden wir herausfinden, was am besten ist. Doch selbst dann müssen wir auf der Hut sein, dass wir uns nichts vormachen.

Es kann frustrierend sein, den wahren Herzenswunsch, die eigene Bestimmung schon zu kennen und lange darauf warten zu müssen, dass sie sich manifestieren. Aber wenn wir bedenken, dass wir die einengenden Überzeugungen und das angesammelte Karma so vieler Leben oft in einem einzigen Leben klären, werden wir geduldiger sein können.

Nach diesen warnenden Erklärungen wollen wir es uns einfacher machen: Folge dem, was dir dein Herz eingibt. Folge einem klaren und einfachen Wissen.

Wenn du jetzt eine wichtige Entscheidung triffst, dann rufe deine Seele und geh nach innen, wo du ungestört bist. Atme tief und sanft und entspanne dich auf allen Ebenen. Fühle die erdende Verbindung zur Mutter Erde.

Vergegenwärtige dir jede Möglichkeit und beobachte sorgfältig. Was spürst du? Wie fühlt sich dein Körper an? Wenn deine Verbindung zur Seele klar ist, dann bitte um eine Botschaft in Worten, Gefühlen oder Bildern.

Falls du keinen klaren Unterschied zwischen den einzelnen Möglichkeiten fühlst, dann ist es wahrscheinlich einerlei, was du wählst. Aber normalerweise wird sich dein Inneres für eine entscheiden.

Klarheit, Präsenz, Erdung

Es ist herrlich, die Sterne vom Himmel holen zu wollen - solange du mit beiden Füßen auf der Erde stehst. Mit Hilfe der folgenden Fragen kannst du deine Situation überprüfen.

- Ist deine Entscheidung weise und gut für dich? Fühlt sie sich im Herzen richtig an? Steht sie im Einklang mit dem Weg deiner Seele?
- Erschaffst du dein Leben aus einem geklärten inneren Raum heraus? Gibt es ungelöste Dinge, die dich bremsen oder behindern? Kläre sie!
- Hast du dich für etwas entschieden, was du im täglichen Leben wirklich akzeptieren kannst? Steht dein ganzes Wesen dahinter?
- Bist du bereit, auf praktischer Ebene alles Erforderliche zu tun?
- Bist du imstande, dich über Entmutigungen oder Rückschläge hinwegzusetzen? Bist du bereit, geduldig und standfest zu sein?
- Bist du bereit, während des ganzen Prozesses in Harmonie mit allem Leben zu sein? Damit ist auch der liebevolle Austausch mit den anderen und mit der Umwelt gemeint.

- Unterstützen die Menschen in deiner Nähe deine Schöpfung? Wenn nicht, bist du stark genug, um auch ohne ihre Billigung erfolgreich zu sein? Wirst du die benötigte Unterstützung finden?
- Bist du physisch und psychisch auf deine neue Schöpfung vorbereitet, wird sie in dein Leben passen? Werden andere durch deinen Erfolg betroffen sein? Sind sie darauf vorbereitet? Diese Punkte kannst du überprüfen, aber miss ihnen nicht zu viel Gewicht bei und lass dich nicht durch sie verwirren. Lass dich von deinen Herzenswünschen leiten.

Die Macht der Gedanken

Viele glauben, sie sind weniger wert als andere - unfähig, das zu tun und zu erhalten, was sie sich wirklich wünschen. Es ist wichtig, solche Gedanken zu verändern. Forscher haben herausgefunden, dass etwa siebzig Prozent unserer Gedanken negativ sind und dass wir fünfundneunzig Prozent der Gedanken, die wir an einem Tag denken, am folgenden Tag wiederholen.

Gott/Göttin als reiner, unverfälschter Ausdruck seiner/ihrer Selbst ist eine absolute Kraft des Guten. Wenn wir uns an dieser Kraft orientieren, werden wir unsere negativen Gedanken und Gefühle aufgeben.

Wenn du dir durch dein Denken Macht verleihen möchtest, dann mach dir klar, was du im Augenblick denkst. Wir denken unaufhörlich, und nur zu oft geht uns lauter dummes Zeug durch den Kopf.

Notiere dir während der Meditation oder während des Tages Gedanken, die dir durch den Kopf gehen. Trag ein kleines Aufnahmegerät bei dir und nimm deine Unterhaltungen auf. Was sprichst du?

Starke Gefühle sind eine gute Gelegenheit, das eigene Denken kennenzulernen: Welcher Gedanke steckte hinter dem Gefühl? Dass ich nicht geliebt werde? Aha!

Positives Denken kann man fördern, wenn man sich den Erfolg für ein bestimmtes Projekt bildlich ausmalt und sich von gegenläufigen Bildern trennt. Oder man stellt sich immer wieder im Laufe des Tages eine wunderbare, friedliche Szene in der Natur vor. Positive Gedanken und Gefühle laden das Glück ein.

Der „Kurs in Wundern" ist ein ausgezeichnetes Training. Er gibt ein ganzes Jahr lang täglich einen neuen Gedanken vor. Es wird empfohlen, den Gedanken in bestimmten zeitlichen Abständen - z.B. 15 Minuten - immer wieder zu verstärken. Sich die Wahrheit immer wieder vorzusagen, ist von großem Nutzen. Du kannst es mit jedem Gedanken tun, den du gewählt hast. Viele Uhren piepen nach jeder Stunde, das wäre eine gute Gelegenheit!

Ein positiver Gedanke wird verschüttete Gedanken ans Tageslicht bringen, die dann geklärt werden können. Zwing dich nicht zu positivem Denken, wenn tiefe, gegenläufige Gefühle da sind. Respektiere deine Entwicklung.

Es folgen ein paar Denkmuster für ein glückliches, erfülltes Leben. Füge deine eigenen Gedanken hinzu, benutze sie!

Ich bin der/die Ich Bin

Wenn deine Erfahrung mit einer Affirmation nicht übereinstimmt, dann erinnere dich daran, dass die Wahrheit zeitlos ist. Das göttliche Gute ist überall - hier und jetzt. Wenn du das weißt, werden wundervolle Dinge in dein Leben kommen. Versuch also, diese Affirmationen jetzt als wahr anzunehmen, ohne deine gegenläufigen Gefühle zu verleugnen.

Ich bin Ausdruck des Göttlichen, Vollkommenen und Ganz. Ich bin die Liebe, das Licht, die Weisheit, das Wissen und die Macht von Göttin/Gott. Ich bin mein göttliches Meister-Selbst.

Ich werde vollkommen geliebt und versorgt von allem, was ist - von der Muttergöttin/dem Vatergott und von meinem göttlichen Meister-Selbst.

Ich bin mein eigener bester Freund. Ich ermutige mich. Ich bin gut. Ich bin ebenso viel wert, wie jeder andere. Ich bin den anderen ebenbürtig.

Ich bin glücklich. Alles Gute ist reichlich in meinem Leben vorhanden. Ich bin gesund und stark. Ich kümmere mich um das Wohlbefinden meines Körpers. Ich habe viel Geld. Ich bin vital, voller Energie und Mut. Ich bin klar und frei. Ich bin intelligent und fähig.

Ich bin keine Insel. Ich habe liebevolle und unterstützende Freundschaften und Beziehungen und pflege sie. Meine Freunde ermutigen mich. Sie geben mir die Kraft, meinem Herzen zu folgen und meine Träume zu erfüllen. Wenn ich Hilfe benötige, erhalte ich sie von innen und von den anderen.

Ich bin eine schöpferische Kraft. Ich erschaffe mir mein Leben. Ich drücke mich aus und gebe großzügig, was nur ich zu geben habe. Ich tue, was mir gefällt und bin erfolgreich. Ich heiße das Neue und meine nächsten Schritte willkommen, die mein Leben erweitern und zum Guten führen. Ich lasse alles hinter mir, was nicht mehr zu mir gehört. Ich bin im Fluss.

Ich erfülle den Zweck meines Hierseins, ich erreiche meine Ziele und erfülle mir meine Träume. Ich kann alles tun, um meine Ziele zu erreichen. Im Göttlichen ist alles möglich. Das Göttliche in mir öffnet mir Türen, zeigt mir den Weg und gibt mir, was ich brauche. Rückschläge entmutigen mich nicht. Ich vertraue dem Leben, dem Universum und mir selbst. Ich betrachte alles mit neuen Augen. Ich weiß, was ich zu tun habe. Ich konzentriere mich auf meine Ziele und darauf, dass ich sie erreiche. Ich bin dankbar. Ich weiß, dass ich sie erreichen werde.

Mein ganzes Leben ist eine Entwicklung, die mich in meine Ganzheit, in meine Göttlichkeit führt. So sei es.

Solche oder ähnliche Gedanken können eine Herausforderung sein, besonders wenn etwas ganz nach einem Rückschlag aussieht. Aber du wirst alles heilen, was geheilt werden muss. Du wirst schnell die Gefühle und Gedanken entdecken, die gegen dich arbeiten, und wirst dich wieder positiv ausrichten.

Die Macht des gesprochenen Wortes

Ein kleiner Junge poliert eine alte Messinglampe - und ein Geist erscheint. Der Junge darf drei Wünsche aussprechen, die der Geist ihm gewährt. Dieses alte Märchen spiegelt eine tiefe Wahrheit wider: die Kraft des gesprochenen Wortes.

Das Universum dient immer und unbedingt dem Wort des Meisters, der wir sind. Worte haben eine gewaltige Kraft. Sie sind eine kreative Macht, die mit der Schöpferenergie des Universums schwingt. Gott *sagte*: Es werde Licht!

Der göttliche Meister, der du bist, ist niemals müde, krank, in der Klemme oder pleite. Er hat Energie im Überfluss, ist vollkommen heil, stark und lebendig und bewegt sich mit Leichtigkeit, hat alle guten Dinge in Hülle und Fülle, ist für seine Erfahrungen selbst zuständig. So bist du in Wahrheit! Die Wahrheit über dich auszusprechen gibt Kraft.

Um schwächende Worten ist unsere Gesellschaft nie verlegen. Wir sind so daran gewöhnt, dass wir uns ihrer Macht gar nicht mehr bewusst sind. Auch Bemitleiden - „der/die Ärmste! - schwächt alle Beteiligten. Das Universum hört immer zu und befolgt alles, was es hört.

Es ist besonders wichtig, wie wir Sätze beenden, die mit „Ich bin...." beginnen. Mach dir klar, was du sagst, und verändere deine Worte bewusst und ständig, wenn sie dich nicht stärken. Nimm neue Gewohnheiten an.

Hier einige Vorschläge:

Ich weiß nicht. - *Ich bin mir meines Wissens nicht bewusst. Ich kann es mir zugänglich machen.*

Ich möchte, ich wünsche. - *Es ist mein leidenschaftlicher Wunsch, meine Entscheidung.*

Ich werde eines Tages nach Bali fahren. - *Ich fahre nach Bali. Das manifestiert sich jetzt!*

Ich bin krank, ich bin müde. - *Mein Körper fühlt sich nicht gut an. Die göttliche Vollkommenheit drückt sich durch meinen Körper aus.*

Er ist nur.... (abwertende Bezeichnung). - *Er ist ein geliebter Teil des Göttlichen und tut sein Bestes.*

Ich kann es mir nicht leisten. - *Ich werde das jetzt nicht kaufen, und ich bin die Fülle des Universums!*

Ich habe kein .... - *Das, wofür ich mich entscheide, ist hier. Ich bin dankbar dafür.*

Ich/du kann/st das nicht tun. Das ist unmöglich. - *Im Rahmen des akzeptierten Guten können wir tun, was wir wollen, und wir können diesen Rahmen ständig erweitern.*

Ich hasse diese Arbeit, aber ich sitze hier fest. - *Ich habe mir diesen Job ausgesucht. Er ernährt mich. Im Moment ist er genau richtig für mich, und ich bin dankbar dafür. Ich werde mir Unterstützung schaffen, damit ich das tun kann, was mir Freude macht.*

Es tut mir leid. - *Ich bitte um Entschuldigung.*

Ich muss den Stichtag einhalten. - *Ich halte diesen Termin leicht ein.*

Nichts ist so sicher wie der Tod und die Steuern. - *Nichts ist so sicher wie die göttliche Liebe und Wahrheit.*

Wie kann ich nach allem, was geschehen ist, noch einmal von vorn anfangen? - *Heute ist der erste Tag vom Rest meines Lebens.*

Das gelingt mir einfach nicht. - *Das Göttliche in mir kann alles tun.*

Es ist meine Schuld. - *Es ist deine Schuld. (Das war nur ein Witz!) Ich bin die ewige Unschuld des Göttlichen. Ich tue mein Bestes.*

Ich kann diese Beziehung nicht ausstehen! - *Ich habe diese Beziehung herbeigerufen. Sie ist für mich die perfekte Lernerfahrung. Meine Liebe und Weisheit sagen mir, was jetzt zu tun ist.*

Er/sie hat mir Schreckliches angetan. - *Ich bin mächtig. Ich suche mir meine Erfahrungen aus. Ich bin kein Opfer. Ich lerne daraus, handle entsprechend, vergebe, vergesse und gehe meinen Weg. Diese Erfahrung macht mich weiser und mächtiger.*

Ich habe so viele Fehler. - *Als Mensch habe ich Fehler. Mein wahres Selbst ist fehlerlos.*

Ich bin verwirrt, habe Angst. - *Ich fühle mich verwirrt, und das ist in Ordnung. Ich bin die vollkommene Klarheit des Göttlichen in mir. Es ist in Ordnung, wenn ich Angst habe. Ich bin der ganze Mut meiner Göttlichkeit.*

Ich liebe dich irrsinnig. - *Ich liebe dich sehr! Ich liebe dich vollkommen.*

Ich bin allein. - *Ich bin niemals allein. Ich bin Teil des Göttlichen, Teil von allem, was da ist. Ich bin mit allem eins.*

Hier einig stärkende Affirmationen, die sich auf bestimmte Situationen beziehen:

Ich habe das geschaffen. Ich liebe und vergebe mir. Ich liebe und vergebe anderen. Es gibt keinen Verlust in Gott. Ich tue alles, was im Moment angebracht ist. Mein Handeln basiert auf Liebe und dient allen Beteiligten. Meine gottgegebene Macht ist die Schöpferkraft; ich benutze sie, um hier etwas Neues zu schaffen. (Zur Auflösung von Blockaden, siehe „Klärungs"-Kapitel.)

Notiere dir mit Hilfe eines Aufzeichnungsgeräts oder auf einem Notizblock die schwächenden Phrasen, die du dich sagen hörst. Verwandle sie in Affirmationen, die dir Kraft geben. Schreib dir Affirmationen auf, die du immer wieder benutzen möchtest.

Wenn du ungestört bist, sag dir diese Affirmationen laut vor. Sag sie im Stehen oder Gehen.

Wenn du dich mit jemandem unterhältst und dich dabei ertappst, wie du etwas Schwächendes sagst, korrigiere dich laut. Das hilft auch dem anderen.

Dies sind nur Vorschläge - schaffe dir deine eigenen Affirmationen. Wir sprechen so viel! Versuch, möglichst viel Leben, Liebe, Kraft und Licht in deine Worte zu legen. Du kannst damit auch die Menschen um dich herum in ihrer Macht unterstützen.

Handeln

Auch wenn wir einkaufen und den Abwasch erledigen, handeln wir, aber wenn wir hier von „richtigem Handeln“ sprechen, meinen wir das Handeln, das unser Leben im Einklang mit der Seele vorwärts bringt.

Handlungen entspringen dem Bewusstsein - sie sind das Endprodukt des Bewusstseins. Richtiges Handeln kommt aus dem Geist, durch unser Herz und geht hinaus in die Welt. Um das zu erreichen, müssen wir imstande sein, zu fühlen, was unser Höheres Selbst vorschlägt, oder wir müssen die Wahrheit unseres Herzens fühlen. Beide sind im Grund ein und dasselbe. Richtiges Handeln ist äußerst wirkungsvoll, zumindest im Endeffekt, denn es ist in Übereinstimmung mit dem Universum.

Richtiges Handeln bezieht sich auf alle Lebensbereiche, Beziehungen, Arbeit, Situationen. Allein zu handeln ist natürlich in Ordnung. Viele, die auf dem spirituellen Weg sind, fühlen sich als die großen Einsamen. Aber wir haben gesehen, dass gemeinsamem Handeln eine große Kraft entspringt. Kaum vorstellbar, dass es einmal keine Gewerkschaften gab. Gemeinsames Handeln gehört zu uns Menschen.

Der Zweck einer Gruppe muss nicht kompliziert sein. Meine Familie lebte einige Jahre in Memphis, Tennessee, als dort noch Rassentrennung herrschte. „Farbige“ und „Weiße“ konnten nicht im gleichen Restaurant essen, im selben Hotel wohnen, auf der gleichen Rolltreppe fahren, aus dem gleichen Springbrunnen Wasser trinken. Das ist heute schwer zu glauben. Meine Mutter und eine gute Freundin gründeten einen Lunch Club, dem schwarze und weiße Frauen angehörten. Sie trafen sich einmal im Monat und waren nicht offiziell organisiert.

Eines Tages rief meine Mutter ein gutes Restaurant in der Stadt an und ließ für dreißig Frauen reservieren - ein ausgezeichneter Verdienst für das Restaurant. Als der Tisch bestellt war, sagte sie beiläufig: „Sie akzeptieren doch farbige Frauen?“ Es entstand eine lange Pause. Der Angestellte konsultierte den Manager, der Manager den Eigentümer....

Auf diese Weise kam es in Memphis friedlich zur Integration. Eine einfache und gleichzeitig geniale Idee funktionierte!

Die Zusammenarbeit in Gruppen kann komplex sein. Da geht es darum, wer leitet, wer wem folgt, wer was macht, was delegiert werden muss, was als nächstes ansteht und wie alles in Harmonie und mit Freude getan werden kann und wie alle Beteiligten unterstützt und in ihrer Macht akzeptiert werden. Gute Gruppenarbeit ist eine Kunst.

Richtiges Handeln in der Gruppe

Was willst du wirklich erreichen, wenn du mit einer Gruppe zusammenarbeitest? Was gibt dir deine Seele ein? Gibt es andere, die deinen Wunsch teilen oder in sich entdecken? Sprich über dein Anliegen in freundlicher Atmosphäre. Oder freu dich über die Idee eines anderen und finde heraus, ob sich deine Seele dieser Aktion anschließen will.

Plane eine Eröffnungssitzung und bitte die Seele, alle zu erleuchten, eure Kommunikation zu lenken und euer Treffen zu segnen.

Jetzt ist Gelegenheit, Visionen auszutauschen. Wie möchtest du deine Hilfe einbringen? Was möchtest du erreichen? Wie stellst du dir die Gruppenarbeit bis zum Schluss vor? Besteht der nötige Konsensus, um die Gruppe wirklich zusammenzuschweißen? Wenn ja, habt ihr einen Grund zum Feiern.

Es kann nützlich sein, einen Gruppennamen zu bestimmen. Ob ihr einen Vorstand braucht oder eher inoffiziell zusammen sein wollt, hängt vom Zweck der Gruppe ab.

Gleich zu Beginn sollte die Wichtigkeit der Gruppendynamik erkannt werden. Ihr alle setzt euch leidenschaftlich für eine Sache ein, doch wird es auch große Differenzen zwischen euch geben. Auf keinen Fall sollte es dazu kommen, dass eine Person oder eine Fraktion ihre Interessen durchboxt, die für die anderen vielleicht gar nicht stimmig sind. Achtet darauf, dass durch Übereinkunft - und liebevolle, wache Aufmerksamkeit - die Gruppendiskussion immer von der Seele gelenkt wird. Das bedeutet vor allem Liebe und Respekt für alle und alle Ideen, anderen zuhören können, ihren Standpunkt verstehen wollen und - Kompromisse schließen. Am schwierigsten sind Kompromisse, wenn die eigene leidenschaftliche Überzeugung nicht im Ganzen akzeptiert wird.

Besteht, wenn jeder angehört wurde, keine Übereinstimmung, dann meditiert oder betet zusammen, um eine harmonische Entscheidung. Die Wichtigkeit dieses einen Schrittes kann nicht genug betont werden.

Als die von mir mitgegründete Gruppe „Mt. Shasta Transformational Network“ mit der Zeit ihre Kraft und liebevolle Atmosphäre einbüsste, kam es bald immer mehr zu Haarspaltereien in den Gruppensitzungen. Schließlich gaben wir das Network auf. Der Entschluss, die Sache spielerisch - nicht zu ernsthaft und trocken - anzugehen, wird Wunder vollbringen. Plant etwas zusammen, was allen Spaß macht, ohne dass es irgend einen anderen Zweck erfüllt.

Mehr Information über dieses Thema findet sich in Peter Caddys Buch über seine Jahre in Findhorn „In Perfect Timing“ .

Wirklich da sein

Sei wach, schau dich überall um, wo du bist. Wähl dir einen - natürlichen oder von Menschen gefertigten - Gegenstand und sag: *„Du, sei da.“* Schau dir dein Gegenüber an und sag still für dich: *„Sei genauso, wie du bist.“* Schau dir dein Zuhause von außen an und sag: *„Sei da, wo du bist, und sei genauso, wie du bist.“* Sag das zu den Bäumen im Wald. Sag es zu allem.

Du hast dir alles im Leben ausgesucht, so, wie es ist. Jetzt kannst du dir etwas Neues aussuchen; diese Übung verleiht dir die Kraft, das zu tun.

Der aufrechte Gang

Welche Vision hast du von dir als Meister? Wie bewegst du dich? Meister halten sich aufrecht, gerade und gleichzeitig entspannt; sie bewegen sich anmutig und sind in ihrem Gleichgewicht. Sie hetzen nicht umher, sondern bleiben in sich zentriert. Diese Haltung drückt bedingungslose Liebe und Akzeptanz für sich selbst und alle anderen aus und die Gewissheit, dass alles gut ist.

Gehe, wie es dem aufgestiegenen Meister entspricht, der du bist. Übe im Haus und zeige dich dann damit in der Öffentlichkeit. Ich kenne keine bessere Übung, die dich so unmittelbar spüren lässt, dass du ein Meister bist.

Lachen

Wenn du lachst, bist du in deiner Kraft. Dann bist du im Zustand der Erleuchtung. Es gibt eine Meditation, die nur aus Lachen besteht - drei oder fünf Minuten lang echtes, schallendes Gelächter.

Lachen hat eine enorme Wirkung. Ein Bekannter heilte sich von einer unheilbaren Krankheit, indem er sich alte komische Filme ansah und lachte. Versuche, täglich ein paar Minuten zu lachen.

Der 40-Tage-Prozess

Es dauert etwa sechs Wochen oder vierzig Tage, wenn du eine größere Änderung herbeiführen oder einen großen Schritt nach vorn machen willst. Dieser Prozess wird von verschiedenen Lehrern empfohlen.

Bestimme ein Ziel, dem du dich verpflichten möchtest und von dem du glaubst, dass du es innerhalb dieses Zeitrahmens erreichen kannst. Ein Ziel zu haben, bedeutet eine Bewusstseinswandlung, und diese führt die Veränderung im Leben herbei. Solche Ziele können beispielsweise sein, die eigene Göttlichkeit stärker zu empfinden, jemanden bedingungslos zu lieben, die Wahrheit in einer bestimmten Situation auszusprechen“, etwas Bestimmtes zu schaffen.

Schreib das Anfangsdatum auf und führe vierzig Tage lang Buch. Notiere Dein Ziel.

Setz dich hin, kontaktiere jeden Tag dein inneres Selbst und fühle/sieh/höre deine nächsten inneren und äußeren Schritte. Die Seele ist ungeheuer praktisch. Folge deiner Eingebung. Schreib deine Erfahrungen auf, damit deine Aufmerksamkeit nicht nachlässt und damit du erkennen kannst, was du am Ende des gesetzten Zeitrahmens wirklich erreicht hast.

Lies am vierzigsten Tag dein Notizbuch durch. Gratuliere dir, feiere!

Vielleicht setzt du dir jetzt ein nächstes Ziel und beginnst von Neuem.

Ausgelassenheit

Lauf allein oder mit einem Freund durch die Wiesen in der Nacht, nackt im Wind, tanze um ein Feuer, trommle, singe, heule den Mond an, schwimm nackt - sei wild und zügellos! Treibe einen Sport oder mach irgend etwas anderes Schönes, wo du deine Wildheit ausleben kannst. Deine Wildheit braucht einen Ausdruck, sonst geht etwas Wichtiges verloren.

Für Frauen hat Clasrissa Pinkola Estés „Die Wolfsfrau“ geschrieben; für Männer gibt es „Feuer im Bauch“ von Sam Keen und „Eisenhans“ von Robert Bly.

Singen und Trommeln

Seit Anbeginn der Zeiten befördern Trommeln und Singen - oft begleitet von Tanz - das menschliche Bewusstsein in einen höheren Bewusstseinszustand. Hier geschieht etwas Gewaltiges, das Gewünschte wird geschaffen. Denk an die indianischen Kriegs- und Regentänze.

Geht hinaus in die Natur, wo ihr ungestört seid, am besten nachts. Nehmt eure Trommeln und andere wilde Instrumente mit. Erfindet eure eigenen Gesänge, trommelt, singt!

Alles wird von selbst geschehen - anschwellen, abschwellen und wieder anschwellen....

Dies ist dem unbegrenzt mächtigen Du gewidmet - in Weisheit und Liebe.

Initiationen in anderen Kapitel, die dir deine Macht geben

Kapitel 3: Das Karma klären
Unschuld
Eine neue Tagesordnung
Eine Situation entstören

Kapitel 7: Die Lebensaufgaben erfüllen
Dem eigenen Leitstern folgen

Kapitel 8: Ein Leben im Überfluss
Absicht, Fokus und Macht
Das leidenschaftliche Wort

6. Kapitel
Beziehungen harmonisieren

Beziehungen! Unendliche Wirklichkeiten! Perfekte Spiegel!
Das große Geheimnis des Selbst verbindet sich
mit dem großen Geheimnis des anderen.
Warum erschuf Gott? Um Beziehung herzustellen!

Beziehungen sind eine Feuerprobe, ein Läuterungsmittel. Höllische Folterqualen oder himmlische Ekstase - sie können alles sein. Sie spiegeln beiden Beteiligten ihre bewussten und unbewussten Gedanken über sich selbst und das Leben wider.

Eine gute Beziehung baut auf einer guten Beziehung zu sich selbst auf. Haben wir eine starke Verbindung zur Seele? Sind wir in ihr zentriert? Achten wir uns - ohne deshalb eitel oder arrogant zu sein? Erkennen wir unsere Stärken und Schwächen? Akzeptieren wir uns so, wie wir sind - Körper, Seele, Herz? Sind wir nachsichtig uns gegenüber? Ermutigen wir uns?

Viele haben aufgrund vergangener Probleme keine gute Beziehung zu sich selbst. Wir müssen dann die alten Dämonen verscheuchen und einen glücklicheren Weg einschlagen.

Im Augenblick sind Beziehungen auf dem Prüfstand, da sich unsere begrenzte Sicht des Lebens erweitert. Jeder hat dabei seinen eigenen Rhythmus, und deshalb werden sich zwei Menschen in einer Beziehung nicht immer miteinander entwickeln, was zu Unausgewogenheit und Belastungen führt. Dazu kommt, dass wir im Moment auch verstärkt dabei sind, karmische Verstrickungen aus diesem und anderen Leben zu klären. Geduld und Verständnis sind mehr denn je gefordert.

Ich liebe mich

Reiche jemandem eine leere Tasse zum Trinken. Versuch, jemanden zu lieben, wenn du dich selbst nicht liebst. Beides ist unmöglich.

Die meisten von uns hatten keine ideale Kindheit und müssen deshalb erst lernen, sich selbst zu lieben. Wir müssen lernen, dass wir es wert sind, zu lieben und geliebt zu werden.

Hier einige Erklärungen, die du nach Belieben ausprobieren, verändern oder ergänzen kannst. Unsere Liebe zu uns selbst, zur Seele, zu unserer Einzigartigkeit muss uns in Fleisch und Blut übergehen. Nur dann hat das Leben einen Sinn, und nur dann können wir wirklich lieben und Liebe annehmen.

Ich liebe mich. Ich weiß, dass ich Teil des Göttlichen bin. Ich bin göttliche Liebe, Licht, Freude und Freiheit, Weisheit und Wissen, göttliche Macht.

Ich habe eine starke Verbindung zum Göttlichen, das ich bin. Sie ist die einzige existenziell wichtige Beziehung. Ich folge meiner göttlichen Weisheit, meinem Herzen, so gut ich kann. Ich empfange die unendliche Liebe des Göttlichen, so tief ich kann. In meinem tiefsten Wesen bin ich glücklich und erfüllt.

Ich bin einzigartig im gesamten Universum. Ich bin unersetzbar. Indem ich meine Talente entdecke, gebe ich sie großzügig.

Ich achte mich. Ich segne mich. Ich stehe für mich ein. Ich bin ehrlich zu mir. Ich achte auf mich und auf mein Leben. Ich pflege meinen Körper. Ich ermutige und lobe mich. Ich bin mein bester Freund.

Ich werde verstanden und vollkommen und ewiglich geliebt. Ich habe immer mein Bestes getan. Ich vergebe mir meine Fehler. Als Ausdruck des Göttlichen verdiene ich alles Gute. Mein natürlicher Seinszustand ist die Fülle.

Ich bin auf meinem Weg. Ich habe ihn nie verlassen; alles, was mir widerfuhr, förderte meine Weisheit und meine Entwicklung.

Wie ich mich liebe, liebe ich auch andere. Wie ich mich achte, achte ich auch andere. Ich bin alles, was eine liebevolle, unterstützende, ehrliche und glückliche Beziehung ausmacht.

Ich bin Liebe. Ich bin Liebende(r) und Geliebte(r). So sei es.

Vermählung zwischen innerem weiblichen und männlichen Aspekt

Die folgende Übung vereint die vielfältigen Aspekte deiner inneren Weiblichkeit und Männlichkeit. Jedesmal, wenn du die Übung machst, wirst du Neues lernen. Alle Persönlichkeiten, die wir in unseren vielen Leben waren, leben in uns. Das Gleiche gilt für alle Menschen, die uns in diesen Leben etwas bedeuteten. Der Geist ist unermesslich, und deshalb kann es sein, dass sich die verschiedenen Aspekte bis jetzt noch gar nicht getroffen haben.

Ich danke Pastor Matt Garrigan für große Teile dieser Übung.

Geh in die Meditation oder mach es dir einfach an einem ungestörten Ort bequem. Bitte deine Seele, die entsprechenden Aspekte deiner weiblichen und männlichen Seite zusammenzubringen.

Versetz dich an einen schönen Ort in der Natur. Du fühlst dich sicher und friedlich. Hörst du die Vögel singen, den Wind in den Tannen, das Wellenrauschen? Eine leichte Brise streichelt dich.

Eine Stimme ruft dich, sie ist einer deiner weiblichen Aspekte. Du gehst auf diese Stimme zu, sie wird lauter. Du biegst um eine Kurve, vielleicht um einen Felsen - da ist sie!

Wie sieht sie aus? Alt, jung, hässlich, schön? Trägt sie Lumpen oder ist sie königlich gekleidet? Nimm sie an. Begrüsse sie in Liebe. Was möchte sie dir sagen? Hör ihr zu. Möchte sie etwas von dir? Hast du ihr Wissen, ihr Gefühl ignoriert? Gib ihr jetzt, was du ihr geben kannst. Sag ihr, dass du zurückkehren wirst.

Jetzt hörst du die Stimme deines männlichen Aspektes rufen. Wieder gehst du ihm entgegen. Begrüsse ihn liebevoll. Wie sieht er aus? Was möchte er dir mitteilen? Was möchte er von dir? Gib ihm jetzt, was du geben kannst.

Geh mit ihm zu deinem femininen Aspekt. Beobachte ihre Begrüssung. Kennen sie einander, oder sind sie Fremde? Frag sie nach einer Weile, ob sie Freunde sein oder sich sogar vermählen möchten.

Wenn sie sich vermählen möchten, bitte sie, sich getrennt voneinander darauf vorzubereiten, während du den passenden Rahmen schaffst. Erschaffe, was du möchtest - eine schöne Szene in der Natur, eine Kathedrale, Blumen, Engel, einen himmlischen Chor, Flötenmusik, Hochzeitsgäste, jemanden, der die Zeremonie leitet (du?), eine schöne Umgebung für die Flitterwochen.

Geh jetzt zum Bräutigam. Hat er sich inzwischen verändert? Wie wird er auf der Hochzeit erscheinen? Er bringt seiner Dame ein Geschenk - das, was sie sich am meisten wünscht. Was ist es? Eine Eigenschaft, eine unsterbliche Rose, eine Halskette, eine geheime Formel, ein Schiff, ein Schwert, ein Heilmittel, ein Pferd? Führe ihn zum Ort der Hochzeit.

Geh jetzt zur Braut. Wie sieht sie aus? Hat sie sich verändert? Was schenkt sie ihrem Bräutigam? Das, was er sich am meisten wünscht? Begleite sie zu ihm.

Lass die Hochzeit nach deinen Wünschen und in großer Liebe stattfinden. Die beiden überreichen sich ihre Geschenke und empfangen sie mit Freude und Erstaunen. Hör dir an, was sie sich gegenseitig für diese Verbindung geloben.

Gib ihnen nun Gelegenheit, miteinander zu verschmelzen. Vielleicht vereinen sie sich sexuell oder als Lichtwesen. Beobachte sie!

Schau fünf Jahre später nach ihnen. Sie sind jetzt noch glücklicher als bei der Hochzeit und bereit, sich jeden Tag mehr für einander zu öffnen?

Verschmelzung der rechten und linken Gehirnhälfte

Wir wissen, dass die rechte Gehirnhälfte und die linke Körperseite das Weibliche darstellen und die Gegenseite das Männliche. Wie die Menschheit und unsere inneren männlichen und weiblichen Aspekte benötigen auch die zwei Gehirn-Universen liebevolle Hilfe bei der gegenseitigen Annäherung. Folgende Übung ist aus der Gehirn-Gymnastik (Edukinesthetik) abgeleitet.

Leg deine Hände in einigem Abstand an jede Seite deines Kopfes. Nimm die rechte Seite deines Gehirns energetisch in die rechte Hand und die linke Seite in die linke Hand. Versuche, die Eigenschaften jeder Seite zu fühlen. Bewege deine Hände jetzt langsam aufeinander zu, damit sich das Einende vertieft. Versuche, den Kontakt zu beiden Seiten aufrecht zu erhalten und lass sie ihren eigenen Tanz aufführen.

Bringe nun langsam die Hände zusammen, bis sie sich schließlich vor der Stirn ineinander verschränken. Spür die Bewegung. Stell dir vor, wie sich die Tore öffnen und Energie und Liebe im Überfluss zu strömen beginnen. Bessere Kommunikation, besseres Verständnis, Ganzheit.

Die Gehirn-Gymnastik bietet viele Übungen, bei denen sich die rechte und linke Gehirnhälfte einander annähern. Ein Beispiel: Du faltest die Hände wie beim Gebet vor der Brust, führst sie zur Seite und lässt sie dann eine große liegende Acht beschreiben - von unten nach oben und dann nach links. Folge der Bewegung mit den Augen, ohne den Kopf zu bewegen..

Das Leben im 21. Jahrhundert begünstigt die Trennung der rechten und linken Gehirnhälften. Mit diesen Übungen kannst ihr entgegenarbeiten.

Göttliche Freundschaftserklärung

Eine gute Beziehung zwischen Erwachsenen ist im Kern immer echte, liebevolle Freundschaft zwischen Ebenbürtigen. Ebenbürtige stehen auf derselben Entwicklungsstufe; Geben und Nehmen, Lernen und Lehren beruht bei ihnen auf Gegenseitigkeit. Wir alle brauchen solche Freunde.

Leidenschaft und romantische Gefühle sind vergänglich, wenn wahres Wohlwollen und Fürsorge fehlen.

Freundschaft bedeutet gegenseitiges Aufeinander-Angewiesen sein im Gegensatz zur Co-Abhängigkeit, bei der es um Erwartung, Rollenspiel, Beherrschung, Unterwerfung, Besitzergreifung, völliges Aufeinander-Angewiesensein geht. Sie ist auch frei von übertriebenen Unabhängigkeitsbestrebungen, wo jeder eine selbstgenügsame Insel sein möchte. In einer freundschaftschaftlichen Beziehung sind wir mit der Seele in Kontakt und in ihr zentriert. Dies macht es uns möglich, einander zu lieben, zu ermutigen und zu unterstützen.

Hier einige Gedanken, die ihr miteinander teilen könnt. Ergänze sie, wenn du möchtest.

Ich weiß unsere göttliche Freundschaft zu schätzen. Ich sehe in dir das Göttliche - Weisheit, Liebe, Licht und Stärke, und richte mein Verhalten auf diese Wahrheit aus. Wir sind ebenbürtig.

Unsere wichtigste Beziehung ist die mit dem Göttlichen. Unser gemeinsames Ziel ist es, einander am Göttlichen teilhaben zu lassen.

Ich folge meinem Herzen und unterstütze auch dich darin. Ich freue mich, wenn du wächst und dich deinen Vorstellungen und deiner Eingebung entsprechend ausdrückst. Ich ermutige dich und bin dankbar für deine Ermutigung. Ich freue mich über unsere gemeinsamen Vorhaben!

Ich brauche dich, wir brauchen einander. Wir sind aufeinander angewiesen.

Ich freue mich über unsere Unterschiede, unsere Gemeinsamkeiten und unser Einssein. Wir haben erkannt, das unsere Liebe alle Winkel unserer Psyche erhellt und alles ans Tageslicht bringt, was vergeben und losgelassen werden will. Ich spreche offen und ehrlich über Schwierigkeiten und übernehme die Verantwortung für meine Gefühle. Ich helfe dir zu heilen und zu wachsen und akzeptiere deine Hilfe. Ich vergebe dir und halte die Energie zwischen uns klar. Ich bin dankbar für alle Lernerfahrungen.

Ich stehe zu unserer Freundschaft und gebe dir, was ich zu geben habe. Ich achte und empfange dankbar deine Gaben. Ich lasse Erwartungen los. Ich bin verlässlich und aufrichtig. Ich bin bereit, mich auf das höchste Potential unserer Beziehung einzulassen.

Mit großem Vergnügen schaffe und erlebe ich Abenteuer mit dir, die unsere Freundschaft beleben und erweitern. Ich bin heute neu, du bist neu, unsere Freundschaft ist neu. Ich nähre sie mit meiner Seele, meiner Wahrheit, meiner Liebe und meiner Unterstützung. Ich segne diese göttliche Freundschaft.

Ich vertraue unsere Freundschaft dem Göttlichen in uns an, das uns leitet. Solange unserer Freundschaft ein enger Kontakt am besten entspricht, werde ich danach leben. Sollte sich das ändern, werde ich diese Tatsache anerkennen; zusammen werden wir dann die Form unserer Beziehung ändern. Ich werde immer dein Freund sein und dich lieben.

Angst vor Nähe

Der Gedanke an eine enge liebevolle Beziehung ist oft angstbesetzt. Vielleicht haben wir uns wunderbare Freundschaften geschaffen und sind in einer Beziehung, die im Grunde eine Freundschaft ist oder vielleicht ein für beide Teile angenehmes (oder auch unangenehmes) Abkommen, ohne dass wir einander unser Herz wirklich geöffnet haben, vielleicht ein Ort, wo wir unsere Probleme abladen können. Nur wenige öffnen ihr Herz für die Freuden und Leiden einer tiefen gegenseitigen Liebe, denn diese wird immer auch ungelöste Probleme aus der Kindheit und aus vergangenen Leben an die Oberfläche befördern. Liebe bringt alles an die Oberfläche.

Wenn du dich nach einer tiefen und innigen Liebesbeziehung sehnst, die auf Gegenseitigkeit beruht, und ihr bis jetzt nicht erlaubt hast, sich zu manifestieren, dann schau dir die Beziehungen an, in denen du dein Herz geöffnet hast. (Vielleicht musst du dazu bis in deine frühe Kindheit zurückgehen!) Schau dir jetzt deine Liebesbeziehungen an. Welche Erfahrungen hast du gemacht? Frag dich, was sich ändern muss, damit du lieben kannst. Schau dir deine Überzeugungen und deine eigenen Gesetze in Sachen Beziehung an.

Hier einige verbreitete - und leidvolle - Überzeugungen:

- Ich muss perfekt sein, um geliebt zu werden. Da ich nicht perfekt bin, bin ich nicht liebenswert und werde nicht geliebt.

- Wenn ich liebe, werde ich verlassen. Mein Partner wird wegen eines/einer Anderen gehen, oder ich werde ihn durch Tod oder aus einem anderen Grund verlieren.
- Wenn ich liebe, werde ich zurückgestossen. Meine Liebe bleibt unerwidert.
- Spiritualität und menschliche Nähe passen nicht zusammen. Ich halte an vergangenen Lebensmustern fest und lebe wie eine Nonne, ein Mönch oder Yogi.
- Die Beziehung funktioniert nur, solange beide die Illusion der Perfektion aufrechterhalten können. Aber irgendwann zeigen wir unser „wahres" Gesicht, und das war's dann!

Hast du solche oder andere Muster? Schreib sie auf, wenn es dir nützt.

Stell jetzt die entgegengesetzten Affirmationen auf, sag sie dir immer wieder vor und spüre sie. (In den *Affirmationen für Beziehungen* findest du einige.) Lass alten Schmerz hochkommen, schau ihn dir an, lass ihn los, wenn du bereit bist, lass ihn abfallen von dir, ersetze ihn durch deine neue Wahrheit. Vielleicht dauert es Jahre, aber sobald du bereit bist, wird dein Partner auf dich zukommen. Das kann Ängste auslösen, doch damit kommst du jetzt zurecht.

Paarbeziehung oder Alleinsein?

Eine glückliche und erfüllende Liebesbeziehung ist ein großer Segen. Viele von uns machen ihre Lernerfahrungen auf diesem Gebiet durch Versuch und Irrtum.

Es kann sein, dass wir eine Zeitlang - manchmal jahrelang - allein sind, vielleicht auch keinen Sex haben. Nun kann es Zeit sein, tieferen Kontakt mit unserer Seele zu suchen oder einen neuen Lebensweg einzuschlagen.

Wenn wir allerdings viele Leben in einem Kloster verbracht oder einfach Sex und Intimität als Ausdruck des Göttlichen verneint haben, dann hat uns vielleicht jetzt das gleiche alte Muster eingeholt und es ist Zeit, das zu verändern.

Beziehung und Alleinsein haben - beide zu ihrer Zeit - ihre Berechtigung. Schau dir an, wo du im Moment stehst.

Kommunikation

Offene ehrliche Kommunikation ist ein Segen für eine Beziehung, wenn beide Partner verantwortungsvoll damit umgehen. Viele fürchten sich davor, ehrlich zu sein, aber wo bleiben wir, wenn wir unehrlich sind? Wir brauchen die Kraft zur wirklichen Kommunikation.

Unser Gegenüber tut immer sein Bestes, aber wir reagieren auf noch Ungelöstes in uns selbst und lassen uns den Blick durch die eigene Vergangenheit trüben. Wenn wir das einmal verstanden haben, können wir leichter die Verantwortung für unsere Erfahrungen übernehmen. Viele innere Probleme brauchen gar nicht erst thematisiert zu werden, wenn wir sie heilen. Doch wenn wir über ein Problem sprechen müssen, lernen wir, es verantwortungsvoll zu tun: *Ich fühle...* anstatt: *Das ist deine Schuld.* Bescheidenheit und die Bereitschaft zu lernen helfen dabei.

Hier eine Übung, die ehrliche Kommunikation zwischen Partnern fördert. Manche Paare machen sie einmal in der Woche. Die Grundregel ist, Verantwortung zu übernehmen und in der „Ich-Form" zu sprechen. Man braucht nicht unbedingt über schwierige Themen zu sprechen. Es ist wertvoll, bislang unausgesprochene Anerkennung einfließen zu lassen und die Liebe für den anderen auszudrücken."

Setzt eine Zeit fest, die euch beiden zusagt. Findet einer nicht die Zeit dazu, oder möchte die Übung nicht machen, dann könnt ihr euch auch damit befassen.

1. Setzt euch einander gegenüber. Entscheidet, wer den Anfang macht, oder werft eine Münze.
2. Der erste Sprecher sagt alles, was er/sie auf dem Herzen hat. Zum Beispiel: Als du das getan hast, fühlte ich mich .... Der Zuhörer antwortet nicht, gibt aber zu verstehen, dass er/ sie verstanden hat, was gesagt wurde.
3. Der Zuhörer weiß, dass der Sprecher über Gefühle spricht, die ihren Ursprung in der Vergangenheit haben. Er/sie ist nicht beleidigt.
4. Wenn der eine ausgesprochen hat, beginnt der andere. Ihr könnt auf das antworten, was angesprochen wurde, solltet euch aber nicht verteidigen.
5. Fahrt so lange fort, bis die Diskussion Früchte trägt.
6. Vergebt einander.
7. Teilt euch eure Wünsche mit. Sagt euch, was ihr euch voneinander wünscht. Sagt ehrlich, was ihr geben zu können glaubt und was nicht.

8. Versichert euch eure Liebe. Wenn ihr wollt, könnt ihr euch jetzt die göttliche Freundschaft erklären.

Dem Spiel einen Namen geben

Wenn zwei Menschen Spiele miteinander spielen, ist immer eine unehrliche Dynamik zwischen ihnen, und die beiden sind auch mit sich selbst unehrlich. Normalerweise investiert man in ein Spiel, weil man aus Angst etwas vermeidet. Eine Beziehung, in der Spiele gespielt werden ist nicht glücklich. (Das alte Buch von Eric Berne *Die Spiele der Erwachsenen* ist ein Klassiker zu diesem Thema.)

Zu einem Spiel gehört immer, dass erstens beide Partner mitmachen, und zweitens, dass es nicht eingestanden wird. Es verblasst im Licht einer offenen Kommunikation.

Letztlich geht es dabei immer um Macht.

Eine meiner Klientinnen (ich habe hier die äußeren Umstände verändert), hatte einen Mann, der sie durch sein unvernünftiges Handeln zur Verzweiflung trieb; z.B. gab er das Geld aus, das für die Begleichung von Rechnungen vorgesehen war. Sie bat ihn ständig, das zu unterlassen, und er hörte ihr aufmerksam zu und gab ihr völlig recht. Aber im Nu war das Geld wieder ausgegeben. Wütend und frustriert beschwerte sie sich bei ihren Freunden.

Sie erkannte nicht, dass sie ihm in Wirklichkeit sein Verhalten diktierte. Sie war nämlich im Innern davon überzeugt, dass Männer sie geringschätzig behandelten, und befahl ihm unbewusst, das Geld auszugeben, um ihr diese Überzeugung widerzuspiegeln.“ Anstatt zu erkennen, was gespielt wurde, hörte der Mann den Befehl und führte ihn aus. Das konnte aber nur geschehen, weil er selbst auch davon überzeugt war, dass er die anderen - und damit sich selbst - geringschätzte.

Als die Frau das erkannte, konnte sie mit dem Spiel aufhören. Ihre Beziehung profitierte davon.

Jedes schwierige Beziehungsmuster kann beide Partner weiterbringen, vorausgesetzt wir lernen aus ihm. Aller „Beziehungsmüll“ - in unserem Fall das Spiel - kann dazu benutzt werden, den Boden für eine bessere Beziehung zu bereiten. Spiele können das Tor zu einer besseren Beziehung sein und sollten deshalb nicht verurteilt werden.

Schau dir eine deiner Beziehungen an. Wird da gespielt? Wenn ja, welches Spiel? Warum spielst du es? Was erreichst du damit? Was erreicht dein/e Freund/in deiner Meinung nach damit? Sei ehrlich mit dir.

Bist du bereit für eine offene, klare Beziehung? Wenn ja, kannst du mit deinem Freund/deiner Freundin darüber sprechen? Wenn nicht, dann solltest du dich fragen, was du in der Beziehung zu suchen hast.

Wenn du glaubst, dass eine Aussprache - egal wie erschreckend der Gedanke daran sein mag - dir helfen kann, dann nimm allen Mut zusammen und sprich dich aus. Vielleicht kannst du auf das oben beschriebene Kommunikationsmuster zurückgreifen. Halte alles fest, was dir auffällt.

Deine Entscheidung, verschüttete Dinge ans Tageslicht zu bringen, wird deinen Partner wahrscheinlich schockieren. Du bahnst den Weg, und er/sie braucht vielleicht Zeit. Lass zu, dass er/sie ganz unterschiedliche Erfahrungen hat. Versuche sie herauszufinden und respektiere sie.

Sprich an, was du gern verändern möchtest. Denk dabei an euer beider Wohl. Ihr habt das Spiel miteinander kreiert, es gibt kein Opfer. Was würde eurer Beziehung aus deiner Sicht nützen?

Falls dein Partner das Spiel im Augenblick oder überhaupt nicht sehen kann oder es leugnet, sei geduldig und höre auf deine Seele. Sie wird dir sagen, wie es weitergeht. Wenn ihr das Spiel wieder spielt, kannst du vielleicht auf der Stelle darüber sprechen.

Spiele können verschlungen sein und ihren Ursprung in tiefen schmerzlichen Erfahrungen haben. Schau dir die Spiele in Albees „Wer hat Angst vor Virginia Wolf?“ an. Klarheit kommt nicht von heute auf morgen, und vielleicht benötigt ihr Hilfe von außen. Vielleicht kann dein Partner nicht von dem Spiel ablassen, über das du bereits hinausgewachsen bist. Dann ist es wahrscheinlich am besten, eure Beziehung anders zu gestalten. Aber wenn ihr beide das Spiel erkennt und es verändert, dann habt ihr wirklich einen Durchbruch geschafft.

Auf die Ersetzung aller destruktiven zwischenmenschlichen Spiele durch Klarheit, Ehrlichkeit und Liebe!

Ins Reine kommen

Manchmal stehen Wut oder Hass der Vergebung im Wege. Aufgestaute Gefühle aus einer problembeladenen Beziehung - besonders wenn wir beherrscht wurden - können uns vergiften, ohne dass wir uns dessen bewusst sind. Und wenn sie uns bewusst sind, können wir sie oft nicht loslassen.

Ein Meister verglich einmal unterdrückte Wut mit einem Misthaufen in der Sonne. Er ist mit schwarzer Plastikfolie bedeckt und fault in der Hitze vor sich hin. Je länger solche Gefühle unterdrückt werden, desto mehr Ärger verursachen sie! Sie stiften nicht nur Verwirrung in Beziehungen, sondern können auch Krankheit oder Unfälle hervorrufen. Eine Bekannte mit Muskelschwund wird ihre Wut mit ins Grab nehmen.

Folgende Übung ist ein Schritt hin zur Vergebung. Sie wendet sich nicht an die Person, mit der man ins Reine kommen will, sondern an das innere Kind, das sich als Opfer oder beherrscht fühlt. Danach können Entspannung, Vergebung und Vergessen folgen. Du solltest diese Übung allein machen.

Wem kannst du nur schwer vergeben? Denk an jemanden und sprich:

Ich rufe meine Seele und bitte darum, dass sich alle meine Gefühle und Worte im Zusammenhang mit .... jetzt in Liebe und Licht auflösen und keinen Schaden mehr anrichten. Dies ist ein Schritt zur Vergebung.

Du kannst dir diese Person vergegenwärtigen. Verbinde dich mit deinen Gefühlen ihr gegenüber. Sag alles, was du bisher nicht aussprechen konntest. Du kannst schreien, einen Anfall bekommen, kreischen und brüllen. Box die Person mit deinem Körper und Atem weg, überfahre sie mit einem Panzer, erstich sie, schlag sie mit einem Baseballschläger. Wenn dir das zu gewalttätig ist, dann stell dir vor, was die Gefühle dir angetan haben, solange du sie unterdrückt hast. Jetzt hast du sie für den anderen unschädlich gemacht. Schließ damit ab.

Denk daran, dass du jetzt nicht dein vergangenes Opfertum neu inszenierst und daran festhältst, sondern wirklich loslässt.

Sobald du deine Wut entlassen hast, werden wahrscheinlich andere Gefühle hochkommen. Lass die Tränen zu, lass auch das Gelächter zu. Folge deiner Eingebung.

Überprüf dich. Bist du jetzt bereit zu vergeben? Wenn ja, dann tu es! Wenn nicht, lass es ruhen und wiederhole die Übung in ein paar Tagen und so oft du sie brauchst. Dann kannst du eine große Vergebungs- und Beziehungsheilung machen (unten) und dir gratulieren. Du hast dich aus einem alten Gefängnis befreit und bist nun frei. Du hast auch der Person einen großen Dienst erwiesen, der du vergeben hast.

Psychische Bindung lösen

Freiheit ist ein wichtiger Bestandteil einer Beziehung, die vom Göttlichen inspiriert ist: die Freiheit, du selbst zu sein, deinem Herzen zu folgen, deine Wahrheit auszudrücken. Freiheit und Liebe sind eins.

Fast alle Beziehungen leiden unter psychischer Bindung. Sie besteht aus emotionaler Energie, die keine Liebe ist, sondern Anhänglichkeit, Angst, Abhängigkeit, Erwartungen, Schuldgefühle, Wut, Eifersucht und Herrschsucht. Sie hat nichts gemeinsam mit der wahrhaft liebevollen Verbindung zwischen Mutter und Neugeborenen oder Mann und Frau. „Erdrückende Liebe" bringt immer psychische Bindung mit sich.

Man kann an Menschen psychisch gebunden sein, die im Leben existieren oder gar nicht existent sind, an Lebende und auch an schon Verstorbene.

Wenn einer die Bindung initiiert und der andere unbewusst zustimmt, sind beide aneinander gebunden. Die psychische Bindung kann auch einseitig sein, z.B. wenn jemand vom Partner verlassen wurde.

Langzeitbeziehungen verdienen unsere besondere Aufmerksamkeit, z. B. Eltern-Kind-Beziehungen. Oft hat man das Gefühl, dass man sich energetisch um den anderen kümmern muss oder dass sich der andere um einen kümmern sollte oder auch beides zugleich. Sich um den anderen Sorgen zu machen, hat die gleiche Dynamik. Du übernimmst die Rolle der göttlichen Fürsorge und Liebe für den anderen. Vielleicht wurde diese Dynamik schon vor langem in Gang gesetzt und wird aufrecht erhalten, ohne dass du dir dessen bewusst bist.

Der Versuch, dem anderen die göttliche Fürsorge zu geben, führt zum Verlust der eigenen Energie, und die Göttlichkeit des vermeintlich Bedürftigen wird dabei verleugnet.

Auch mit Orten, Objekten und Situationen ist psychische Bindung möglich. Liebevolle, angenehme Gedanken an eine Person sind immer harmonisch; ein Gefühl der Leere oder unerfüllte Sehnsucht können auf psychische Bindung hinweisen.

Freiheit und Liebe sind eins. Freiheit bedeutet, in einem intakten Energiefeld völlig präsent zu sein. In einem solchen Zustand haben wir Entscheidungsfreiheit. Das Lösen von Abhängigkeiten ist ein Liebesdienst. Es erfordert Hingabe und Entschlossenheit und enthält ein mächtiges Potential zur Veränderung der Beziehung. Wenn die Beziehung tief ist, brauchst du nach der Auflösung der psychischen Bindung Kraft, um die gewonnene Freiheit zu bewahren.

Die Bindung, die du siehst, ist deine eigene Bindung an den anderen, aber dein Klären wird auch ihm/ihr zugute kommen.

Denk an eine Person, mit der du psychisch etwas nicht geklärt hast oder der gegenüber du nicht frei bist. Geh an einen ungestörten Ort, schließe die Augen. Stell dir vor, dass dein Freund/deine Freundin dir gegenüber sitzt. Erkennst du die Bindung, fühlst du sie? Normalerweise besteht sie zwischen den Chakren (besonders den unteren drei); Hellsichtigen erscheint sie als gummiartig, grau oder graugrün. Sie kann aus einzelnen Strängen bestehen oder eine in sich verknäulte Masse sein. Du glaubst vielleicht zu träumen, aber in Wirklichkeit nimmst du alles ganz akkurat wahr. Du kannst sie auch durch deine Emotionen wahrnehmen.

Wenn du deine psychische Bindung gesehen oder klar gefühlt hast, dann sprich behutsam mit deinem Freund/deiner Freundin:

Ich werde jetzt meine psychische Bindung an dich lösen, so dass wir einander in Wahrheit und Freiheit lieben können.

Wenn du merkst, dass du dich verausgabt hast, als du dich energetisch um den anderen kümmern wolltest, füge hinzu:

Ich erkenne dich als vollkommen göttlich an. Du wirst vollkommen geliebt. Du hast es nicht nötig, dass ich dir meine Energie schicke, und ich habe es nicht nötig, gebraucht zu werden. Ich lasse meinen Irrtum in bezug auf die Liebe los, denn meine wahre Liebe zu dir ist dazu viel zu kostbar. Ich mache mir keine Sorgen um dich. Deine eigene Göttlichkeit ist deine unendliche Quelle, aus der du Energie und Güte schöpfst. Sie ist immer hier bei dir. Ich werde dich auch weiterhin als das Göttliche ansehen, das du bist, und meine Energie für mich behalten. So sei es.

Wenn du dich nach einer abwesenden Person, einer Sache oder einem Ereignis sehnst, dann sprich:

Ich bin ganz, ich bin hier und jetzt ein vollkommenes göttliches Wesen. Ich brauche dich nicht für ein erfülltes Leben. Ich bin erfüllt. Ich beschließe, diese Wahrheit immer stärker zu fühlen und beginne jetzt damit. So sei es!

Nimm ein Lichtschwert in die Hand, wie du es aus den „Star War"-Filmen kennst. Spüre deinen Willen, frei zu sein, deinen leidenschaftlichen Wunsch, wirklich frei zu sein. Wenn du möchtest, kannst du den Erzengel Michael mit seinem Schwert rufen und ihn bitten, dich beim Durchschlagen der Bindung zu unterstützen. Er ist Experte darin!

Wenn du bereit bist, atme tief ein und führe beim Ausatmen das Schwert mit einem kräftigen Hieb bis auf den Boden. Atme energisch und geräuschvoll, presse den Atem durch die Lippen und öffne sie zum Schluss, um den letzten Rest Luft auszustossen.

Du kannst die psychische Bindung aber auch durchtrennen, indem du das Schwert sanft zwischen dir und deinem Partner hin- und herbewegst.

Überprüfe dich jetzt. Hast du schon alle Bindungsstränge durchtrennt? Hast du überhaupt welche durchtrennt? Der Widerstand kann groß sein! Wenn es noch mehr zu durchtrennen gibt, kannst du die Übung wiederholen.

Falls du nicht bereit bist, psychische Verstrickungen zu lösen, liebe dich und vergib dir. Die Zeit wird kommen.

Wenn alle Bindungen gelöst sind, kannst du die neue Freiheit genießen Vielleicht vermisst du etwas. Du hast ein Vakuum geschaffen und willst es mit neuen Möglichkeiten füllen. Mit welchen? Wie verändert dich die Freiheit? Wie verändert sie deine Beziehung? Wie kannst du deine Beziehung neu gestalten, so dass sie euch beide in eurer Freiheit unterstützt?

Überprüfe deinen „Freiheits-Quotienten“ und löse die psychische Bindung in den nächsten Wochen immer wieder von neuem auf (ein- oder mehrmals täglich, wenn du willst). Das Klammern ist dir zur Gewohnheit geworden, deshalb brauchst du jetzt deine ganze Aufmerksamkeit, um die neue Freiheit zu bewahren und zu erweitern.

Partnerschaftsheilung

Du kannst Beziehungen zu Lebenden und Verstorbenen heilen. Das gilt für bestehende Beziehungen sowie für Beziehungen, die du beendest oder die beendet sind, die du aber im Herzen noch nicht gelöst hast.

Die Übung „Ins Reine kommen“ und „Kommunikation“ können die Heilung unterstützen.

Bitte deine Seele, die Heilung zu lenken. Setz dich mit deinem Freund oder Partner zusammen oder rufe seinen/ihren Lichtkörper zu dir. Auch wenn du die Heilung allein durchführst, kommt sie euch beiden zugute.

Rufe deine Göttlichkeit und die deines Freundes und nimm dir Zeit, deine Verbindung zur Seele zu spüren. Hier einige Affirmationen für dich oder für euch beide. Verändere sie, ergänze sie, wenn du möchtest.

Geliebte/r ...., wir hatten uns für ein Zusammensein entschieden, noch bevor wir uns trafen. Ich liebe dich so sehr, dass ich dich einlud, Teil meines Lebens zu werden. Und ich weiß, du liebst mich ebenfalls so sehr, dass du mich eingeladen hast, Teil deines Lebens zu werden. Es hat einen tiefen Sinn, dass wir uns trafen.

Ich weiß, ich habe mich dir gegenüber immer nach meinem besten Wissen und Gewissen verhalten. Ich habe niemals das ewig göttliche und vollkommene Wesen deines Seins verletzt. Mir ist bewusst, dass du dich zu Zeiten verletzt gefühlt hast oder böse auf mich warst, und das habe ich mir vorgehalten. Ich habe dir all die Liebe, die ich fühlen konnte, geschenkt, und ich empfing so viel Liebe von dir, wie ich aufnehmen konnte. Ich vergebe mir alles, was ich dir gegenüber gefühlt und getan habe, was ich zu dir sagte, über dich sprach oder scheinbar unterlassen habe. Ich vergebe mir so tief ich kann für alles, was ich mir in bezug auf dich vorhielt.

(Nimm dir Zeit, atme, lass deine Gefühle los. Tu es wirklich! Mehr Anregungen zur Tiefenarbeit findest du im Abschnitt „Vergebung“ im Klärungs-Kapitel.)

Ich weiß, du hast dich mir gegenüber immer nach bestem Wissen und Gewissen verhalten. Du hast mir alle Liebe geschenkt, die du geben konntest, und von mir so viel Liebe erhalten, wie du aufnehmen konntest. Ich vergebe dir alles, was du gedacht und gefühlt hast, alles, was du zu mir oder über mich gesagt hast, und alles was du getan oder scheinbar unterlassen hast. Ich vergebe dir jetzt so vollständig, wie ich kann.

(Tu dies jetzt, atme. Gibt es etwas, was deine Vergebung ganz besonders braucht, dann schenke ihm deine Aufmerksamkeit. Lass deinen Freund/Partner emotional los.)

Löse die psychischen Bindungen zwischen euch (siehe oben).

Rufe die violette Flamme der Vergebung und Reinigung und lass sie die ganze Vergangenheit eurer Beziehung durchlodern. Lass sie alle Probleme, die zwischen euch waren, verbrennen und in Licht und Liebe umwandeln. Sieh wie die Flamme aus dem Erdzentrum aufsteigt und alle Aspekte eures Daseins erfüllt. Fühle es! Lass alles gehen!

Ich bin für diese Beziehung dankbar. Ich möchte jetzt alles lernen, was ich daraus lernen wollte, aber nicht zugelassen habe. (Bitte deine Seele jetzt oder später, dir zu zeigen, was das sein könnte.)

Ich erschaffe jetzt eine neue Beziehung zu dir. Ich sehe in dir die göttliche Seele in menschlicher Gestalt, die du bist. Ich sehe das Gleiche in mir. Beide sind wir Liebe, Freude, Weisheit und Licht des Göttlichen.

Wenn du möchtest, kannst du jetzt „die göttliche Freundschaft erklären“ machen.

Wie ist deine neue Beziehung? Wenn ihr physisch zusammen seid, bemerke und spüre deine Liebe und Ehrlichkeit, dein Lachen, deine Freude, Kooperation und Unterstützung. Wenn nicht, fühle die Harmonie und den Frieden zwischen euch.

Werdet ihr eure neue Beziehung nähren, wenn ihr zusammen seid? Du kannst diese Übung wiederholen, damit die neuen Veränderungen Früchte tragen.

Von diesem Moment an hast du eine neue Beziehung. Herzlichen Glückwunsch!

Tantrischer Sex

Sex ist ein heiliger Akt. Je mehr Liebe vorhanden ist, um so mehr spiegelt sich in ihm die Liebe von Gott/Göttin wider. Der weibliche und der männliche Pol des Göttlichen haben in ihrer ekstatischen Vereinigung das Universum und jeden Augenblick geschaffen. Sex ist die Verkörperung dieser Dynamik.

Natürlich ist das Zölibat auch eine gute Entscheidung, wenn sie wirklich aus dem Herzen kommt.

Frauen sind mit dem Liebesaspekt der göttlichen Natur meist stärker verbunden als Männer und diesen daher ganz natürliche Lehrer auf dem Gebiet der Sexualität. Im Fernen Osten führten die sogenannten Tantrikas die Männer in die Sexualität ein. Dies war Teil der Tantrapraxis, einer alten Philosophie, die in der Sexualität einen Katalysator für die Erleuchtung sah.

Probiere einige der folgenden tantrischen Prinzipien für den Liebesakt aus.

- Schaffe eine sinnliche Atmosphäre: sauber, schön, wohlriechend und sanft beleuchtet.
- Seht euch als Gott und Göttin und behandelt einander entsprechend. Konzentriert euch auf den Ausdruck der Liebe zwischen euch, anstatt auf das Ziel ausgerichtet zu sein. Dann enthält jeder Moment alles und ist in sich selbst vollkommen. Denk daran, wie köstlich ein Kuss wäre, wenn die Liebe bei ihm aufhören würde.

- Anstatt auf den Orgasmus fixiert zu sein, versucht, eure Energien so zu integrieren, dass ihr auf immer höhere Ebenen der Intensität und des Vergnügens gelangt. Die Kurve des Energieflusses würde dann sanft ansteigen, abflachen, wieder ansteigen zu einer höheren Ebene, wieder abflachen und so fort. Hier einige Tips:

- Setzt euch einander gegenüber und schaut euch tief in die Augen. Atmet lange und langsam.

- Ein Partner atmet ein, der andere aus und umgekehrt. Stell dir einen Energiekreis vor, der am Rückgrat der Frau hochsteigt, während sie einatmet, einen Bogen von ihrem Scheitelchakra zu dem des Partners schlägt und den Rücken des Mannes hinunter wandert, während er einatmet.

- Vereinigt euch sexuell, während die Frau auf dem Schoß ihres Partners sitzt. Tut dies ganz langsam, fast unmerklich. Genießt die Vereinigung eine Weile unbeweglich, wendet die beschriebenen Atemtechniken an.

- Wenn einer zum Höhepunkt zu kommen scheint, beginnt der Partner, schnell zu atmen. Beide atmen zusammen, verlangsamen dann allmählich den Rhythmus und integrieren die Energie.

- Macht Pausen. Ruht euch aus und unterhaltet euch. Wenn ihr euch wieder vereinigt, kann die Energie auf eine höhere Ebene kommen.

- Sexuelle Energie ist Teil deiner Lebenskraft, die Kundalini genannt wird und als Potential am Ende der Wirbelsäule schlummert. Da im Liebesakt das erste und zweite Chakra aktiviert werden, visualisiere diese Energie als goldene Farbe. Versuche, sie zum Scheitelchakra aufsteigen zu lassen. Atme sie hinauf. Aber sei behutsam, denn mit der Kundalini-Energie spielt man nicht. Erzwinge nichts, fließe einfach mit der Liebe.

In Büchern über Tantra sind noch mehr Tips zu finden. Ich empfehle Margo Anands „Die Kunst der Sexuellen Ekstase“. Inzwischen werden auch viele Workshops über Tantra angeboten. Sie sind aber sehr unterschiedlich, sei umsichtig bei der Auswahl.

Würdige deinen sexuellen Ausdruck im Rahmen des gegenseitigen Verlangens, der Liebe und des Vergnügens. Würdige die Sexualität selbst. Würdige dich, weil du dir Sex wünschst und ihn dir zugestehst. Sex ist unschuldig.

Die Sexualität segnen

Wenn du möchtest, ersetze im folgenden „ich“ durch „wir“.

Ich akzeptiere bewusst die Sexualität. Ich erkenne in mir und meinem Partner Gott/ Göttin, die wir sind und verhalte mich dementsprechend. Ich schaffe einen schönen Rahmen für unsere Liebe: ein Geschenk an unsere Sinne das der Präsenz des Göttlichen würdig ist. Ich suche mir Zeit für die Liebe, wenn wir beide frisch und voller Energie sind.

Ich widme jedem Moment unseres Liebesspiels die Aufmerksamkeit, Liebe, Achtung, Spontaneität und reichhaltige Vielfalt, die es verdient.

Ich löse mich von meiner Fixierung auf den Orgasmus und von allen Normierungen des Vorspiels. Der Fokus ist immer die Liebe. Ich gestatte ihr, sich auszudrücken und gebe ihr alle Zeit der Welt, um zu fließen, um anzuschwellen und wieder abzuschwellen..... Ich erlaube der Energie, sich immer mehr zu steigern, ohne dass ich in einem Orgasmus hinweggefegt werde. Doch auch ein Orgasmus ist gut und braucht keine schwächende Wirkung zu haben. Mein Partner und ich nähren und stärken uns durch unsere Liebe auf allen Ebenen.

Ich bin offen für die Tantrapraxis in meinem sexuellen Ausdruck. Sie beschleunigt meine Erleuchtung und lässt die Energie durch meine Wirbelsäule bis zum Scheitelchakra aufsteigen.

Ich habe auch die Freiheit, abstinent zu leben. Ich weiß, dass dies dem Göttlichen nicht näher ist als der sexuelle Ausdruck. Ich wähle das, was für mich richtig ist und mir am meisten Freude macht.

Ich segne, achte und lebe meinen sexuellen Ausdruck als Teil der göttlichen Liebe durch mich. So sei es.

Eltern-Kind-Beziehung

Die Grundsätze einer Beziehung, die auf der Göttlichkeit beider Partner beruhen, gelten ebenfalls zwischen Eltern und Kind. Das Kind ist ebenso göttlich, ebenso mächtig wie die Eltern, und seine individuelle Seele kann älter und weiser als die der Eltern sein. Die Verbindung beruht auf gegenseitiger Liebe, Würdigung und Respekt.

Eltern-Kind-Beziehungen zeichnen sich dadurch aus, dass die Eltern eine ihnen offenbar unbekannte Person in ihrem Leben willkommen heißen. Doch in Wirklichkeit wurde vor der Geburt des Kindes eine Übereinkunft zwischen beiden Teilen getroffen, die unter allen Umständen zur gebührenden Würdigung und zu gegenseitigem Respekt verpflichtet.

Ich bin mit einem Ehepaar mit sieben Kindern befreundet. Beide Eltern sind ihrer Ehe und dem Wohlergehen aller ihrer Kinder verpflichtet - eine Verpflichtung, die ganz natürlich ihrem Naturell entspricht. Die Kinder werden mit liebevoller Güte erzogen, was ihr Selbstvertrauen und ihre Kreativität nährt und in jedem die gleiche Liebe für den anderen hervorruft. Die übliche Dynamik wie Eifersucht, Ärger und dergleichen entfaltet sich hier und dort, geht aber schnell vorüber und ist dann vergessen. Ein solches Szenario wird im kommenden Goldenen Zeitalter üblich sein, aber noch fühle ich bei jedem Besuch den schmerzlichen Wunsch, dass alle Kinder auf diese Art geliebt werden könnten. Dann würden wir wirklich in einer heilen Welt leben.

Anregungen für die Eltern-Kind-Beziehung:

- Deine Beziehung zu deiner eigenen Göttlichkeit ist das einzige relevante Vorbild für deine Beziehung zu deinem Kind. Du machst ihm ein unschätzbares Geschenk, wenn du deinem Herzen folgst und deine Aufgabe erfüllst.

- Teil deiner Erziehungsaufgabe ist es, mit Hilfe der Spiegelung, die zwischen euch stattfindet, und in eurer Interaktion deine eigene Göttlichkeit noch tiefer auszudrücken.

- Dieses Kind gehört nicht dir, sondern dem Göttlichen. Es hat eigene Gründe für sein Hiersein und muss seine eigene Aufgabe erfüllen. Du hast die Aufgabe, es darin zu unterstützen. Lass alle Bestrebungen los, dass es sich deinen Wünschen oder der Familientradition entsprechend verhalten müsste.

- Respekt und Liebe schaffen eine Atmosphäre, in der physische Bestrafung unnötig wird. Dein Kind benötigt Ermutigung und Lob. Erniedrigung und Gewalt emotionaler oder körperlicher Art sind ausgeschlossen. Wenn Fehler gemacht wurden, werden sie berichtigt. Vergib dir für jedes Leid, das du seinem Herzen, seinem Geist oder Körper zugefügt hast. Wenn es dir nicht gelingt, freundlich mit ihm umzugehen, hol dir Hilfe. Kläre den Schmerz in deinem eigenen Sein. Es sollte deinem Kind völlig klar sein, dass es beschützt ist und von dir geliebt und geschätzt wird. Du kannst das deinem Kind nur dann geben, wenn du es dir auch selbst gibst.

- Respektiere, liebe und achte alle anderen in seiner Gegenwart. Drücke deine Aufrichtigkeit und Integrität aus.

- Spielt und lacht miteinander. Zeige deine eigene Kreativität. Erlebt zusammen Abenteuer, unternehmt etwas, was euch beiden Spaß macht - Reisen sind dazu nicht notwendig, nur eure Phantasie. Geht in die Natur - es gibt so viele Möglichkeiten!

Affirmationen für Beziehungen

Es folgen starke, positive Affirmationen, mit denen sich eine Beziehung mit Licht erfüllen lässt. Du wirst vielleicht die „Gegenmittel" aus meinem Buch „Schlüssel zum Göttlichen Selbst" erkennen, auch wenn diese anders betitelt und formuliert sind. Die meisten gelten für alle engen Beziehungen, einige sind speziell für intime Beziehungen gedacht und andere für Menschen, die du gar nicht kennst.

Wir sind göttlich. *Ich bin vollständig, stark, göttlich. Ich nehme mich so, wie ich bin, und liebe mich. Ich bin liebenswert, so wie ich bin, und werde geliebt. Ich brauche dich nicht unbedingt, um glücklich und erfüllt zu sein. Du bist ebenfalls göttlich und stark und brauchst mich nicht unbedingt. Unsere wichtigste Beziehung ist die zu unserer Göttlichkeit.* (Für eine dauerhafte Liebesbeziehung mag sich diese Erklärung falsch anhören. Sieh, wohin sie dich führt.)

Gegenseitiges Aufeinader-Angewiesensein. *Alles Leben bedingt sich gegenseitig. Trennung ist eine Illusion. Wir benötigen alle die Liebe der anderen. Ich brauche enge Beziehungen und du auch.*

Würdigung und Wertschätzung.. *Ich weiß es zu schätzen, dass du mein Leben teilst. Ich bin so dankbar und würdige unser Zusammensein! Ich schätze mich und dich. Ich nehme deine Wertschätzung für mich an.*

Wir sind beide der Liebe wert. *Beide sind wir göttliche Wesen und der Liebe wert, so wie wir sind. Unser Wert kann nicht geschmälert werden. Ich mache mir keine Gedanken darüber, was andere über uns denken.*

Hingabe. *Ich widme mich deinem und meinem Wohlergehen. Ich liebe dich.*

Gegenseitige Liebe. *Unsere Liebe ist tief und dauernhaft und beruht auf Gegenseitigkeit. Ich öffne dir mein ganzes Herz und liebe dich vollkommen, und du erwiderst meine Liebe vollkommen. Du öffnest mir dein Herz und liebst mich vollkommen, und ich erwidere deine Liebe vollkommen.*

Erfüllung. *Ich weiß, wer ich bin, und treffe meine Entscheidungen für mein eigenes Leben selbst. Ich folge nur dem Göttlichen in mir, nur meinem Herzen. Ich bin hier, um in deiner Gegenwart und mit deiner Unterstützung in meine*

Göttlichkeit hineinzuwachsen und sie auszudrücken. Ich tue alles, was mir wirklich am Herzen liegt, und unterstütze dich darin, das Gleiche zu tun.

Verantwortung. *Wir erschaffen zusammen, was zwischen uns geschieht, und sind beide für unsere eigenen Erfahrung verantwortlich. Wir handeln immer nach bestem Wissen und Gewissen. Ich liebe mich und dich und vergebe mir und dir. Wenn du dich verletzt fühlst, habe ich Mitgefühl und lerne, liebevoller zu sein. Wenn etwas wiedergutzumachen ist, dann mache ich das.*

Autorität. *Ich maße mir nicht an, dir zu sagen, was du fühlen sollst oder was für dich richtig ist, denn das weißt nur du. Ich teile dir mit, was ich durch meine eigene Brille wahrnehme. Wenn ich sehe, dass du anderen oder dir selbst gegenüber destruktiv bist, spreche ich aus meiner Liebe für dich frei heraus. Ich achte deine Autorität, deinen freien Willen und deine Entscheidungen.*

Kommunikation. *Ich übernehme die Verantwortung für das, was ich denke, fühle oder tue. Du bist ein unschuldiges, fehlerloses Wesen, und jedes Urteil, das ich fälle, ist meine eigene Missinterpretation. Durch meine göttliche Verbindung lasse ich los. Ich weiß, dass du dir alles anhören kannst, was ich glaube, dir sagen zu müssen, und ich teile die Verantwortung - ich lade nichts auf dich ab. Ich ermutige dich, das Gleiche zu tun. Kommunikation ist gut für unsere Beziehung, sie befreit uns, damit wir unsere Liebe für einander fühlen können. Ich verpflichte mich der Wahrheit zwischen uns.*

Ich bin glücklich und frei. *Ich bin unabhängig von deinem Verhalten und den Umständen innerlich schon glücklich und frei. Ich bin allein verantwortlich für mein Glück und meine Freiheit.*

Vergebung. *Ich weiß, du handelst immer nach bestem Wissen und Gewissen. Es gibt keinen Grund für Schuldzuweisungen. Ich bin unabhängig von deinem Verhalten vollständig und erfüllt. Ich vergebe dir und vergesse es. Ich teile dir offen mit, was ich gern mit dir zusammen erschaffen würde.*

Annehmen. *Ich akzeptiere und liebe dich, so wie du bist. Ich würdige dein Wachstum, du bist genau am richtigen Platz. Ich kritisiere dich nicht und setze Anerkennung nicht ein, um dich zu manipulieren. Du hast meine bedingungslose Anerkennung. Wenn ich etwas zu wissen glaube, was dir nützen könnte, sage ich es dir frei und liebevoll. Mir liegt nichts daran, ob du davon Gebrauch machst oder nicht.*

Ich bin gut. *Deine Kritik dient mir, da sie mir meine eigenen Gedanken über mich zeigt. Ich bin froh, sie zu erkennen und loslassen zu können. Nichts kann mein Ganzsein und mein Gutsein im Göttlichen, das ich bin, mindern. Deshalb brauche ich mich nicht zu verteidigen. Ich suche die Gegenwart von Menschen, die mich unterstützen und ermutigen.*

Die nächsten zwei Affirmationen sind für Betreuer und ihre Schützlinge gedacht.

Du bist göttlich und wirst umsorgt. *Du bist ein vollständiges göttliches Wesen. Gott/Göttin kümmert sich um dein Leben. Ich bleibe so lange bei dir, wie ich dazu angeleitet werde. Wenn ich angeleitet werde, etwas anderes zu tun, wird Gott/Göttin weiter für dich sorgen, und ich werde mein Bestes tun, damit das geschehen kann.*

Ich gebe dir deine Freiheit. *Ich wünsche nicht, dass du aus dem Gefühl der Verpflichtung etwas für mich tust. Ich gebe dir deine Freiheit. Geh, wenn es das Beste für dich ist, ich bin immer versorgt. Ich will dich nicht manipulieren.*

Ich bin kein Märtyrer. *Ich gebe freudig, und es erfüllt mich und erhöht meine Lebendigkeit. Ich brauche nichts für dich zu tun, um etwas von dir zu bekommen. Du stehst nicht in meiner Schuld. Ich verdiene und erhalte Liebe einfach deshalb, weil ich hier bin. Du bist frei.*

Keine Beherrschung. *Der dominante Teil einer Beziehung ist nicht stärker als der beherrschte Teil. Wir haben beide unsere Rollen in dieser Beziehung frei gewählt, um zu lernen, dass wir ebenbürtig und liebevoll sein können. Wir haben uns aneinander gelehnt, brauchen aber jetzt nicht mehr so zu tun, als seien wir schwach. Wir können die starken, liebevollen, ebenbürtigen Partner sein, die wir in Wirklichkeit sind.*

Sexuelle Erfüllung. *Ich bin erfüllt. Ich fühle und weiß das. Ich teile dir offen mit, was mir Spaß macht, und lade dich ein, das Gleiche zu tun. In unserem sexuellen Miteinander teile ich meine Liebe mit dir ohne Erwartung. Wir drücken uns so vollkommen aus, wie es uns jetzt möglich ist, und entwickeln uns von hier aus weiter.*

Wenn es aus ist, gehen wir auseinander. *Wenn sich unsere Verbindung nicht erneuern lässt, dann ist es am besten für uns beide, sie aufzulösen. Wir sind niemals allein. Gott/Göttin - unsere uranfängliche Beziehung - ist immer bei uns. Wenn wir einander gehen lassen, entsteht ein Vakuum, das mein größeres Gutes einlädt. Das Gleiche gilt für dich.*

Ich vertraue mir, deshalb vertraue ich dem Leben und dir. *Ich vertraue meiner und deiner Liebe. Je besser du mich kennenlernst, desto mehr wirst du mich wertschätzen (und umgekehrt). Mein Vertrauen zieht nur vertrauenswürdige Menschen zu mir hin, deshalb kann ich mit dir unbesorgt intim sein.*

Auf und Ab. *Unsere Beziehung hat Höhen und Tiefen. Unsere Leidenschaft nimmt zu und dann wieder ab. Auf Einsamkeit folgt Nähe. Zusammen bewältigen wir das Auf und Ab unserer Beziehung, denn ein Tief führt immer zu einem Hoch.*

Frei von Vergangenheit. *Ich heile meine Beziehung zu meinen Eltern und vergebe ihnen und mir. Ich heile meine Beziehung zu allen anderen Menschen. Ich versichere, dass ich ein vollkommener, freier und unabhängiger Erwachsener bin. Ich bin frei und kann die Beziehung zu dir unterhalten, die ich mir wirklich wünsche. Ich sehe in dir die Person, die du bist. Du bist keine Projektion aus meiner Vergangenheit.*

Freude. *Wir sind hier, um glücklich zu sein. Wir verdienen und brauchen Freude. Wenn wir sie bisher noch nicht gemeinsam geschaffen haben, dann lernen wir es jetzt.*

Unveränderliche ewige Liebe. *Ich liebte dich unendlich, bevor wir uns trafen, und werde es immer tun. Und du liebst mich genauso. Ich tue mein Bestes, um die begrenzte Perspektive zu klären, die meine Liebe zu dir trübt. Auch wenn wir die Form unserer Beziehung verändern, bleibt unsere Liebe bestehen.*

Ich kann nicht verlassen werden. *Ich brauche dich nicht aus Angst, von dir verlassen zu werden, zu verlassen. Ich bin Teil des Göttlichen, und das Göttliche kann sich nicht selbst verlassen. Ich bin immer beschützt und geliebt in meinem Einssein mit dem Göttlichen. Ich kann ohne Furcht bei dir bleiben.*

Lieber glücklich sein als recht haben. *Wir wählen Friede und Verstehen und brauchen keine Konflikte, bei denen es ums Rechthaben geht. Jeder hat von seinem Standpunkt aus recht, und wir bemühen uns, den Standpunkt des anderen zu akzeptieren. Wir finden in jeder Situation den höchsten Gedanken und folgen ihm.*

Ins Unbekannte vorstossen. *Eingefahrene Gleise sind nichts für uns. Physisch und spirituell, geistig und emotional lassen wir unsere Liebe und unser gemeinsames Leben wachsen.*

Ebenbürtigkeit im Göttlichen. *Ebenbürtigkeit ist unsere Basis - unabhängig von materiellem Wohlstand, gesellschaftlicher Position, Rasse, Religion, Alter und Aussehen. Ich achte unsere scheinbaren Unterschiede.*

Grenzenlose Liebe. *Wir haben die Freiheit, uns unabhängig vom jeweiligen Rollenverhalten, von geschlechtsspezifischen oder gesellschaftlichen Mustern so auszudrücken, wie wir wollen. Das ist der Weg des Göttlichen. Wir lieben einander.*

Nur Freunde in der Welt. *Auch wenn wir uns zuvor nicht kannten, sind wir beide göttliche Liebe. Wir sind eins, Bruder und Schwester. Du willst und brauchst meine Liebe und ich deine. Du bedeutest mir alles, was ich mir selbst bedeute, und ich gebe dir die Liebe, die ich bin.*

Zum Tod eines geliebten Menschen

Beistand für einen geliebten Menschen beim Übergang

Eine wichtige Prämisse dieses Buches ist, dass der menschliche Körper nicht zu sterben braucht. Der größte Teil der Menschheit ist aber für diese Botschaft noch nicht bereit. Wir müssen unseren gegenwärtigen Standpunkt als vollkommen und gut betrachten. Es ist ganz in Ordnung, wenn wir noch nicht den Wunsch nach Unsterblichkeit verspüren oder sie trotz unserer Akzeptanz nicht erleben. Tod ist eine Neugeburt, ein viel beschrittener Pfad zu weiteren Leben.

Es gibt so viel Ignoranz in der Welt über den Übergang, der Tod genannt wird, und so viel unnötigen Kummer! Eine individuelle Seele kann schon mit drei Jahren oder noch früher ihren Lebenszyklus vollendet haben, ohne dass ihr Leben vergeudet war. Wenn ein Mensch bereit ist, hinüberzugehen, sind ihm alle Mittel recht, auch Krankheit oder Unfall.

Es ist ganz natürlich zu trauern, aber der Tod eines geliebten Menschen ist leichter zu bewältigen, wenn wir wissen, das er noch lebt und an einem anderen - meistens glücklicheren - Ort mit seinem Leben beschäftigt ist. Wir vergessen die höheren Welten, aus denen wir kommen und in die wir zurückkehren.

Wenn ein Mensch mit dem Tod konfrontiert ist, kann ihm mehr Wissen darüber ein großer Trost sein, und das gilt auch für diejenigen, die sich mit dieser Möglichkeit auseinandersetzen.

Mach dir klar, dass du den Übergang so gestalten kannst, wie du möchtest. Wenn du schnell und schmerzlos gehen willst, kannst du es tun. Du brauchst keine überlieferten Familienüberzeugungen zu übernehmen und nicht an Krankheiten zu sterben, die in deiner Familie häufig vorkommen. In der Familie meiner Mutter ist Krebs verbreitet; beide Eltern und einer ihrer Brüder starben daran, zwei ihrer Schwestern hatten eine Mastektomie. Ich sprach mehrmals mit meiner Mutter darüber, das sie ihren Übergang so gestalten könne, wie sie wollte. Sie starb schnell und schmerzlos.

Sei dir der Macht der Wunscherfüllung bewusst. Bekräftige sie. Falls keine Zeit für Affirmation bleibt, tu dein Bestes. Gott/Göttin ist bei dir.

Wenn du an die Hölle glaubst und besonders, wenn du dich vor ihr fürchtest, solltest du dir unbedingt einen neuen Glauben wählen. Das Göttliche hat dich nie beurteilt. Du hast dein Bestes getan. Dir ist vergeben. Das Göttliche sieht in dir immer nur das wunderbare, göttliche, unschuldige Lichtwesen, das du bist. Hilf dir, diese Wahrheiten zu erkennen.

Konzentriere dich auf die Liebe, wenn du gehst. Halte Ausschau nach dem Licht und steuere auf das hellste Licht zu, das du siehst. Es ist dein höheres Selbst, das dich voller Liebe erwartet. Du wirst vielleicht auch geliebte Menschen sehen, die vor dir gestorben sind. Es ist eine wundervolle Hilfe, sich auf die Liebe zu konzentrieren - auf deine Liebe zu Gott/Göttin, zu dir, deinem höheren Selbst und zu allem um dich herum.

Da der Übergang intensiv ist, kann Verwirrung entstehen. Bleib auf die Liebe und auf das Licht konzentriert. Du kannst dich auf diese Situation vorbereiten, damit sie dich nicht verwirrt oder erschreckt. Ruf dein höheres Selbst, Gott/Göttin, einen liebevollen Meister, einen inneren Führer. Alle Meister werden dir gern zu Diensten stehen, auch wenn du keine persönliche Beziehung zu ihnen hast. Jesus, Maria, alle Erzengel, Babaji oder Buddha, dein persönlicher Guru, falls du einen hast, jeder aufgestiegene Meister, den du rufst, wird augenblicklich zur Stelle sein. Bitte darum, mit deinem höheren Selbst zu verschmelzen.

Du wirst wahrscheinlich etwa Folgendes erleben: Zusammen mit deinem höheren Selbst schaust du dir liebevoll dein Leben an, siehst, was du erreichen wolltest, was du gut gemacht hast und was du gern besser machen wolltest. Du lässt dein Lebensalter schnell hinter dir und nimmst einen jugendlichen, schönen Körper an, der sich vielleicht ähnlich anfühlt wie in jungen Jahren. Du wirst deine Göttlichkeit stärker fühlen. Du wirst auf den lichteren Ebenen bleiben, in Frieden lernen und an Weisheit gewinnen. Dann wirst du wahrscheinlich wieder ein neues Erdenleben annehmen wollen und vielleicht in deine eigene Familie hineingeboren werden.

Alles, was jetzt geschieht, ist gut. Du wirst geliebt. Du wirst umsorgt.

Beistand für einen geliebten Menschen, der gestorben ist

Die meisten Menschen verlassen ihren Körper, wenn es zu ihrem Besten und zu ihrer größten Freude ist, obwohl sie ihre Entscheidung meist unbewusst treffen. Es gibt keinen zufälligen Tod, aber jeder - und besonders die Kinder -

unterliegen den Schöpfungen ihrer Eltern und ihrer Umgebung und können sterben, obgleich es nicht ihr eigener Wunsch ist.

Verstorbene verbinden sich normalerweise mit ihrem höheren Selbst - dem gleißenden Licht und der Liebe, von denen so viele Menschen nach einer Nahtod-Erfahrung bericht haben - und gehen dorthin, wo es für sie am besten ist. Doch ist es auch weit verbreitet, dass verstorbene Menschen nach dem Tod in den irdischen Sphären steckenbleiben, wo sie nicht länger hingehören. Oft sind sie an ihre Lieben auf der Erde gebunden und beschließen irrtümlich, dort zu bleiben. Nach plötzlichem schmerzhaftem oder gewaltsamem Tod kann der Übergang so verwirrend sein, dass es dem Verstorbenen nicht gelingt, mit seinem höheren Selbst zu verschmelzen. Es kann auch sein, das sich die verschiedenen Bewusstseinsebenen trennen und der Mentalkörper am Sterbeort bleibt, während sich der Emotionalkörper geliebten Menschen anschließt.

Du kannst mit einem lieben Verstorbenen Kontakt aufnehmen. Er/sie befindet sich jetzt im mental-emotionalen Bereich und kann deine Gedanken aufnehmen. Du kannst ihn/sie zu dir rufen und leicht mit ihm/ihr kommunizieren. Er/sie kann dich hören, unabhängig davon, ob du eine Antwort hörst.

Fühlst du Licht, Freude oder Liebe, dann hat sich der Verstorbene mit seinem höheren Selbst vereinigt. Sie/er kann dir auch im Traum oder in einer Vision erscheinen - manchmal sogar in einem fühlbaren Körper, um dir zu zeigen, dass sie/er im Licht ist. Wenn dir Zweifel kommen, sprich die untenstehenden Worte, für die ich der Lehre des Inneren Christus danke.

Ruf den Verstorbenen zu dir. Spüre dein Rufen in deinem Herzen und sprich mit deinen Worten. Warte, bis du ihre/seine Gegenwart spürst.

Sprich aus dem Herzen. Leg alles Unerledigte zwischen euch ab. Frag dann, ob sie/er dir etwas mitteilen möchte und spüre tief in dich hinein, um ihre/seine Worte zu hören.

Sag ihr/ihm, dass deine Worte ihr/ihm helfen werden, sich mit dem Licht und der Liebe ihrer/seiner göttlichen Präsenz zu vereinen, falls sie/er das noch nicht getan hat.

Liebe/r ...., deine Ich-Bin-Präsenz ist die Garantie dafür, dass alle deine Bewusstseinsebenen für diese Heilung gegenwärtig sind. (Hier kannst du eine Pause machen). *Die Liebe heißt dich willkommen. Du bist umgeben und erfüllt von Christus (oder Gott/Göttin), Liebe und Licht. Du bist geheilt und dir ist vergeben. Du wirst von den Erdvibrationen und von Schmerz und Leid befreit.*

Du wirst jetzt durch Licht und Liebe (oder: durch deinen Meister) mit deinem höheren Selbst verbunden. (Füge alles hinzu, was du möchtest und verabschiede dich.) *Dein höheres Selbst wird dich an den richtigen Ort geleiten. Ich verabschiede mich von dir - geh in Frieden.*

Versuche seinen/ihren Abschied oder das Licht zu spüren - etwas, was dir sagt, dass er/sie es geschafft hat. Wenn du das Gefühl hast, dass es nicht geklappt hat, kannst du ihm/ihr liebevoll von der göttlichen Liebe erzählen. Ihm/ihr ist vergeben, er/sie verdient einen glücklicheren Ort und kann sich jetzt dorthin begeben. Sag alles, was dir deine Intuition eingibt. Wiederhole dann die Worte der Heilung.

Wenn der Verstorbene nicht bereit ist, die Erdsphäre zu verlassen, dann lass es gut sein. Du kannst ab und zu nach ihm/ihr sehen und prüfen, ob er/sie bereit ist, mit seinem/ihrem höheren Selbst zu verschmelzen und zur nächsten Erfahrung überzugehen.

Nachdem ein Mensch ins Licht eingegangen ist, kann er eine so erdferne Ebene erreichen, dass du keinen Kontakt aufnehmen kannst und er auf deinen Ruf nicht erscheint. Das Leben ist herrlich vielfältig und hat unendlich viele Dimensionen, und eine lichtere Sphäre kann genauso real sein und die Aufmerksamkeit in Anspruch nehmen wie das Leben hier. Wenn du einen wirklich dringenden Grund hast und beharrlich und leidenschaftlich rufst, wird der geliebte Mensch wahrscheinlich kommen. Wenn nicht, lass ihn los.

Die Kameradschaft wilder Tiere

Sai Baba sagte einmal, dass selbst die kleinste unscheinbare Fliege, die ihre Mahlzeit auf einem Haufen Pferdemist genießt, sich eines Tages als Teil des Göttlichen begreifen wird. Jedes Bewusstsein wird eines Tages dieses letztendliche Ziel erreichen.

Tiere sind unsere jüngeren Geschwister und befinden sich auf dem gleichen Weg wie wir. Mit Ausnahme der Delphine und Wale haben sie eben noch ein Stückchen weiter zu gehen als wir.

Je komplexer das Nervensystem eines Tieres, desto wahrscheinlicher ist es, dass es eine individuelle Seele hat. Niedere Tierarten wie Vögel und Insekten haben „Gruppenseelen."

Tiere sind Teil der Natur, unschuldig und liebevoll, und können uns vieles lehren. Tiere, die dem Menschen Kameraden geworden sind, entwickeln hochindividualisierte Seelen und haben besondere Fähigkeiten. Sie können

Außergewöhnliches tun, um ihren Menschen zu helfen, und helfen selbst Menschen, die sie gar nicht kennen.

Zwischen Mensch und Tier kann eine solche Liebe bestehen, dass sich das Tier immer wieder reinkarniert, um bei seinem Menschen zu sein. Mein geliebter Kater Oscar starb, als ich verreist war. Als ich abends zu Bett ging, hörte ich immer das leise Geräusch von kleinen Pfoten auf dem Fußboden und fühlte dann etwas am Fußende meines Bettes. Lange dachte ich mir nichts dabei - aber es wiederholte sich jede Nacht. Schließlich wusste ich, dass es Oscar war.

Zehn Jahre später, als ich eine neue Katze hatte, sagte mir meine Seele eines Tages, dass ich die Katze schon kannte. Ich hatte gar keine Frage gestellt und diese Möglichkeit nie in Betracht gezogen. Aber als ich meine Vergangenheit durchleuchtete, wusste ich, dass Oscar sich „reinkarniert" hatte.

Unsere Beziehung zu einem geliebten Hund, einer Katze oder einem anderen Tier kann genau wie die Beziehung zu einem uns eng vertrauten Menschen nicht nur über Jahre bestehen, sondern über viele Leben. Eine solche Beziehung verdient unsere nährende Liebe und Wertschätzung.

Wilde Tiere misstrauen in der Regel uns Menschen, weil wir nicht die reine Liebe unserer tiefen Wirklichkeit ausstrahlen. Die Gewalttätigkeit der Menschen gegenüber Tieren ist ja bekannt. Aber in Gegenwart eines Meisters, der in seiner Liebe ist, wird das wildeste Tier zahm.

Wenn wir einem „gefährlichen" wilden Tier begegnen, können wir uns, auch wenn wir nicht in unserem höchsten Bewusstseinszustand sind, an die Wahrheit erinnern und leise zu ihm sagen: *„Wir sind beide Teil des Göttlichen. Wir können uns gegenseitig nicht schaden. Ich liebe dich."* Es gibt eine wunderschöne Geschichte in „Unveiled Mysteries" von Godfré Ray King über eine Begegnung mit einem wilden Panther auf dem Berg Mt. Shasta.

Initiation

Tierkameraden wünschen sich sehnlichst Liebe von ihren Menschen. Auf Platz zwei kommen dann Kommunikation und Verstehen. Tiere möchten und benötigen beides. Wenn wir zuhören können, lassen sie uns wissen, was sie fühlen und wollen.

Beobachte dein Tier mit offenen Augen und dem ehrlichen Wunsch, es tiefer zu verstehen. Tiere haben eine eindeutige Körpersprache. Durch Augen, Gesicht und Stimme drücken sie ihre Gefühle genauso klar aus wie wir. Setz dich zu deinem Tier und lass dich auf es ein: *Hier bin ich. Ich bin bereit, dir zuzuhören. Ich liebe dich. Was möchtest du mir mitteilen?* Wahrscheinlich empfängst du Gefühle und Bilder, deren Bedeutung ziemlich präzise sein kann. Vielleicht fliegen sie dir nur so zu. Lass dich aber nicht entmutigen, wenn du keine Antwort erhältst. Dein Wunsch zu kommunizieren, wird Früchte tragen.

Natur

Die Natur ist unendlich, wild und rätselhaft. Ihre Vielfalt und Großartigkeit machen die Erde zu einem ganz besonderen Planeten. Und noch erstaunlicher ist, was die meisten Menschen nicht sehen können: die Baum- und Berggeister, die Pflanzendevas, Feen und Elfen, die Gnome unter der Erde, verspielte Tänzer zwischen den Wellen, die Windgottheiten, ortsgebundene Engel, Pan, den Naturgott. In den Büchern „Im Reich der Naturgeister" von Dora Van Gelder und „In Perfect Timing" von Peter Caddy werden die Geheimnisse der Natur enthüllt.

Bevor es dir gelingt, die Naturgeister direkt zu sehen, wirst du sie am ehesten aus den Augenwinkeln oder mit deinem Dritten Auge wahrnehmen können. Ich habe auch diese Art Elfen erblickt. Du kannst sie auch durch Hellhören vernehmen. In einem alten Wald hörte ich einmal Flötenspiel - es war, als käme es aus mir selbst.

Mit Pan kannst du dich genauso verbinden wie mit einem Meister. Die Darstellungen von Pan, in denen immer Trunkenheit und Promiskuität eine große Rolle spielen, verfehlen sein wahres Wesen. Lies zum besseren Verständnis das Kapitel „The Piper at the Gates of Dawn" aus „Der Wind in den Weiden" von Kenneth Grahame oder hör die Kassetten von Robert Crombies aus der Findhorn Bibliothek über die Begegnung mit Pan.

Jeder Naturgeist ist anders. Zwei gleichartige Büsche können ganz und gar unterschiedliche Naturgeister haben. Einige Bäume lehnen menschlichen Kontakt und Freundschaft ab, andere nicht - du kannst einen Baum zum besten Freund haben. Berge haben gewaltige Berggeister, mit denen man sprechen kann. Es gibt ein unendlich großes Potential an Beziehungen mit der Natur.

Du kannst im Wald, in der Wüste und in Flusstälern, aber auch in deinem Garten oder im Park deine Fühler ausstrecken und entdecken, was du nicht sehen kannst. Gib deine Liebe allem, was dich umgibt. Freunde dich mit den Blumen, Büschen und Bäumen an. Geh barfuss und fühle die Erde. Höre mit dem Herzen. Focussiere nur wenig und beobachte, was an den Rändern deines Blickfeldes ist. Öffne dein drittes Auge. Ermutige den Kontakt!

Stell dich nackt in den Wind. Gib ihm deine Liebe und Wertschätzung. Bitte ihn darum, sanfter oder kräftiger zu wehen. Bitte ihn, deinen Körper zu liebkosen. Es ist ein phänomenales Erlebnis, die bewusste, liebevolle Liebkosung des Windes zu erfahren.

Geh an einen Wasserfall oder einen Wildbach. Das Wasser kann dich sehen und fühlen. Stell eine Beziehung zu ihm her.

Begrüsse liebevoll Helios und Vesta, die Sonne, wenn sie aufgeht, wenn sie untergeht oder zu jeder anderen Zeit. Segne sie, danke ihr, küsse sie.

Orte

Jeder Bereich in der Natur, jeder Ort in einer Stadt oder einem Dorf - selbst der kleinste Fleck, z.B. ein bestimmtes Grundstück - hat seine besondere Atmosphäre, seine eigene Schwingung. Wenn sie von Menschen bewohnt werden, werden sie natürlich dadurch beeinflusst, - aber wahrscheinlich wurden diese Menschen zuerst von dem Ort angezogen, weil er sich gut anfühlte.

Solche Schwingungen können unterschiedlicher Natur sein. Nachdem Peter Caddy in einem schottischen Hotel sehr viel Erfolg hatte, wurde er von seinem Arbeitgeber in ein anderes Hotel versetzt. Dort konnte er gar nichts ausrichten! Die Mauern des Hotels und die ganze Umgebung schienen in Dunkelheit gehüllt zu sein. Dadurch lernte Caddy die Wichtigkeit von Plätzen kennen.

Der Einfluss unserer Umgebung ist sehr tief. Heidi lebte in den Bergen auf, aber die Großstadt zehrte an ihrer Seele. Viele von uns haben die Erfahrung gemacht, dass manche Orte uns mehr anziehen als andere.

Falls dich ein bestimmtes Gebiet, eine Stadt oder ein Haus anzieht, fahr hin und bleib ein Weilchen. Wie gefällt es dir? Fühlst du dich lebendig? Glücklich? Beeinflusst es dich positiv? Wenn du dir ein neues Zuhause suchst, dann folge deinem Gefühl.

Dein neues Zuhause

Jemand zieht in eine neue Wohnung, und plötzlich geht alles drunter und drüber. Jemand kauft ein Auto und fährt es gleich zu Schrott. Hast du von solchen Vorfällen gehört?

Alle Dinge besitzen ein Bewusstsein. Ein Haus oder ein Auto haben ein „Elemental“ - ein rudimentäres Bewusstsein, das sich durch die Beziehung zur Umgebung, zu sich selbst und zu seinen Menschen herausbildet.

Meine Eltern hatten einst einen 63er Chevrolet, mit dem sie in den Urlaub nach Mexiko fuhren. Bei einer Tankstelle brach das Auspuffrohr ab und fiel auf den Asphalt. Wie sich herausstellte, war es die einzige Tankstelle im Umkreis von 500 Kilometern, die die Reparatur ausführen konnte! Wir fuhren dieses zuverlässige Auto viele Jahre, und meine Schwester war die letzte in unserer Familie, die es besass. Drei Tage, nachdem sie es verkauft hatte, war es kaputt.

Das Prinzip scheint folgendes zu sein: die Pysikalität der Dinge nährt sich buchstäblich von ihrer Liebe zu den jeweiligen Menschen.

Haben andere etwas vor dir benutzt, sind nicht nur ihre Energien in der physischen Substanz vorhanden, sondern auch das Elemental, das ins Leben gerufen wurde. Als neuer Besitzer eines Gegenstandes tust du immer gut daran, eine liebevolle Beziehung zu ihm aufzubauen. Dies hilft dem Elemental, sich schnell an dich zu gewöhnen und sich bei dir wohl zu fühlen. Es kann dann besser funktionieren! Neue Häuser oder Autos enthalten die Energien ihrer Erbauer; eine liebevolle Beziehung muss noch hergestellt werden.

Folgende Erklärung ist für ein Haus oder eine Wohnung sinnvoll. Für andere Gegenstände kannst du sie entsprechend verändern:

Lass frische Luft und Licht herein. Du kannst das Haus mit einem Bündel Salbei „ausräuchern“ - ein heiliges indianisches Ritual - oder Aromatherapie-Düfte verströmen, Kerzen anzünden oder deinem eigenen kreativen Ritual folgen.

Ich/wir lieben dich, schönes Zuhause. Ich heiße dich in meinem Leben willkommen. Ich bin dankbar für den Schutz und die Wärme, das Licht und das Wasser, die du mir schenkst. Ich bin dankbar für dieses Zuhause.

Ich bitte jetzt meine göttliche Präsenz (oder St. Germain), die violette Flamme zu entfachen, alle anwesenden Energien zu reinigen und alles aufzulösen, was unharmonisch ist.

Nimm dir Zeit, dies zu beobachten und zu spüren. In einem großen Haus kannst du dieses Ritual auch in jedem einzelnen Raum ausführen. Wenn du eine Wohnung hast, lass die Flamme das ganze Gebäude durchlodern, um alle

Energien, die den anderen Bewohnern nicht länger dienen, im Einklang mit deren freiem Willen zu entlassen.

Ich werde jetzt hier wohnen und möchte eine glückliche Beziehung zu dir haben. Ich schätze.......... (zähle die Dinge auf, die dir am besten gefallen. Lobe sie aufrichtig). *Ich segne diesen Ort.* (Schließe auch den Hof oder Garten ein, falls vorhanden, oder das ganze Mietshaus.) *Ich bitte darum, dass alles gut und harmonisch verläuft und ich bei dir beschützt bin. Beschütze alle, jetzt und immer. So sei es.*

Einige alte Gebäude haben ihre eigenen Wesenheiten oder Gespenster. Solltest du ihre Anwesenheit fühlen, dann kannst du eine Wesenheit-Heilung machen (siehe: „Dem Einen dienen") oder eine erfahrene Person damit beauftragen.

Alle Dinge lieben Wertschätzung und gute Behandlung und erwidern diese Liebe auf ihre eigene Art. Indem du dein Zuhause oder Auto schön machst, es - physisch und psychisch ordentlich und sauber hältst, kommt das dir, dem Gegenstand und eurer Beziehung zugute.

Wenn du aus einem Gebäude ausziehst oder dein Auto verkaufst, lass alles los, was dir von Nutzen war - danke ihm und segne es in seiner neuen Erfahrung.

Segenswünsche für alle deine Beziehungen!

Beziehungsinitiationen in anderen Kapiteln

Kapitel 2: Kontakt zur Seele
Wie ist deine Beziehung zu Gott?

Kapitel 3: Das Karma klären
Wir sind Mitschöpfer
Eine Situation entstören

Kapitel 5: Die eigene Macht annehmen
Sich behaupten

Kapitel 9: Die Göttin erwecken
Bewusste Mutterschaft

7. Kapitel
Die Lebensaufgaben erfüllen

Mein einzigartiges Selbst ist unschätzbar wertvoll.
Ich bin hier, um es zu entdecken und auszudrücken.

Ein Apfelbaum wächst von allein. Wenn er genügend Nahrung erhält, wächst er zu einem großen und schönen Baum heran. Er ist einzigartig. Kein anderer Baum gleicht ihm. (Stell dir die göttliche Liebe, Intelligenz und Kreativität vor, die in jedem Apfelkern ein einmaliges Muster speichert.) Der Apfelbaum steht in Wechselbeziehung mit seiner Welt - der Sonne, dem Regen, der Erde, der Luft und den Naturgeistern - und folgt in seiner Entwicklung der einzigartigen Blaupause, die in seinem Samen vorgegeben ist.

Das gleiche gilt für uns. In einer nährenden Umgebung werden wir nicht nur gespeist und beschützt, sondern auch geliebt, anerkannt, verstanden und ermutigt. Wir erhalten die Mittel, um tiefer in Kontakt mit unserer Göttlichkeit zu kommen, sie zu fühlen und ihr zu folgen. Wir lernen, dass wir alles sein können, was wir uns wünschen. Und wir haben die Freiheit, uns zu entfalten.

Wie der Apfelbaum wuchsen wir vielleicht nicht unter optimalen Bedingungen auf. Aber im Gegensatz zu unserem unbeweglichen Freund können wir die Umstände schaffen, in denen wir am besten gedeihen, und dazu gehört auch unsere tiefe Verbundenheit mit unserer eigenen Seele. Wir können uns die Menschen aussuchen, die uns zusagen und uns ermuntern, großzügig mit unseren einzigartigen Gaben umzugehen. Wir haben das Potenzial, unser Selbst vollständig zu verwirklichen.

Deine Aufgaben im Leben sind so einzigartig wie das Wachstumsmuster des Apfelbaums. Doch folgende Punkte gehören wahrscheinlich dazu:

- Erinnerung an das Einssein mit dem Göttlichen. Erlebe dieses Einssein und drücke deine Göttlichkeit so gut wie möglich aus. Das schließt Glücklichsein ein!

- Vergebung für alle: Eltern, Geschwister, Partner, enge Freunde, Mitarbeiter und alle anderen Bekannten aus diesem und aus vergangenen Leben.

- Klärung aller Probleme in der Vergangenheit, die noch nicht aufgearbeitet sind.

- Dienen: Liebe die Welt durch alles, was du tust.

Unter den schwierigen Lebensbedingungen in der heutigen Welt haben viele von uns ihre Aufgaben nicht erfüllen können. Aber eine unbewältigte Aufgabe in einem Leben stellt sich im nächsten wieder. Es gibt immer einen neuen Tag, eine neue Chance, ein neues Leben. Wir alle werden zur rechten Zeit alle unsere Aufgaben freudig erledigen.

Absichtserklärung

Ich bin gekommen, um die Aufgaben zu erfüllen, für die sich meine Seele entschieden hat. Meine zentrale Aufgabe besteht darin, mich mit meinem göttlichen Wesen zu verbinden und zu verschmelzen und meine Göttlichkeit da auszudrücken, wo ich bin.

Ich bin hier, um im Leben erfüllt und glücklich zu sein. Ich bin hier, um meine Gaben im Einklang mit meiner Eingebung an die Menschen und das Leben zu verteilen. Die Liebe ist mein wichtigstes Geschenk: Die Form, die sie annimmt, ist nebensächlich.

Ich habe einzigartige Gaben, die nur ich verschenken kann. Das Universum wäre ohne mich und ohne meine Gaben unvollständig. Soweit ist alles, was ich tue, richtig. Während sich mein Leben erweitert, kommen neue Aktivitäten dazu. Ich lebe ein vom Göttlichen gelenktes Leben voller Freude und immer neuer Kreativität.

Solange ich mir treu bin und in dem Maße gebe, wie ich angeleitet werde, werde ich vollkommen vom Leben unterstützt. Ich tue nur das, was ich gern mache und werde darin unterstützt. Ich akzeptiere und erschaffe diese Wahrheit in meinem Leben. Ich bin hier, um zu empfangen und zu geben - um all das göttliche Gute durch die Menschen und durch das Leben zu empfangen. Ich erfülle alle meine Aufgaben auf die mir entsprechende Art und in der mir entsprechenden Zeit. So sei es.

Dem eigenen Leitstern folgen

Dein Weg geht niemanden etwas an. Partner, Vater, Mutter, Freund - niemand hat das Recht, dich zu bevormunden. Es kommt nicht von der Seele, wenn dir jemand sagt, was du zu tun und zu lassen hast, oder dich moralisch erpresst, den traditionellen Weg zu gehen. Jedes Kind ist dazu da, die Schablonen der Vergangenheit zu zerstören. Vielleicht ist es stimmig für dich, in die Fußstapfen deiner Familie oder deiner Gemeinde zu treten. Schau nach innen, tief in dich hinein. Berühre deine Seele. Folgst du der Leidenschaft deines Herzens? Was sind deine Herzenswünsche? Unerfüllte Herzenswünsche sind ungelebtes Leben. Niemand profitiert davon, wenn du einen Weg beschreitest, der nicht der deine ist, und es kommt allen - auch deiner Familie - zugute, wenn du deinem eigenen Leitstern folgst.

Du bist hier, um zu leben. „Um die Herrlichkeit Gottes in dir zu manifestieren“, wie Nelson Mandela sagte, auf deine ureigene Weise. Wenn du dich nicht in deiner Einzigartigkeit ausdrückst, ist dein Stück des großen Puzzles, das auf Erden das Göttliche ausdrückt, nur ein Abklatsch von dem, was es sein könnte. Es erfordert Mut, den eigenen Weg zu gehen, aber es lohnt sich unendlich.

Es gibt immer Gelegenheit, eine neue Entscheidung fürs Leben zu treffen. In dem Film „Unhook the Stars“, spielt Gena Rowlands eine Witwe mit erwachsenen Kindern, die ihr Leben von Grund auf verändert.

Wenn du eine Mutter bist, deren Kinder flügge geworden sind, wenn du im Ruhestand bist, wenn dein Leben, dein Beruf dich nicht erfüllen: Schau dich um! Es gibt mehr. Du wirst auf eine Weise gebraucht, die dir Freude macht und die dich deine wahren Aufgaben erfüllen lässt.

Manifestierte Liebe

Als ich klein war, erzählte mir meine Mutter diese Geschichte: Ein Künstler ließ alle seine Liebe und Leidenschaft in seine Kunst fließen. Die Menschen wurden von seiner Intensität angezogen und bewunderten die Schönheit seiner Werke. Sie sammelten sich um ihn. Er schaute auf und fühlte sich geehrt, weil seine Kunst bewundert wurde. Er fing an, sich mit den Menschen zu beschäftigen und konzentrierte sich weniger auf seine Arbeit. Da ließ die Schönheit seiner Kunstwerke nach. Nach einer Weile verloren die Menschen ihr Interesse an ihm und seiner Schöpfung und wendeten sich neuen Dingen zu.

Der Künstler wurde traurig. Aber er konzentrierte sich wieder auf seine Arbeit, und sie gewann ihren Glanz und ihr Leben zurück. Als sich die Menschen wieder um ihn scharten, würdigte er sie, ließ sich aber nicht ablenken, sondern blieb da, wo er hingehörte: bei seiner Arbeit.

Diese Geschichte blieb mir immer in Erinnerung. Ich glaube, sie ist sehr vielschichtig. Unsere Arbeit steht zwischen uns, Gott und der Leinwand des Lebens, auf der wir erschaffen. Das gilt auch für Gruppenarbeit, an der wir beteiligt sind.

Unsere Schöpfung gehört uns nicht - zumindest nicht dem Ego. Die Reaktionen der anderen sind völlig unwichtig, Lob fügt ihr nichts hinzu, Kritik mindert sie nicht.

Alles, was wir tun, erhellt und verzaubert das Leben, wenn unsere Liebe - unsere Seele - hineinfließt.. Wer völlig in einer Aktivität, einer Arbeit oder der Kunst aufgeht, sie um ihrer selbst willen betreibt, ist ein Schöpfer - Künstler im höchsten Sinne des Wortes. Erst wenn wir das Werk in uns lieben anstatt uns im Werk, sind wir lebendig. Unser Sein und unsere Schöpfung sind ein müheloser Liebesdienst an den anderen.

Nur die wenigsten gehen in der eigenen Schöpfung auf. Wer dies tut, verzaubert die anderen und wird deshalb mit großer Wahrscheinlichkeit berühmt. Judy Garland beispielsweise war in ihrem persönlichen Leben ein neurotisches Bündel, doch sobald sie aufstand und sang, versetzte sie uns - und sich - in andere Welten.

Was bedeuten diese Ideen konkret? Hier einige Gedanken:

- Werde eins mit dem, was du tust, vergiss dein Ego. Bist du Teil einer Gruppe, dann identifiziere dich mit ihr.
- Imitiere nicht, sonst enthältst du der Welt deine Gaben vor. Vielleicht bist du wie Janis Joplin, die leichten Zugang zu ihren Gaben hatte. Aber auch wenn du dich erst zu ihnen durchwühlen musst: Finde deine eigene Stimme und achte sie.
- Gestehe deiner Arbeit oder deiner Kunst ein Eigenleben zu, den eigenen Fluss. Irgendwann ist eine Aktivität abgeschlossen, und die nächste wartet schon. Vielleicht kommt die Zeit, wo du deinen Beruf an den Nagel hängst und etwas Neues beginnst. Klammere dich an nichts, was abgeschlossen ist! Folge deinem Herzen, deiner Freude ins Unbekannte.
- Falls dich deine Arbeit direkt mit Menschen in Verbindung bringt zum Beispiel am Telefon, dann sei für dich und für sie präsent. Denk wir‘!

Nimm dir vor, dass alle von dem Kontakt mit dir profitieren. Vergib dir für jeden Ausrutscher.

- Bist du ein spiritueller Lehrer, dann bedeutet, für andere präsent zu sein, dass du selbst völlig präsent bist. Versteck dich nicht hinter der Lehrerrolle, verbirg nichts von dir, was relevant ist. Ganz du selbst zu sein, hat eine unberechenbare Dynamik - nicht immer angenehm für uns Lehrer!
- Es ist angenehm, wenn deine Gaben angenommen und verstanden werden. Doch Weisheit hängt sich weder an Lob noch Tadel. Wenn du nichts daraus lernen kannst, dann lass es einfach von dir abgleiten.

Wenn du nicht weißt, was du tun möchtest, wenn du den Wunsch verspürst, zu dienen, aber nicht weißt wie, dann sind hier einige Anregungen:

- Verbinde dich, so tief du kannst, mit deinem inneren Selbst. Meditiere regelmäßig.
- Führe ein Tagebuch mit der Überschrift: „Mein Herzenswunsch: ....“ Schreib täglich hinein.
- Frag deine Seele, wie du dich und das Leben am besten beschenken kannst.
- Nimm dir an einem stressfreien Tag Zeit zum Fantasieren. Lass Geld, Familie, Gesundheit und andere Faktoren außer Acht. Frage dich: *„Was würde ich tun, wenn mein Leben ganz nach meinen Wünschen ablaufen würde? Was ist mein Herzenswunsch?“* Ist die Antwort nicht ganz klar, nimm dir Zeit. Stelle Fragen und lass sich eins aus dem anderen ergeben. Komm an den Punkt, wo du sagst: *„Aha! Das ist es!“* Wenn das abgeschlossen ist, frag dich: *„Welche Aspekte meines Lebens möchte ich beibehalten?“* Notiere sie, wenn du möchtest. Frag dich schließlich: *„Welche Aspekte meines Lebens möchte ich loslassen?“*
  Wie kannst du dir diesen Herzenswunsch am besten erfüllen? Kannst du ihn in dein gegenwärtiges Leben integrieren? Würde das dein Leben völlig verändern? Willst du es *jetzt* in Angriff nehmen? Oder jetzt damit anfangen? Jeder Mensch ist anders. Meine Freundin Patricia nimmt sich jede Woche ein paar Tage für ihre Vorhaben frei. Der berühmte Maler Gauguin ließ sein Leben in Frankreich hinter sich, um auf einer Südseeinsel zu leben, wo er die Bilder schuf, für die er geliebt wird. Was ist *Dein* Weg?

- Wenn deine Fantasie dir sagt, du sollst auf die Bahamas fliegen und für den Rest deines Lebens am Strand liegen, heißt das, dass du Erholung brauchst. Wenn du die bekommen hast, bist du wahrscheinlich wieder bereit für Aktivitäten. Ruh dich in den nächsten Wochen oder Monaten so gut wie möglich aus und beschäftige dich dann noch einmal mit deiner Fantasie.
- Mach eine Liste von den Aktivitäten, die dir am meisten Freude bereiten, und anschließend ein Brainstorming mit einem oder zwei Freunden. Finde heraus, wie du mit einer dieser Aktivitäten deinen Lebensunterhalt verdienen könntest. Finde alles heraus, was du wissen musst. Mach dir einen Plan und benutze ihn als Ausgangspunkt. Ich kenne jemanden, der sehr gern durch unberührte Landschaften radelt. Eines Tages entdeckte er, dass er auf seinen Touren andere führen konnte und schuf sich auf diese Art einen guten Lebensunterhalt.
- Wenn du gefragt hast, was du tun sollst und immer noch gar keine oder nur wenig Ahnung hast, dann fang mit irgend etwas an. Wenn es nicht stimmig ist, wirst du es bald entdecken und zu etwas Besserem übergehen. Es wird sich alles fügen, wenn du nur den Anfang machst.

Tu, was dir Spaß macht, und lass es dir gut gehen

Obgleich uns zusteht, nur die freudigen Dinge zu tun und im Überfluss zu leben, gibt es kaum jemanden, der dies von sich behaupten könnte. Wir müssen die einengenden Gedanken der Gesellschaft und unsere eigenen transzendieren.

Die folgenden Erklärungen sollen dir diese Möglichkeit näher bringen. Lies jede, rufe dann dein göttliches Sein oder die violette Flamme (siehe „Klärungs"-Kapitel) und lass alles los, was deiner Absicht widerspricht. Dann sprich die Erklärung und fühle sie bis in die Tiefe deines Wesens. Am besten stellt du dich dabei hin und sprichst die Worte mit Nachdruck. Du wirst Geduld und Ausdauer brauchen, da du wahrscheinlich Schicht für Schicht klärst und die Wahrheit schrittweise annimmst.

Mein Leben hat den Sinn, leicht und fröhlich zu sein und mich vollkommen zu erfüllen. Ich werde nur das tun, was mir Freude macht. Ich weiß, dass alles gut gehen wird. So sei es!

Viele von uns haben in vergangenen Leben ein Armutsgelübde abgelegt oder sind auf andere Weise zu der Überzeugung gelangt, dass man arm sein muss, um spirituell sein zu können. Und das nennt man Gottes Willen!

Ruf deine Göttlichkeit! Es ist gut, wenn du dich aufrecht hinstellst und deinen Worten Nachdruck verleihst:

Im Namen und durch die Macht meiner göttlichen Ich-Bin-Präsenz löse ich jetzt alle Vereinbarungen, die ich in vergangenen Leben getroffen habe und die mich daran hindern, die Fülle des Lebens anzunehmen, und dazu gehört auch die Fülle der göttlichen Geldenergie. (Lass dir Zeit, atme! Tu es!)

Es ist völlig im Einklang mit der der Seele, richtig und gut für mich, die göttliche Fülle auf jedem Gebiet meines Lebens anzunehmen. Dies schließt die göttliche Fülle des Geldes ein. Ich will es jetzt. So sei es!

Auch die Erkenntnis, dass wir wirklich etwas Wertvolles zu geben haben und dass dies anerkannt wird, kann für die meisten von uns eine große Klärung bedeuten. Das Gleiche gilt für die Erkenntnis, beschützt und geliebt zu sein, wenn wir geben. Folgende Affirmationen können einen großen Sprung für dich bedeutet. Atme!

Ich bitte jetzt darum, dass alle Blockaden, die mich daran hindern, das zu geben, was ich zu geben habe, im Licht, in der Liebe und der Heilkraft meiner Göttlichkeit aufgelöst werden. Meine Gaben sind Teil des Göttlichen und damit unendlich wertvoll. Beim Verteilen dieser Gaben bin ich immer beschützt und werde geliebt.

Die Welt erkennt den Wert meiner Gaben. Ich ziehe nur Anerkennung und Liebe von anderen an. So sei es.

Wie wirst dein Lebens ändern und das Neue manifestieren? Werde dir darüber klar.

Beobachte dich den ganzen Tag über eingehend. Finde heraus, wo du dich in deinem Handeln und in deinen Worten noch an die alten Abmachungen hältst. Es mag Zeit und Geduld erfordern, um das Alte wirklich zu klären. Verändere unterdessen deine Sprache: *Ich bin nicht Sklave meines Berufes. Durch meine Göttlichkeit bin ich frei, meinem Herzen zu folgen und in der Fülle zu leben.* Folge deiner Eingebung und mach den Schritt in deine neue Wirklichkeit!

Wenn du glaubst, dass du ein spiritueller Lehrer sein solltest, oder schon einer bist, aber nicht wirklich frei geben kannst, dann lies im „Klärungs"-Kapitel den Abschnitt über spirituelle Lehrer nach.

Die Arbeit wechseln

Wie viele hast du vielleicht eine Arbeit, die du gar nicht willst, mit der du aber deinen Lebensunterhalt verdienst. Wenn du weißt, was du willst, kannst du wechseln. Meistens ist es am besten, dies schrittweise zu tun: Du schenkst dem Neuen immer mehr Aufmerksamkeit und Energie, bis die Umstellung schließlich geschafft ist.

Wenn du nur die Firma wechseln möchtest, nimm Kontakt mit den Leuten dort auf. Finde heraus, welche Anforderungen gestellt werden und wie du ihnen gerecht werden kannst. Baue eine Brücke. (Ich machte einmal zuerst ein unbezahltes Praktikum für eine begehrte Stelle und wurde daraufhin eingestellt.) Wenn du eine ganz andere Arbeit möchtest, finde alles heraus, was du wissen musst. Sprich mit den Menschen, die diese Arbeit verrichten. Lies entsprechende Fachliteratur. Belege Kurse.

Wenn du dein eigenes Geschäft eröffnen möchtest, mach dir klar, was du tun willst. Wie kannst du der Welt durch deine Arbeit dienen und ihr Segen bringen? Erfüllt sie das Kriterium des richtigen Lebens: Ist sie in Harmonie mit dem Leben? Es spielt keine große Rolle, was du machst, solange dein Herz dabei ist und niemandem Schaden zugefügt wird. Dies ist wichtig, weil dann die Seele alle deine Aktivitäten lenken wird.

Falls du nicht alleinstehend bist, frag dich, wie sich die Veränderung auf deine Familie auswirken wird. Sprich mit denen, die dir nahestehen, und hol dir ihre Unterstützung, wenn sie sie dir geben können. Müssen die Finanzen überdacht werden? Möchte vielleicht jemand mit dir zusammenarbeiten? Wie? Wäre das für dich stimmig?

Möchtest du einen Einzelhandel? Ein Versandgeschäft? An Läden verkaufen? Eine Dienstleistung anbieten, z. B. Körperarbeit?

Wenn du dich entschieden hast, widme dieser neuen Aktivität jede Woche etwas Zeit. Wenn du eine Schulung benötigst oder ein Produkt zum Verkauf vorbereiten musst, tu das. Lass einen Werbeprospekt oder zumindest eine Visitenkarte drucken. Wenn du Geld investieren musst, das du nicht hast, kümmere dich um die Finanzierung. Es gibt dazu viele Informationen. Wenn alles soweit fertig ist, entscheide dich, wo du Anzeigen plazieren möchtest und entwerfe sie. Sei praktisch und bleib mit den Füßen auf der Erde. Erledige alles Schritt für Schritt.

Wenn du dich gebremst fühlst durch einen Gedanken wie: *Ich kann das nicht, ich kann nicht weiter, weil....* gib ihm keine Macht. Mach ein Brainstorming um ihn herum oder durch ihn hindurch. „Wo ein Wille, da ein Weg." Das stimmt! Erinnere dich an die Kraft deines Einsseins mit der Seele. Ruf sie herbei und lass sie wirken!

Deine einzigartigen Umstände werden bestimmen, wie du den Wechsel vollziehst. Kannst du mit deiner neuen Arbeit schon etwas Geld verdienen? Ist es dir möglich, weniger Zeit mit deiner alten Arbeit zu verbringen? Musst du deine neue Arbeit sofort aufnehmen? Wenn ja, brauchst du möglicherweise Ersparnisse, von denen du eine Zeitlang leben kannst. Wenn dir der Wechsel wirklich viel bedeutet, wirst du mit all diesen Einzelheiten fertig werden.

Eines Tages wirst du deine alte Arbeit aufgeben und dein neues Leben willkommen heißen: Du wirst nur noch tun, was dir Freude bereitet.

Hier ein paar Punkte für den Wechsel:

- Verbinde dich mit deinem inneren Selbst. Mach dir klar, was dein Herz will, was du wirklich möchtest und wie du dienen kannst. Mach dir das ganze Bild. Fasse deinen Entschluss, bete dafür. Verpflichte dich ihm.
- Sei dir bewusst, dass deine Talente und Gaben wertvoll sind, ein einzigartiges Geschenk an die Welt, das große Anerkennung verdient.
- Mach einen Plan. Wie lässt sich dein Wunsch in die Tat umsetzen? Lass dich inspirieren. Mach mit deinen Freunden ein Brainstorming.
- Konzentriere dich auf das Neue. Steck langsam mehr Zeit und Energie hinein.
- Wenn du deinen Beruf aufgeben möchtest, könnte es sinnvoll sein, zunächst Teilzeit zu arbeiten und dich langsam mehr dem zu widmen, was du tun möchtest.
- Nimm deine neue Tätigkeit möglichst bald auf und fang an, Geld damit zu verdienen.
- Wenn möglich, verteile Warenmuster oder deine Energie, um den Ball ins Rollen zu bringen. Komm aus dem Geist der Fülle, der Freude und des Gebens. Das öffnet dir die Türen und magnetisiert die Menschen.
- Mach deine Gaben bekannt.
- Gib denen großzügig und freudig, deren Gaben du empfängst. Gegenseitiges Geben und Empfangen macht das Leben lebenswert.
- Bleib täglich mit deiner inneren Wahrheit verbunden. Möchtest du diese neue Arbeit wieder verändern? Erweitern? Transformieren? Das Leben

fließt weiter, es stockt niemals. Folge immer deinem Herzen und deiner Freude.

Segenswünsche für die Veränderungen in deinem Leben!

Erklärung der eigenen Aufgaben

Eine Erklärung der eigenen Aufgaben ist normalerweise bis zu einer Seite lang und listet deine speziellen Aufgaben im Leben auf, wie du sie siehst. Sie enthält deine wirklichen Ziele in diesem Leben und schließt deine Verpflichtung denen gegenüber ein, die dir nahe stehen, und das, was für dich und deine Mitmenschen (Familie, Freunde, Mitarbeiter), die ganze Menschheit und die Erde am besten ist. Ein Leben, das auf diesen Prinzipien aufbaut, ist im Einklang mit dem Göttlichen.

Du bist eingeladen, eine Erklärung deiner Aufgaben zu formulieren. Greif auf deine eigene Weisheit und dein Wissen zurück, auf deine Absichtserklärung (s.o.) und auf die Prinzipien, die hier beschrieben sind oder die du aus anderen Quellen hast.

Nimm dir ein paar Stunden Zeit oder auch mehr. Versenke dich tief in deine Seele. Frage von ganzem Herzen, was deine Aufgaben sind. Lass zu, dass sich ein eindeutiges Bild herausschält und klares Wissen dich erfüllt.

Schreib die Gedanken auf und arbeite mit ihnen, bis eine Erklärung entsteht, die sich richtig anfühlt. Konzentriere dich darauf und verändere oder ergänze sie deiner Eingebung entsprechend.

Wenn du dich richtig verstanden hast, wird diese Erklärung aus deiner Seele und aus den tiefen Schichten deiner Göttlichkeit aufsteigen. Sie wird dir im Leben ein wundervolles Werkzeug sein.

Aufgaben erfüllt!

Mein Leben ist voller Freude. Ich bin hier, um glücklich zu sein.

Ich bin hier, um ich selbst zu sein und meine Einzigartigkeit auszudrücken.

Ich bin Teil des Göttlichen.

Ich bin göttliche Liebe und Licht, Freude und Frieden, Wissen, Weisheit und Macht, die eins ist mit der Liebe - um mein Leben so zu erschaffen, wie ich es wünsche. Ich bin unbegrenzte Fülle.

Ich folge meiner Seele und meinem Herzen.

Ich erfülle mich und mein Leben.

Mein Vater und meine Mutter haben ihre Aufgaben, ich habe meine. Das größte Geschenk, das ich dem Leben geben kann, ist, meinem eigenen Ruf zu folgen.

Ich kann alles tun, was ich möchte. Mein Geschlecht, meine Rasse, meine Tradition, meine gesellschaftliche Herkunft spielen keine Rolle.

Ich tue, was ich will.

Ich bin unendlich kreativ.

Ich lasse das Gefühl los, beladen zu sein, aber ich kümmere mich.

Mein Leben ist Freude und Freiheit.

Mein Leben ist leicht.

Ich schaffe mir in meinem ausgefüllten Leben Raum für Entspannung und Erholung.

Ich bin eine wundervolle und wertvolle Person.

Es ist ein großes Geschenk, das zu sein, was ich wirklich bin.

Als Teil des Göttlichen kann ich dem Leben wertvolle Geschenke geben.

Meine Seele vermittelt mir alles Wissen, alle Weisheit und alle Gaben aus meinen vergangenen Leben, die ich erfahren, erweitern und verschenken möchte.

Die anderen erkennen den Wert meiner Geschenke an.

Ich vergleiche meine Gaben nicht mit den Gaben anderer. Jeder ist einzigartig.

Es gibt im Göttlichen keine Konkurrenz.

Ich bin beschützt und werde geliebt, wenn ich meine Wahrheit ausspreche.

Ich bin beschützt und werde geliebt, wenn ich meine Geschenke verteile.

Falls ich in einem früheren Leben Machtmissbrauch getrieben habe, vergebe ich mir jetzt. Die anderen können sich bei mir in Sicherheit fühlen, wenn ich meinem Selbst Ausdruck verleihe.

Ich gebe großzügig und frei, glücklich und mit Leichtigkeit. Ich empfange voller Freude die Geschenke der anderen.

Ich gebe mein Bestes.

Ich gebe Ebenbürtigen und empfange von Ebenbürtigen. Ich unterrichte Ebenbürtige und lerne von Ebenbürtigen.

Ich verdiene es, in der Fülle zu leben, indem ich meine Gaben verteile.

Ich mache alle irrtümlich geleisteten Armutsgelübde vergangener Leben rückgängig.

Materieller Wohlstand ist gut und steht im Einklang mit der Seele.

Es ist gut und im Einklang mit meiner Seele, wenn ich meinen Lebensunterhalt durch meine spirituellen Gaben verdiene. Gott/Göttin billigt es.

Ich tue nur, was mir Freude macht und werde in meinem Leben vollkommen unterstützt.

Ich wünsche dir, dass du alle deine Aufgaben mit Freude und Leichtigkeit erfüllst!

Absichts-Initiationen in anderen Kapiteln:

Kapitel 3: Das Karma klären
Eine Übung für spirituelle Lehrer

Kapitel 12: Aufstieg ins Licht
Das letzte Leben auf der Erde

8. Kapitel

Ein Leben im Überfluss

Es ist der göttliche Wille, dass alle Geschöpfe im unendlichen Überfluss alles Guten leben.

Überfluss ist unser natürlicher Zustand. Warum bleibt er dann für so viele nur ein Wunschtraum? Es sieht so aus, als hätten wir bis jetzt in einem unnatürlichen Zustand gelebt. Das Gefühl, vom Göttlichen getrennt zu sein, ruft den Mangel hervor. Die Trennung ist die einzige Ursache für den Mangel, denn im Göttlichen existiert nur Reichtum, Ganzheit und unendliche Fülle.

Nur die Erinnerung daran - die Gewissheit, das Gefühl, - dass wir Teil des Göttlichen sind, bringt uns den Überfluss zurück. Hier einige metaphysische Wahrheiten:

- Ich bin eins mit dem Göttlichen. Das Göttliche ist Fülle, also bin ich Fülle.

Würden unsere limitierten Gedanken diese Wahrheit nicht verzerren, gäbe es alle guten Dinge im Überfluss.

- Gott/Göttin/das Universum kennt mich vollkommen, liebt mich vollkommen und bewegt die Dinge mühelos, so dass ich und alles ganz und gar im Überfluss sind.

Das Bewusstsein der Trennung fördert den Mangel an Selbstwertgefühl, den Zweifel daran, dass Überfluss möglich und leicht zu erlangen ist, den Zweifel daran, dass Überfluss gut und richtig ist, und den Zweifel daran, dass wir beschützt und geliebt werden, wenn wir im Überfluss leben.

Auf psychischer Ebene beruht Überfluss auf mehreren Überzeugungen:

1. Überfluss ist nicht nur möglich, sondern leicht zu erlangen. Wir leben in einem freundlichen Universum, das alle Bedürfnisse und Wünsche erfüllt.
2. Ich verdiene es, dass meine Herzenswünsche erfüllt werden, und kann mit der Wunscherfüllung umgehen.

3. Es ist richtig und gut, spirituell und göttlich, in jeder Hinsicht im Überfluss zu leben, auch finanziell.
4. Ich bin im Überfluss immer in Sicherheit, ich werde meinen Reichtum nicht verlieren oder dafür bestraft werden. Verliere ich eine Form des Reichtums, dann fließt er mir auf eine andere Art wieder zu.
5. Ich werde von den anderen immer geliebt, wenn ich aus der Fülle lebe. Ich stehe mit allen in Harmonie.

Zu einem Leben in der Fülle gehört es, dass alle Herzenswünsche erfüllt werden, selbst unser tiefster: unsere Rückkehr zur Göttlichkeit. Hier sei besonders das Geld erwähnt, weil es so vielen völlig unnötiges Kopfzerbrechen bereitet und weil so viel Ungereimtes darüber im Umlauf ist.

In diesem Zusammenhang möchte ich eine Geschichte erzählen. Seit meiner Indienreise 1996 folge ich meiner Eingebung, mehr von den schönen Meister-Bildern in mein Sortiment aufzunehmen und sie mehr Menschen zugänglich zu machen. (Ich biete sie durch meine Firma Ascension Mastery International bzw. AMI an.

Es gab eine andere Firma mit ähnlichem Angebot. Sie führte Bilder, die ich nicht hatte und die mir so gut gefielen, dass ich sie gerne übernommen hätte. 1998 erfuhr ich, dass die Firma verkauft werden sollte. Ich rief den Besitzer an, und er sagte mir den Verkaufspreis. Es war ein guter und fairer Preis, überstieg aber meine Möglichkeiten. Wir kannten uns beruflich seit ein paar Jahren, und ich ging davon aus, dass er mir vertrauen würde. Also schrieb ich ihm einen Brief und bat ihn, zu überlegen, ob ich seine Firma weiterführen könnte, wenn ich ihm in den folgenden Jahren den größten Teil des Gewinns überlassen würde.

Zur gleichen Zeit kam ein alter Freund, den ich aus den Augen verloren hatte, in meine Stadt. Er hatte Mühe, mich zu finden, aber schließlich war der Kontakt wieder hergestellt. Ich zeigte ihm mit großer Begeisterung die Bilder, die ich zu übernehmen hoffte.

Am nächsten Tag waren zwei Nachrichten auf meinem Anrufbeantworter. Die eine von dem Eigentümer der Firma. Er sagte mir, es täte ihm leid, aber er wolle lieber schnell und auf einmal ausgezahlt werden. Die andere war von meinem Freund, der mir Hilfe zusagte, sollte ich das Geschäft übernehmen.

Ich hatte keine Ahnung, dass mein Freund in der Lage war, mir zu helfen. Als wir darüber sprachen, erfuhr ich, dass er eine Erbschaft gemacht und dafür gebetet hatte, einen Weg zu finden, wie er mit dem, was er nicht brauchte, der Welt dienen konnte. Es schien, dass er die Antwort auf sein Gebet nun hatte.

Am nächsten Tag telefonierten wir drei miteinander. Wir fühlten, dass die Transaktion von der Seele gelenkt wurde und stimmig war. Die anderen Interessenten waren auf einmal nicht mehr wichtig. Mein Freund kaufte die Firma für mich, und ich erstatte ihm nun die Kosten zurück.

Die ganze Geschäftsabwicklung war für uns alle ein Wunder. Wir konnten kaum glauben, was uns geschah. Wir haben daraus gelernt, dass Himmel und Erde zusammen kommen, um unseren Wunsch zu erfüllen, wenn wir für etwas wirklich bereit sind. Es liegt in der Natur der Seele, den Überfluss zu manifestieren.

Wir haben ein unendliches Potential, aber weil wir es noch nicht kennen, haben wir es noch nicht abgerufen. Höchste Zeit, das zu verändern!

Und noch eine Bemerkung: Ein Psychiater schrieb einmal, dass die Menschen glauben, sie wären glücklich, wenn sie nur genug Geld hätten. Auch in diesem Fall ist es gut, viel Geld zu haben, denn nur so lässt sich herausfinden, dass es nicht glücklich macht. Ein weiterer Grund für großen Geldsegen!

Den Überfluss ins Leben lassen

Hier die üblichen Argumente gegen den Überfluss und die entsprechenden „Gegenmittel" zur Veränderung unserer Perspektive. Es kann von Vorteil sein, sich längere Zeit darauf zu konzentrieren, um sie im Herzen zu verankern. Verändere sie, wenn es für dich nützlich ist.

Die Wahrheit bringt immer alles ans Tageslicht, was ihr nicht entspricht, damit es umgewandelt wird. Sei also darauf gefasst. Mach die Initiationen aus dem Klärungs-Kapitel, um so tief wie möglich loszulassen. Sei beharrlich und lass die Intensität zu, die für dich richtig ist.

- Ich verdiene das nicht. Ich bin seiner nicht wert.

Gegenmittel: *Ich bin ein göttliches, heiliges Wesen. Ich bin ewige Unschuld. Meine Unschuld kann sich nie verändern und hat sich niemals verändert. Nichts und niemand kann wertvoller sein als ich. Es ist ein Irrtum, etwas anderes zu denken. Trotz meiner gegenteiligen Überzeugung habe ich immer nach besten Wissen und Gewissen gehandelt und werde es immer tun.*

Ich bin des Guten würdig. Ich verdiene nur das Gute. Ich verdiene den Überfluss, den das Leben über mich ergießen möchte! Ich akzeptiere dies ganz und gar.

- Es ist nicht gut, spirituell und reich zu sein.

Gegenmittel: *Ich löse hiermit alle Armutsgelübde auf sowie meinen Glauben, dass Armut die Voraussetzung für Spiritualität und somit gottgewollt, gut oder angemessen ist. Es ist absolut spirituell und gut - im Einklang mit dem Göttlichen -, Geld und alle guten Dinge im Überfluss zu haben. Es ist der göttliche Wille, dass alle in der Fülle leben. Ich wähle den Überfluss!*

- Geld ist die Wurzel allen Übels. Es ist schlecht.

Gegenmittel: *Geld ist Energie, und die Basis aller Energie sind göttliches Licht und Liebe. Wenn wir es weise und liebevoll benutzen, es genießen, ohne uns daran zu klammern, ist Geld ein mächtiges Werkzeug für das Gute - für mich und für alle. Geld erleichtert den Austausch unserer Gaben. Es bringt Leichtigkeit und Komfort ins Leben, Zeit zur Entspannung und zum Auftanken - Fülle, die man mit anderen teilen kann.*

- Ich bekomme nie, was ich mir wünsche.

Gegenmittel: *Ich weiß, dass ich alles haben kann, was ich will. Da ich Teil bin von Allem-was-da-ist, ist in mir schon alles vorhanden, was ich wünsche. Durch meine beharrliche Gewissheit wird mir alles zufließen, was ich mir wünsche, wenn nicht sofort, dann später. Das ist das Gesetz des Universums.*

- Ich habe nicht genug. In meinem Leben herrscht der Mangel.

Gegenmittel: *Die Erfahrung, Mangel zu leiden, entstand einzig und allein aus meinem Glauben an den Mangel. Es ist alles im Überfluss für mich und für alle da. Ich bin Teil des Universums, von Gott/Göttin, ich bin Teil der unendlichen Fülle. Deshalb ist die Fülle mein natürlicher Zustand. Wenn ich an die Fülle glaube und ihrer gewiss bin, erfahre ich Fülle. Ich ziehe sie magnetisch an.*

- Überfluss macht verwundbar. Wie gewonnen, so zerronnen! Ich werde dafür bestraft. Ich werde Verlust erleiden.

Gegenmittel: *Ich habe in der Vergangenheit Verlust kennengelernt: den Schock beim Verlassen des schützenden Leibes meiner Mutter, den Verlust einer geliebten Person, Verlust von Reichtum und vielem mehr. Aber aller Verlust entstand aus einem beschränkten Bewusstsein heraus und nicht aus der Wahrheit. Es gibt nämlich keinen Verlust in Gott/Göttin, denn alles Gute ist immer präsent, hat sich schon manifestiert oder ist gerade dabei, sich zu manifestieren. Ich brauche mir das Gute nicht aus Furcht vor dem Verlust vorzuenthalten.*

Ich bin beschützt und kann alles annehmen, was ich möchte. Ich nehme jetzt den Überfluss aller guten Dinge an, denn für mich existiert kein Verlust. Geborgenheit und Freude, Frieden und Harmonie begleiten den Überfluss und vermehren sich ständig.

- Hast du von dem Lottomillionär gehört, der seinen alten, ungeliebten Job weitermacht? Er hat wahrscheinlich folgende Gedankengänge: Ich muss mich meiner Umgebung anpassen. Was bilde ich mir ein, mehr zu haben als die anderen? Das ist nicht recht! Würde ich meinen Gewinn nutzen, wären die anderen eifersüchtig und könnten mich vielleicht sogar hassen. Auch wäre ich meinen Eltern und Freunden untreu; es könnte so aussehen, als seien sie mir nicht mehr gut genug. Sie könnten sich abwenden und mich weniger lieben. Das wäre mir unangenehm und peinlich. Ich würde mich ja selbst nicht mehr kennen."

Die meisten von uns fürchten sich davor, sich über die Norm zu erheben. Wer es tut, wird normalerweise von den einen angehimmelt und zum Helden gemacht und von den anderen verurteilt und kritisiert. Das ist natürlich riskant. Es erfordert Mut, damit umzugehen.

Gegenmittel: *Ich messe mich nicht an irgendeinem menschlichen Konstrukt, noch lasse ich mich in eins hineinzwängen. Ich identifiziere mich nicht mit einer gesellschaftlichen Schicht. Ich mache meiner Familie und meinen Freunden ein großes Geschenk, indem ich ihnen zeige, dass wir uns alle wandeln und den Überfluss an Gütern akzeptieren können, der für alle da ist. Ich werde geliebt und fühle mich behütet mit all dem, das ich mir gewünscht habe.*

- Ich weiß nicht genau, was ich möchte.

Gegenmittel: *Je tiefer ich mich mit meiner inneren Präsenz verbinde, um so mehr wird mir die Richtung meines Lebens klar, ebenso die Bedürfnisse und Wünsche meines Herzens: spirituelles Wachstum, Beziehungen, Arbeit, Geld, Kreativität - alles. Ich öffne mein Herz und mein Gefühl, um meine wahren Wünsche zu erkennen. Ich folge meinem Herzen und meiner Freude. So sei es.*

- Mein Leben verläuft im alten Trott. Es verändert sich kaum.

Gegenmittel: *Die Vergangenheit ist vorbei. Sie hat keine Macht über mich - es ist nur meine Verhaftung an sie und meine Überzeugung, dass sich die Dinge nicht ändern werden. Dies ist der erste Tag in meinem verbleibenden Leben. Ich kann jedes Muster verändern, das mir nicht gefällt. So sei es.*

- Hast du einmal einen Menschen getroffen, der sich im Urlaub ein Bein brach oder krank wurde und es genoss? Oder jemanden, der ein brandneues Auto zu Schrott fuhr oder ein unerwartetes Geschenk in den Wind schlug? Der Gedanke dahinter: Ich kann und will nichts annehmen, was besser als meine übliche Norm ist.

Gegenmittel: *Ich akzeptiere alles, was besser als die Norm ist. Und nicht nur das - ich lade es in mein Leben ein! Ich wage es, im Überfluss zu leben.*

- Reiche Leute sind selbstsüchtig und arrogant und kümmern sich nicht um andere. Jeder, den ich kenne, kritisiert sie (wer möchte einer von ihnen sein?) Wäre ich reich, würde ich genauso sein.

Gegenmittel: *Reiche Leute sind nicht anders als ich, nicht besser und nicht schlechter. Das gilt auch für Berühmtheiten. Einige sind habgierig, andere freigebig. Einige sind arrogant, andere demütig. Sie haben Kummer und Schwierigkeiten, genau wie ich. Ich schere nicht alle über einen Kamm. Ich wertschätze und akzeptiere den Weg zum Reichtum einer jeden Person. Jede/r Reiche ist mir ebenbürtig. Meinen Reichtum, der mir zufließt, benutze ich weise und gehe liebevoll damit um.*

- Ich nehme es anderen übel, wenn sie mehr haben als ich. Reichtum ist für andere da. Ich bin machtlos.

Gegenmittel: *Was ich anderen übelnehme, verweigere ich mir in Wirklichkeit selbst. Was ich an anderen segne, gestehe ich mir zu. Ich verschwende nicht meine Zeit und meine Energie mit Unmut. Im Gegenteil, ich schätze und segne den Reichtum der anderen. Mir ist bewusst, dass ich alles haben kann, was andere besitzen. Ich bin allmächtig in meiner Wahl und in der Manifestation von Reichtum in meinem Leben.*

- Man muss sich abrackern, und dann reicht es vielleicht gerade so zum Leben. (Vater?)

Gegenmittel: *Mein Leben als Teil von Gott/Göttin ist so gedacht, dass ich es leicht habe und dass es mir Spaß macht. Ich kann machen, was mir Freude bereitet und davon leben. Das ist ganz natürlich! Ich akzeptiere diese Wahrheit für mich und für andere.*

- Ich bin mir nicht bewusst, dass meine Gedanken und Gefühle mein Leben erschaffen.

Gegenmittel: *Ich erschaffe jeden Augenblick meines Lebens. Jeder meiner Gedanken und jedes meiner Gefühle hat Schöpferkraft, und das Universum arbeitet daran, sie in meinem Leben zu manifestieren. Die stärksten dieser Gedanken und Gefühle haben mein Leben genauso geschaffen, wie es ist. Indem ich mich besser kennenlerne, verändere ich meine Gedanken und meine Gefühle und schaffe mir ein Leben nach meinen Wünschen.*

- Ich weiß von der Schöpferkraft der Gedanken, aber ich bin unstet und bleibe nicht so lange bei einem Wunsch, bis er sich erfüllt.

Gegenmittel: *Während ich Konzentration, Absicht und Durchhaltevermögen erlerne, lasse ich dem Universum Zeit, alle meine Herzenswünsche zu erfüllen.*

- Mir ist nicht bewusst, dass Gott/Göttin mich vollkommen kennt und liebt.

Gegenmittel: *In dem sich selbst erkennenden Universum der Liebe bin ich ein Teil des Ganzen, und alles ist ein Teil von mir. Ich werde vollkommen erkannt und unendlich und ewiglich geliebt. Jedes meiner Bedürfnisse ist bekannt und wird erfüllt, wenn ich es annehme. Das Universum - das Göttliche - ist vertrauenswürdig. Ich werde von einem all-liebenden Vatergott/einer all-liebenden Muttergöttin, einem all-liebenden Universum umsorgt und versorgt.*

- Hast Du den Sticker mit der Aufschrift gesehen „Leb einfach, damit die anderen einfach leben können"? Die irrige Grundidee dahinter: „Wenn ich den gewünschten Überfluss akzeptiere, geschieht das immer auf Kosten eines anderen. Außerdem missachte ich diejenigen, die weniger besitzen."

Gegenmittel: *Der Überfluss in der Welt nimmt proportional zur eigenen positiven Kreativität zu. Es gibt reichlich für alle, und wir kümmern uns um unseren Planeten. Akzeptiere ich meinen eigenen Überfluss, dann helfe ich jemand anderem, das gleiche zu tun. Ich habe auch vieles mit anderen zu teilen und lasse mich dabei von meinem Herz und meiner Weisheit leiten. Wenn ein einfaches Leben mein Wunsch - meine Fülle - ist, dann sei es so!*

- Geld ist Macht. Habe ich Geld, werde ich meine Macht missbrauchen - so wie das früher schon einmal der Fall war. Aus diesem Grunde, lasse ich es nicht zu.

Gegenmittel: *Ich bin bereits alles, was da ist, deshalb gerate ich nicht aus dem Gleichgewicht, wenn ich erhalte, was ich mir ausgesucht habe. Ich bin vollkommen geerdet und stabil im Annehmen meines Überflusses. Falls ich in der Vergangenheit Machtmissbrauch betrieben habe, habe ich daraus gelernt und vergebe mir. Ich weiß, dass ich Liebe, Weisheit, Geben bin. Ich bin in meiner Fülle immer weise, liebevoll und freigebig. Ich kann mit der Macht vertrauenswürdig umgehen. Ich traue mir zu, sie weise und liebevoll einzusetzen und werde es auch tun.*

- Mein sexueller Ausdruck wirkt sich auf mein Geld aus. Wenn ich meine Sexualität nicht akzeptiere oder ausdrücke, gestatte ich nicht, dass meine sexuellen Energien nach außen fließen und Geld hereinfließt. Oder: Wenn ich eine sexuelle Beziehung habe, kann ich nicht Geld im Überfluss besitzen (gilt meistens für Frauen). (Hegst du eine weitere Überzeugung in Bezug auf Sexualität und Geld?)

Gegenmittel: *Unabhängig vom Zustand und Ausdruck meiner sexuellen Energie fließen meine kreativen Energien mit Leichtigkeit, bereichern die Welt und empfangen von ihr. Auch wenn ich eine sexuelle Beziehung habe, werde ich Geld im Überfluss haben.*

- Das Leben ist nicht sonderlich gut und kann auch gar nicht besonders gut sein.

Gegenmittel: *Das Göttliche, Prinzip des Lebens, gibt unerhört viel, liebt unermesslich und möchte, dass ich - als Teil seiner Selbst - den unendlichen Überfluss des Universums empfange. Ich brauche das Gewünschte nur zu fordern und anzunehmen. Ich verstehe diese Wahrheit bis in die Tiefe meines Wesens und werde ein gänzlich transformiertes Leben führen.*

- Weil ich jetzt nicht das habe, was ich möchte, erfahre ich Mangel in meinem Leben und halte ihn für real. (Dies ist ein besonders schwieriger Punkt!)

Gegenmittel: *Ich weiß, sehe, fühle die Wahrheit meiner unbegrenzten Fülle, die jetzt hier ist, in diesem Augenblick, in der Zeitlosigkeit des Göttlichen, und freue mich an ihr. Ich gebe dem Anschein des Mangels keine Macht. Ich bleibe geduldig und beharrlich bei der Wahrheit und weiß, dass sich mein Überfluss manifestiert.*

Meditation für den Überfluss

Ich danke meinem Freund Shalomar für Hinweise zu dieser Meditation.

Versenke dich und rufe deine Seele. Spüre tief in dir den Frieden und die Stille, die deine Wahrheit ist. Konzentriere dich auf deinen Solarplexus und sieh dort eine glänzende Lichtkugel, smaragdgrün mit einem Anflug von Gold. Sie stellt deine Fülle dar. Erhelle sie beim Ein- und Ausatmen. Nimm schließlich einen tiefen Atemzug, stoß die Luft durch den gespitzen Mund aus, bring die Kugel zum Platzen und lass sie deine Aura einhüllen.

Erhelle die Kugel durch deinen Atem noch mehr und atme wieder tief ein. Lasse diesmal beim Ausatmen genau wie vorher die Kugel explodieren, die jetzt das dich umgebende goldene „Gitter des Überflusses“ berührt. Sieh, wie dieses Gitter unaufhörlich dem Universum gibt und gleichzeitig von ihm empfängt.

Folge den Energielinien, dehne die goldene Kugel mit deinem Atem aus, bis du das ganze Universum bist und unendliche Fülle gibst und empfängst. Du bist alles. Wenn du gibst, gibst du dir selbst, und wenn du empfängst, empfängst du von dir selbst.

Lass jetzt die goldene Kugel, die du/alles ist, jedes Wesen mit ihrem unbegrenzten Überfluss berühren und segnen.

Komm langsam aus dem Gefühl des Einsseins - du bist dieses Einssein - zurück und verbinde dich langsam wieder mit dem Individuum, das du bist. Bevor du ganz zurückkehrst, versuche zu erfahren, wie du den anderen dienen kannst.

Komm aus der Meditation und lass ihre Energie in dein Leben fließen.

Kräfte des Überflusses

Hier einige innere und äußere Einstellungen und Handlungen, die uns dem Überfluss öffnen und ihn in unser Leben bringen.

Der Ausgangspunkt

Wir haben eine Entscheidung getroffen und lassen etwas zurück - eine Arbeit, eine Beziehung, ein Zuhause. Etwas Neues entsteht. Wir wissen, diese Entscheidung wurde mit dem Herzen getroffen. Sind wir bereit?

Ich mietete einmal ein Haus zusammen mit einer Freundin. Unser Zusammenleben war teilweise gut, teilweise auch nicht. Nach drei Jahren wollte ich weiterziehen, doch trotz meiner intensiven Suche fand ich nichts Geeignetes. Das wunderte mich, denn normalerweise geht alles sehr schnell über die Bühne, wenn ich mich einmal zu etwas entschlossen habe. Schließlich fand ich eine Wohnung, die mir sehr gut gefiel und bekam sie auch. Doch keine zwei Wochen später wurde sie verkauft. Irgendwas stimmt hier nicht, dachte ich mir. Ich bin nicht im Fluss.

Bei näherem Hinsehen erkannte ich, dass meine Freundin alte Ängste in mir ausgelöst hatte und ich in ihr. Anstatt uns damit auseinanderzusetzen, waren wir aber die ganze Zeit um den heißen Brei geschlichen, und so hatten sich die unausgesprochenen Ängste ausgebreitet.

Kurz danach nahm ich eines Abends meinen ganzen Mut zusammen und sagte zu ihr: „Hier ist ein riesiges, lila gepunktetes Rhinozeros im Raum, und wir beide tun, als würden wir es nicht sehen. Wir müssen das endlich angehen, was zwischen uns los ist!"

Mit einem Schlag wurde das Rhinozeros sichtbar. Ich bekam Angst, sie ebenfalls. Wir wurden beide furchtbar wütend, aber wir standen es durch. Die Luft war geklärt, und wir konnten wieder atmen. In den nächsten Monaten klärten wir vieles von Grund auf zwischen uns. Dann geschah etwas Interessantes. Der Eigentümer unseres Hauses ging in den Ruhestand und wollte einziehen - lieber gestern als heute. Und - wie hätte es anders sein können? - wir fanden beide schnell und leicht neue Wohnungen.

Prüfe deinen Ausgangspunkt: Bist du wirklich bereit, etwas hinter dir zu lassen und etwas Neues anzugehen? Ist der Boden unter deinen Füßen fest, damit du den Sprung wagen kannst, oder stehst du im Morast ungelöster Probleme? Wenn ja, kläre sie. Dann wirst du das Neue manifestieren.

Geben

Eines Tages fuhr ich eine lange Strecke, um warme Kleidung in einem Spendencontainer abzuliefern. Danach wollte ich etwas Käse kaufen. Als ich ihn bezahlen wollte, sagte mir der Kassierer: „Das Verfallsdatum ist abgelaufen. Sie bekommen ihn umsonst."

Auf dem Nachhauseweg war ich überwältigt vom Anblick der Wolkenformation um den Mt. Shasta. Es war die bekannte „Schiffwolke": eine vielschichtige, halbkreisförmige Wolke mit einem langen Schweif, die ihre Form zwölf Stunden lang nicht verändert, während andere Wolken an ihr vorbeiziehen. Als ich in der Stadt war, hatte ich sie nicht bemerkt, da sie direkt über mir gestanden hatte. Mein Impuls, etwas zu geben, hatte mir ein zusätzliches Geschenk beschert.

Es gibt nicht besseres als Geben, um den Überfluss anzuziehen: Geben aus lauter Freude, ohne etwas zu erwarten. Ein Lächeln ist ein Geschenk, eine Blume... eine fürsorgliche Handlung. Einer Kirche oder einer Organisation zu spenden, die uns inspiriert, den weniger Glücklichen zu geben, spontan ein Geschenk mitzubringen, von dem wir wissen, dass es gefallen wird - dies sind nur einige von vielen Möglichkeiten.

Das A und O des Gebens ist offenbar der Wunsch, etwas zu geben - wo sonst sollte der Wert des Schenkens liegen? Schenken ist Freude! Wir drücken unsere freudige Göttlichkeit aus.

Als ich einmal in einem Flughafen war, empfand ich große Liebe für alles, was da war, und segnete jeden, den ich sah.

Am Check-in Counter fragte ich die Angestellte, ob sie einen Sitz weiter vorn hätte. „Ja“, antwortete sie. Im Flugzeug ging ich wie üblich in die Touristenklasse, konnte aber meinen Sitzplatz nicht finden. Verwirrt ging ich zurück und fand ihn in der Business-Klasse. Mir wurde klar, dass das Universum mein Liebesgeschenk durch einen „Fehler“ beantwortet hatte. Ich genoss den Überfluss!

Dankbarkeit

Dankbarkeit wirkt Wunder und zieht den Überfluss an. Dankbarkeit für das, was wir haben - wir haben das schon tausendmal gehört und finden es vielleicht ziemlich doof. Aber es hat einen tieferen Sinn. Die Seele hat uns alles geschenkt, was wir mit unserem einengenden Denken zugelassen haben. Darüber sollten wir uns freuen! Und genau diese Freude - diese Dankbarkeit - öffnet unsere Tore des Empfangs und lässt mehr herein.

Durch Dankbarkeit nähern wir uns der Seele. Die Seele freut sich, und Freude ist der fruchtbare Boden, dem das Leben entspringt. Wenn du nahe genug an einem Baum, einer Blume bist, wirst du ihre Freude spüren. Dankbarkeit erhöht Freude - es gibt kein schöneres Gefühl.

Du kannst Dankbarkeit kultivieren. Beginne mit den kleinen Dingen: Wofür bin ich in diesem Moment dankbar? Nimm dies als Ausgangspunkt. Ein Ziel tiefer Spiritualität besteht darin, für alles dankbar zu sein, was geschieht, in der Gewissheit, dass sich das Leben immer zum Guten entwickelt.

Absicht, Fokus und Macht

Wenn wir etwas denken oder um etwas bitten, macht sich das Universum sofort an die Arbeit, um es auszuführen. Doch wir ändern unsere Meinung so oft, dass ihm meist gar keine Zeit bleibt, einen Wunsch zu erfüllen, da der nächste Gedanke schon anrollt.

Ich erkenne die Wichtigkeit und die Macht meiner Absicht an, das zu bekommen, wofür ich mich entschieden habe. Ich weiß meinen Geist zu fokussieren und ihn auf meine Absicht auszurichten. Ich weiß meine Absicht mit der Kraft meiner Emotionen zu stärken. Ich weiß alles, was ich wissen muss, um leicht und schnell das zu erschaffen, was ich will.

Ich brauche meine Zeit nicht mit Wünschen zu verschwenden. Ich habe keine Angst davor, das zu erschaffen, was ich möchte. Ich habe den Mut zur Macht. Ich habe die Kraft, das zu akzeptieren, wofür ich mich entschieden habe. Ich benutze meine Macht weise und liebevoll.

Das leidenschaftliche Wort

Mit Leidenschaft gesprochene Worte sind wohl die stärkste Kraft im Universum. Wenn dein ganzes Wesen hinter deinen Worten steht, WERDEN SIE SICH MANIFESTIEREN. Deine Worte sollten positiv und spezifisch sein. Du kannst für dein eigenes Leben und für das Leben einer anderen Person sprechen, sofern du ihr - äußeres oder inneres - Einverständnis hast. Es ist ein großer Dienst, leidenschaftliche Worte für die Erleuchtung der Menschheit, die Heilung der Erde auf jeder Ebene zu sprechen....für Regen für ein verdorrtes Land..., Worte der reinen Liebe für alle.

Wofür hast du dich entschieden? Steht dein ganzes Wesen dahinter? Lass deine Gefühle hochkommen. Sprich leidenschaftlich aus deinem Herzen, damit es geschehen kann. Sag alles, was du zu sagen hast, und dann lass los.

Möglichkeiten der Manifestationen

Es gibt im wesentlichen zwei Arten der Manifestation.

Einmal kannst du dir in allen Einzelheiten ausmalen oder umreißen, was du willst. Zum Beispiel ein Auto: Was für eins? Welches Fabrikat, welches Modell? Welche Farbe? Welche Extras? Mach dir eine Art Blaupause, geh dabei vor wie ein Architekt.

Du formulierst die Punkte, die dir wichtig sind. Wenn dir die Farbe egal ist, dann lass sie beiseite. Bei einer Beziehung, die du erschaffst, kannst du dich auf die Qualitäten konzentrieren, die dir wichtig sind, und brauchst beispielsweise auf das Aussehen nicht einzugehen. Oder auch umgekehrt!

Bei der zweiten Art der Manifestation sagst du: „Gott/Göttin, bring mir das, was für mich am besten ist. Ich empfange es mit offenen Armen.“ Und vergiss nicht, deine Arme weit zu öffnen!

Bei den folgenden Techniken kannst du dich jeweils für eine der beiden Manifestationsarten entscheiden.

Das Gewünschte empfangen

Ich danke der Lehre des Inneren Christus für Anregungen, die in den folgenden Abschnitt einflossen.

- Geh von deinem Herzen aus. Mach dir klar, was du willst. Such dir etwas aus, vom dem du glaubst, du könntest es in absehbarer Zeit bekommen. Wenn du ein großes Projekt vorhast, nimm es schrittweise.

- Erkenne deine Qualitäten und die des Göttlichen:

Ich erkenne, dass Gott/Göttin, das Universum, mein göttliches Selbst der Überfluss ist und mir liebevoll und ganz selbstverständlich alles gibt, was ich mir wünsche, denn ich bin Teil seiner selbst.

Ich bin eins mit Gott/Göttin, dem Universum, eins mit meinem göttlichen Selbst. Ich bin jenseits von Begrenzungen. Ich bin alles und beinhalte bereits alles, was ich mir wünsche. Als Teil des Göttlichen empfange ich ganz selbstverständlich und mit Leichtigkeit alles, was ich mir wünsche.

- Fordere es, bitte oder bete darum.

Ich, ..., fordere jetzt ....

- Nimm es an. Spüre, dass du es bereits besitzt. Wie fühlt es sich an? Sieh es mit deinen Augen, fass es an, rieche es. Spüre, dass du es wert bist, dass du beschützt und gut bist, wenn du es hast, dass du dich damit wohl fühlst. Mach dir alle Widerstände bewusst, die sich melden, und sieh zu, wie du sie deiner Wahrheit zuführen kannst.

Nimm das an, worum du gebeten hast, und Besseres! Und schreib dem Universum nicht vor, auf welchem Wege du es erhalten sollst.

Erklärung:

Ich akzeptiere jetzt den Überfluss aller guten Dinge von meinem geliebten Vatergott/meiner geliebten Muttergöttin, die eins mit mir sind. Ich nehme diesen Überfluss hier und jetzt mit Freuden an. Da es im Göttlichen keine Zeit gibt, ist das Gewünschte bereits präsent. Ich fühle es, ich freue mich darüber, ich bin unendlich dankbar. So sei es!

- Danke, dass der Wunsch in Erfüllung gegangen ist. Fühle die Freude, die Fülle, die Dankbarkeit, es jetzt zu besitzen.

Erklärung:

Ich danke der Seele, Gott/Göttin, dem Universum, dem unbegrenzt Guten und Gebenden dafür, dass es mir mein Leben, meinen Atem und alles gibt, was ich mir wünsche. Ich danke meiner geliebten göttlichen Präsenz für den Reichtum, den ich nun besitze, und für alles, was sich mir manifestiert. Ich danke für alles, was ich verlangt habe. So sei es!

Wenn du dir ganz sicher bist, dass der Wunsch in Erfüllung geht und du diese Sicherheit täglich spürst, brauchst du weiter nichts zu tun. Wenn nicht, fokussiere dich immer wieder, bis das Gewünschte eintritt.

Ein einfacher Weg

Wenn du bereit bist, etwas zu empfangen, versenke dich in die Meditation. Rufe dein göttliches Meister-Selbst und seine Macht. Verbinde dich mit deiner vollkommenen Absicht, das Gewünschte zu bekommen und schenke es dir. Besitze es, fühle es, schwelge darin, feiere es! Fühle die Freude im ganzen Körper. Sei jetzt gewiss, dass der Wunsch sich erfüllt hat. Geh deinen Weg in dem Wissen, dass es sich durch die Illusion der Zeit manifestieren wird. Wenn du anfängst zu zweifeln, beginne mit der gleichen Überzeugung noch einmal. Nichts kann sich dir in den Weg stellen, wenn dein ganzes Leben darauf ausgerichtet ist.

Ein Brief an den Karma-Ausschuss

Zweimal jährlich, in der ersten Januarwoche und in der ersten Juliwoche, versammeln sich die aufgestiegenen Meister der Erde (die große Weiße Bruderschaft) in den Grand Teton Bergen in Wyoming. Sie schauen sich das gesamte Bild der menschlichen Evolution und das unseres Planeten an und überlegen, wie sie in den kommenden Monaten auf die best mögliche Weise dienen können. Sie machen Pläne und handeln danach.

Teil dieser Versammlung ist der „Karma-Ausschuss", eine Gruppe von Meistern, die fähig sind, tief in die Seelen aller Wesens zu blicken. Es hat eine große Wirkung, dem Karma-Ausschuss zu schreiben und ihm die eigenen Wünsche für das kommende Jahr oder Halbjahr mitzuteilen. Die Meister entscheiden natürlich nicht über die Wunscherfüllung; der springende Punkt ist, dass deine Wünsche mit der Evolution deiner individuellen Seele im Einklang sind - und dies ist der Fall, wenn du auf deine Göttlichkeit eingestimmt bist. Dann wird dich der Karma-Ausschuss mit aller Liebe und Macht unterstützen. Oft geschehen wunderbare Dinge nach so einem Brief.

Du kannst allein schreiben oder mit einer Gruppe guter Freunde. Jeder Zeitpunkt ist gut, aber diese beiden Wochen werden besonders empfohlen.

Am besten nimmst du zum Schreiben einen Bleistift, denn Blei soll die Eigenschaft besitzen, sich mit den physischen und feinstofflichen Dimensionen zu verbinden. Der erste Teil des Briefes sollte deine Wünsche für die Erde, die Menschheit, die Natur und alle, denen du dienen möchtest, für die folgenden sechs Monate oder das Jahr enthalten.

Schreib dann die Wünsche für dein eigenes Leben auf.

Ruf den Erzengel Michael, verbrenne den Brief an einem sicheren Ort und bitte Michael, ihn für dich zum Karma-Ausschuss zu bringen.

Versenke dich jetzt in die Meditation und befördere dich mit Hilfe deiner göttlichen Präsenz in die Teton-Berge (siehe auch: Bilokationsprozess im Kapitel "Aufstieg"). Du wirst von den Meistern in deinem feinstofflichen Körper liebevoll begrüsst und wirst in ein schönes Gewand gekleidet, das du behalten darfst.

Du wirst dich in einem großen Saal wiederfinden, der an den Versammlungsraum des Karma-Ausschusses angrenzt, und wartest, bis es Zeit ist, hineinzugehen. Schau dir die anwesenden Meister an, die geschäftige Aktivität, die herrlichen Wandteppiche, den prachtvollen Saal.

Dein eigenes Meister-Selbst oder ein anderer Meister wird an deiner Seite erscheinen und dich zum Ausschuss geleiten. Wenn du an der Reihe bist - es dauert meist nicht lange - geht ihr zusammen hinein. Der Ausschuss hat deinen Brief erhalten und erwartet dich. Du bekommst Rückhalt für das, was du geschrieben hast, vielleicht auch Veränderungsvorschläge. Bedanke dich dafür.

Du kannst den Ort noch weiter erkunden, wenn du möchtest. Du kannst die zwölf „Flammenräume“ aufsuchen, in denen du jeweils eine riesige ätherische Flamme in einer Farbe der sieben „Strahlen“ der esoterische Lehre (vgl. die Werke von Madame Blavatsky und Alice Bailey) findest, und die Räume der fünf höheren Strahlen. Genieße es!

Der Verkaufsschalter

Folgenden Tip erhielt ich von meinem Freund Jack Rowe: Geh in deiner Fantasie zu einem Verkaufsschalter für eine Versandfirma. Ein Angestellter begrüsst dich und fragt, wie er dir behilflich sein kann. Du gibst deine Bestellung auf, und er füllt ein Formular nach deinen Angaben aus und klärt jedes Detail mit dir ab. Er legt deine Bestellung zu den anderen, die noch bearbeitet werden müssen. Du kannst ihn fragen, wann er mit dem Eingang der Waren rechnet, oder einfach in der Gewissheit hinausgehen, dass alles erledigt wird. Bewahr dir diese Gewissheit und nimm eine Erwartungshaltung an, bis es eintrifft.

Die Dinge dem Universum überlassen

Das universelle Göttliche kann mühelos viele Dinge gleichzeitig erledigen. Vielleicht nützt dir das Folgende, wenn du „zu viel" zu tun hast:

Nimm ein Blatt Papier und ziehe in der Mitte eine Linie von oben nach unten. Notiere auf der einen Seite, was du tun wirst und teile auf der andere Seite dem Universum seine Aufgaben zu. Kümmere dich nicht weiter um diese. Bleib dabei!

Bitten, vertrauen, weitergehen

In seinem Buch „Perfect Timing" erzählt Peter Caddy wundervolle Geschichten darüber, wie der Findhorn Gemeinschaft alle Bedürfnisse erfüllt wurden, während sie wuchs. Als sie zum Beispiel einen größeren Versammlungsraum brauchten, errechneten sie die benötigte Summe und baten Gott um diesen Betrag. Dann machten sie sich an die Arbeit, als sei das Geld bereits vorhanden, und unweigerlich traf es zur rechten Zeit ein. Sie hatten sich gemäß ihrer Eingebung für die beste Qualität geeinigt und keine Kompromisse geschlossen.

Der Schlüssel bei dieser Methode ist Vertrauen. Wenn Zweifel bestehen bleiben und das Vertrauen untergraben, sind andere Techniken besser.

- Was wird benötigt?
- Falls Kosten anfallen, finde heraus, wieviel Geld für die beste Qualität nötig ist.
- Bitte Gott/Göttin um diese Summe. Bitte nur einmal.
- Geh deinen Weg. Handle. Erwarte das Geld, ohne dich darum zu kümmern, woher es kommt.
- Danke für seine Manifestation, wenn es eintrifft. Danke, dass du erhalten hast, was du brauchtest.

Ich bin göttlicher Überfluss

Ich bin der Ausdruck von Gott/Göttin, ich bin ein Teil des Göttlichen und sein geliebtes Geschöpf. Das Göttliche drückt den universellen Überfluss durch freies Geben und Empfangen aus. Gottes Wunsch ist Überfluss für mich, Überfluss durch mich und für alles Leben.

Ich gebe. Ich bin vollkommener Reichtum und vollkommene Ganzheit. Ich bin Freiheit, Freude und Wohlbefinden. Überfluss ist mein natürlicher Zustand. Jeder Mangel ist unmöglich, weil Gott-Ich-bin hier und jetzt die unendliche Quelle alles Guten für mich und für alle ist. Für mich ist heute und jeden Tag reichlich gesorgt.

Ich nehme meinen Reichtum in Demut und Dankbarkeit an. Ich akzeptiere meine Fülle an Liebe, Freude, Freiheit, spirituellem Wachstum, Heilung, Licht, Macht und Vollkommenheit auf allen Lebensgebieten.

Ich weiß, dass Geld liebevolle, gute, unschuldige, lichterfüllte Energie von Gott/Göttin ist. Sie fließt mir und anderen Menschen leicht und reichlich zu. Ich nehme sie mit freudiger Dankbarkeit an.

Ich folge dem Gesetz des Umlaufs indem ich anderen liebevoll, frei und großzügig gebe. Ich weiß, dass ich empfange, wenn ich schenke.

Ich nehme das Gute an, auch wenn ich nicht bewusst darum gebeten habe, und vertraue darauf, dass mir mein göttliches Selbst alles zukommen lässt, was ich zum jeweiligen Zeitpunkt annehmen kann.

Wenn ich um etwas bitte, dann bitte ich für alle. Wenn ich empfange, dann profitieren alle davon. Das behalte ich in meinem Herzen.

Während ich empfange und reichlich gebe, unterstütze ich die Menschheit darin, das Gleiche zu tun. Mein Überfluss hilft allen, am Überfluss teilzunehmen.

So sei es.

Erfahre den Überfluss aller guten Dinge und teile ihn mit den anderen!

Überfluss-Initiationen in anderen Kapiteln:

Kapitel 7: Die Lebensaufgaben erfüllen
Tu, was dir Spaß macht, und lass es dir gut gehen

9. Kapitel

Die Göttin erwecken

O Göttin! Göttliche Mutter! Dir sei Ehre und Preis!

Der inneren Göttin Macht verleihen - könnte es jetzt etwas Wichtigeres geben? Mitgefühl und Liebe für das ganze Leben, Nähren, beschützendes Ungestüm, intuitives Wissen, Schönheit und die ungebändigte, instinktive Natur der Göttin - um nur einige ihrer Gaben zu nennen. Das weibliche Mitgefühl wird die Welt heilen.

In ihrem brillanten und so dringend benötigten Buch „Die Wolfsfrau" schreibt Clarissa Pinkola Estés mit großer Leidenschaft über das Bedürfnis der Frauen, das verschüttete instinktive oder innere wilde Selbst zu entdecken und es wieder „ins Leben zu singen". Es ist der tiefste Kern unseres Lebens, unsere Leidenschaft, unser ursprünglicher Trieb. Es ist La Loba: die Wolfsfrau. Sie ist eins mit der Seele.

La Loba ist der Ausdruck der Göttin hier auf der Erde. Sie passt leicht in jedes soziale Umfeld, lässt sich aber nie durch ihre Sozialisierung leblos machen, unterdrücken.

Als ich vor langer Zeit einmal in einer Zen-Meditation sass, sah ich anstelle meiner Hände Wolfsklauen. Damals glaubte ich, es sei eine Erscheinung aus dem Astralen. Heute weiß ich, dass es mein Totemtier war, der schwarze Wolf, und auch La Loba.

Wenn du dieses Buch noch nicht gelesen und mit seiner Hilfe in die Tiefen deiner Psyche getaucht bist, dann lies es!

Starke Frauen

Seit Äonen erfahren die beiden Geschlechter unterschiedliche Wertschätzung, wobei sich die Vorzeichen immer wieder verändern, übt jeweils ein Geschlecht über das andere Herrschaft aus. Wir alle haben gelitten, niemand trägt die Schuld. Wir taten unser Bestes auf unserem Exkurs in die dichten

Formen des Daseins und in die Dualität. Wir brauchen Heilung und Vergebung und die freundliche Aufnahme des anderen in völliger Gleichheit, Verehrung, Liebe und Einheit.

Heilung wird durch das Bewusstsein der eigenen Macht katalysiert. Macht gewährt Vergebung. Hier einige Erklärungen:

Ich umarme die Wahrheit. Ich bin die Göttin, das göttliche Weibliche. Ich bin Heilung, und mein Körper ist heilig. Ohne mich gäbe es keinerlei Schöpfung, kein Leben. Kein Universum. Ich bin der schöpferische Schoß, ich bin die Matrix, der alles entspringt.

Ich würdige mich als das, was ich bin. Ich bin mächtig, ich bin ganz. Ich bin Mitgefühl. Ich bin die Liebe zu allem Leben. Nichts, was je auf der Erde geschah, hat mich verändern können. Ich bin ewig. Ich bin Isis, Quan Yin, die Göttin Tara und Saraswati. Ich werde verehrt.

Ich bin die wilde Frau, Wolfsfrau - La Loba. Ich bin die weise Frau, die Zyklen des Lebens. Ich bin das heilige Blut. Ich bin Sinnlichkeit, Sexualität und Schönheit. Ich bin instinktives Wissen und instinktive Bewegung. Ich besitze Wissen jenseits aller Worte. Ich wage es, in jeder Situation und Beziehung die zu sein, die ich bin. Ich werde so gebraucht, wie ich bin. So sei es.

Die Heilung des Weiblichen

Ich bin die mächtige Mitschöpferin von allem, was ich im Wandel der Zeiten erlebt habe. In tiefer Übereinstimmung mit den anderen hatte ich Teil an den Geschehnissen, die für mich und andere schwer zu bewältigen waren.

Ich vergebe mir und allen Menschen den Irrtum, das Weibliche sei dem Männlichen unterlegen, die Frau weniger wert als der Mann. Ich vergebe allen Erfahrungen, die dieser Überzeugung entsprangen: geringschätziges Verhalten gegenüber Frauen, eingeschränkte Rollen, niedrigere Bezahlung bei der Arbeit und ‚unsichtbare' Hemmschwellen in der Karriere, verpasste Gelegenheiten. Ich vergebe den Statusverlust und den Tod von Heilerinnen in der Vergangenheit, von Frauen, die keine männlichen Nachkommen gebaren und Frauen, die es wagten, mächtig zu sein.

Ich vergebe Vergewaltigung und Missbrauch in diesem und in vergangenen Leben als jemand, die/der vergewaltigt wurde oder vergewaltigte, missbraucht wurde oder missbrauchte. (Dies kann ein sehr tiefgreifender Prozess sein, der Zeit erfordert. Viele haben diese Probleme, sind sich aber ihrer nicht bewusst, weil sie weh tun, wenn sie an die Oberfläche kommen. Wenn du hier tiefer gehen willst, kannst du zum „Klärungs"-Kapitel zurückgehen oder dir anderweitig Hilfe holen.) *Ich bin immer beschützt* (s. gleiches Kapitel: „Verlässlicher Schutz"). *Ich wähle nie wieder Vergewaltigung oder Missbrauch. Ich bin beschützt und werde geliebt.*

Wir haben alle unser Bestes getan; wir haben uns geirrt und verdienen Vergebung.

Vergib jetzt oder werde dir bewusst, dass du Vergebung brauchst. Öffne dein Herz. Vergib dir. Vergib jedem Mann, den du gefürchtet oder gehasst hast oder dem du etwas nachträgst. Vergib den Männern allgemein, jedem. Ruf eine rosa-goldene Flamme aus der Göttin hervor, die du bist, und reinige alle Ebenen des Seins. Lass alles los, was dir nicht länger nützlich ist. Leg deine Absicht hinein. Atme! Falls du jetzt nicht verzeihen kannst, liebe dich und sei sicher, dass es du es eines Tages kannst.

Was muss absterben? Was will weiterleben?

Hier eine Initiation, die mir meine Seele gab. Sie wurde von der „Wolfsfrau" inspiriert.

Nimm dir dafür mindestens einen Tag Zeit und halte dich von allen Verpflichtungen anderen gegenüber frei. Meditiere nicht, spüre statt dessen in jedem Augenblick dein instinktives Selbst. Spüre dein instinktives Wissen: wann es Zeit ist, dass du dich setzt und in dir ruhst, isst, dich bewegst... Spüre, wann du etwas anderes oder etwas Neues tun möchtest. Wenn möglich, verbringe den ganzen Tag oder einen Teil davon in der Natur.

Tauche tief in die geheimsten Ecken deines Herzens. Was an deinem Leben lebt wirklich, ist lebendig für dich, ist getränkt von der Leidenschaft deines Herzens? Gibt es Möglichkeiten, dem mehr Nahrung zuzuführen?

Alles was in deinem Leben nicht wirklich Teil deines Lebens und deiner Leidenschaft ist, möchte losgelassen werden und gehen. Versuche, herauszufinden, was es ist. Was wirst du damit tun?

Was ist noch nicht in deinem Leben, weil du sein Anklopfen bisher ignoriert hast, was möchtest du jetzt hereinlassen? Wie wirst du es anstellen?

Was ist dein nächster Schritt - hier und heute? Mach ihn - oder mach ihn in dir.

Wenn du wieder zurück in deinem sozialen Umfeld bist, vergegenwärtige dir die tiefe Leidenschaft und lasse sie alles beeinflussen: deine Bewegungen, deine Haltung, deinen Gesichtsausdruck, deine Worte und Handlungen.

Die Integrität der Gefühle

Frauen, die legendär wurden, Frauen, die ihre Rolle im Leben transzendierten, strahlten alle ein bestimmtes Etwas aus. Aber was ist es? Eine Sicherheit, die mit leidenschaftlichem Gefühl getränkt ist. Schau dir Filmstars an wie Elizabeth Taylor, Greta Garbo, Ingrid Bergman und andere. Das gleiche gilt für Jacqueline Kennedy, Eleanor Roosevelt, Golda Meir, Mutter Teresa. In ihrer Persönlichkeit und Absicht waren sie vollkommen unterschiedlich, doch alle besassen dieses strahlende fühlende Wesen und darunter den Strom einer mächtigen Intelligenz. Das ist die Göttin!

Auch die Männer, die wir lieben, strahlen starke Gefühle aus: James Stewart, Gary Cooper, Clark Gable; Winston Churchill, Franklin Roosevelt, John Kennedy, Martin Luther King. Die Göttin, die durch den Mann erstrahlt!

Dem Gefühl zu vertrauen, es zu würdigen, es auszustrahlen, ist Teil der Instinktnatur. Dies ist wesentlicher Bestandteil der Selbstliebe, die in der Einheit gleichzeitig die Liebe zu anderen ist. Sie ist untrennbar mit der Fähigkeit verbunden, präsent und lebendig zu sein. Sie entspringt einem tiefen Vertrauen: Du bist in deinem Gefühl präsent, präsent in der Welt, du bist aufrichtig, spontan - du bist die Göttin.

Dich so zu lieben, wie du bist, ist der Schlüssel, mit dem du dein Göttin-Selbst zum Strahlen bringst. Selbstliebe führt zu Selbsterkenntnis und stärkt das Vertrauen. Hier einige Affirmationen:

Ich liebe mich. Ich bin die Göttin! Ich bin schön und würdig. Ich kenne mich. Ich besitze große Selbstachtung und Selbstvertrauen. Ich würdige meine Erscheinung. Ich achte mein Wirken in der Welt. Ich würdige mein Zuhause und meine Umgebung.

Ich bin ein leidenschaftliches Wesen und habe tiefe Gefühle. Ohne meinem Ego unangemessen viel Macht einzuräumen, würdige ich die Integrität meiner Gefühle. Mein Gefühl ist meine Lebendigkeit! Ich bin in und mit anderen präsent, ich bin aufrichtig. Ich bin mit Freude spontan. So sei es.

Göttin der Schönheit

Wenn wir uns doch nur so sehen könnten, wie uns die Seele sieht!

Ich bin unendlich schön! Ich bin alle Aspekte von Göttin/Gott: Liebe, Weisheit, Wissen, Macht - und ewige Schönheit. Ich bin ein großes Lichtwesen, ein Sternenwesen. Ich lasse es nicht zu, dass der Spiegel oder die Wahrnehmung anderer mein Selbstwertgefühl mindern. Ich lasse nicht zu, dass Alter oder

Krankheit meine Wahrnehmung von meinem wahren Selbst trüben. Ich erinnere mich daran, wer ich bin!

Ich sehe mich so, wie das Göttliche mich sieht. Ich bin ein ewiges, geliebtes Wesen, Teil des Göttlichen. Wie lange ich schon in diesem Leben bin, meine Gesundheit, meine Umstände - nichts davon spielt eine Rolle. Ich würdige meinen Körper und meine Erscheinung. Ich liebe diese geliebte, heilige Gestalt aus göttlicher Lichtenergie.

Als Göttin bin ich die Quintessenz der Schönheit. Ich erinnere mich an die Wahrheit meiner Göttlichkeit. In der demütigen Erkenntnis meiner Einheit mit dem Göttlichen halte ich mich aufrecht und stolz. Ich bin dankbar für diese Wahrheit. So sei es.

Bewusste Mutterschaft

Ein Kind in die Welt zu setzen - einem göttlichen Wesen Form zu verleihen - ist ein heiliger Akt. Im Einklang mit der Seele ist es möglich, eine Geburt vor der Empfängnis zu planen. Das ganze Werden und Wachsen ist dann von Liebe erfüllt.

Die Motive dafür, ein Kind zu bekommen, sollten sorgfältig durchdacht werden. Möchtest du jemanden, der deinen Familiennamen weiterführt? Einen Jungen? Ein Mädchen? Jemanden, auf den du stolz sein kannst? Der sich in deinen Lebensstil einfügt? Der sich im Alter um dich kümmert? An diesen Wünschen ist nichts falsch, aber wenn nicht noch eine tiefere Wahrheit dazu kommt, werden sie wahrscheinlich zu Schwierigkeiten zwischen dir und deinem Kind führen.

Hier ein paar Anregungen: Ich möchte ein Kind, weil ...

- ich mein Herz in diese Verbindung verströmen, meine Liebe aus Freude am Geben einbringen möchte.
- es den Zielen meiner Psyche entspricht und mir helfen wird, mich mit meiner Seelen zu vereinen.
- es ein großes Abenteuer ist, ein Kind in mein Leben aufzunehmen. Es ist Gottes Kind und hat sein eigenes Leben und seine eigene Zukunft. Es ist mir eine Freude, dabei zu sein, wenn sich seine Leidenschaft und seine Ziele entfalten. Ich habe keinerlei Erwartungen. Mein einziger Wunsch ist es, dass sich dieses Leben selbst erfüllt. Ich stehe ihm mit Freuden bei, so gut ich kann.

Wenn du bereit bist, ein Kind zu empfangen oder du bereits empfangen hast, hier einige Punkte, wie du dazu beitragen kannst, die Erfahrung für dich, das Baby und den Vater, falls dieser anwesend ist, glücklich und liebevoll zu gestalten.

Rufe das Wesen, das am besten zu euch passt und freudig zu euch kommt. Bitte Gott/Göttin, dir behilflich zu sein, denn es gibt unzählige Wesen, die sich jetzt auf der Erde inkarnieren möchten.

Nimm direkten Kontakt auf, wenn du kannst. Es wird dir nicht vorkommen, als würdest du mit einem Baby Kontakt aufnehmen. Es ist ein göttliches Wesen, das seine Göttlichkeit ausdrückt! Du wirst vielleicht Ehrfurcht vor seiner Größe empfinden, - aber es ist auch deine Größe.

Im Lauf der Schwangerschaft wirst du wahrscheinlich Eindrücke von diesem Wesen erhalten: Worte, Gefühle, Wissen, Bilder. Vielleicht bekommst du ein Gefühl für seine Aufgabe auf der Erde, von seinem Geschlecht, seinem Namen. Vielleicht gelangst du zu der Überzeugung, dass ein Elternteil, einer deiner Großeltern, ein anderes schon verstorbenes Familienmitglied oder ein geliebter Freund zurückkehrt. Es kann auch sein, dass ein früh verstorbenes Kind in die selbe Familie zurückkommt.

Mach dir nichts daraus, wenn du keine Informationen bekommst. Deine Liebe ist letztlich das einzige, was zählt. Vielleicht gibt es jemandem, der wirklich versteht und dem du vertraust, dann kannst du dir dort Unterstützung holen.

Die meisten Mütter, die ich kenne, sagen, dass eine Wassergeburt am schönsten ist. Sie vermindert oft die Geburtswehen. Bei der Geburt sollten natürlich der Vater, liebevolle Freunde und kompetente Geburtshelfer anwesend sein. Sanftes Licht und schöne Musik vervollständigen die Szene.

Dein Baby gleitet ins Wasser, das die Temperatur des Blutes hat, und wird somit liebevoll in gewohnter Umgebung willkommen geheißen, anstatt dem Schock ausgesetzt zu sein, den die kalte Luft auf seinem nassen Körper bedeuten würde. Die Nabelschnur bleibt intakt, bis es bereit ist, zu atmen - oft eine halbe Stunde oder länger -, es ruht sich nun von der Geburt aus. Dann wird es auf sein früheres Zuhause - deinen Bauch - gelegt, abgetrocknet, geherzt und gestreichelt. Erst nach den ersten Atemzügen wird die Nabelschnur durchtrennt.

Wenn das Baby sauber, trocken und warm ist, halte eine kleine Zeremonie ab, um das göttliche Wesen auf unserem Planeten willkommen zu heißen. (Ich erinnere mich an die Eröffnungsszene im Film „The Lion King".) Diese Zeremonie ist etwas sehr Persönliches. Hier ein Vorschlag:

Du hast einen Altar vorbereitet, um die Göttlichkeit, die Natur, die Schönheit zu versinnbildlichen. Es gibt Düfte, Kerzen, Räucherstäbchen...Wenn du meinst, du hast etwas von der Lebensaufgabe deines Babys erfahren, kannst du auch diese symbolisieren. Jemand bringt dein Baby zum Altar, oder du hältst es selbst.

Geliebte Muttergöttin/geliebterVatergott, hier ist ein göttlicher Teil von dir, der auf die Erde gekommen ist, um seine Aufgabe zu erfüllen. Wir heißen dich willkommen. Wir ehren und lieben dich. Wir werden unser Bestes tun, um dir die Liebe und Nahrung zu geben, die du brauchst, und dir bei der Erfüllung deiner einzigartigen Lebensaufgabe helfen. Wir wissen, dass das Zusammensein mit dir Teil unserer eigenen Aufgabe ist und freuen uns!

Vielleicht tupfst du etwas Duftöl auf das Dritte Auge des Babys oder besprenkelst es mit ein paar Tropfen reinen Wassers - sicher hast du eigene Vorstellungen, wie du dein Baby liebevoll willkommen heißen kannst.

Segenswünsche für dich und dein Baby! Segen für deine ganze Familie und alle, die während deiner Schwangerschaft und bei der Geburt um dich waren und die um dich sind.

Der heilige Uterus: Würdigung und Fruchtbarkeitsregelung

Wenn du fruchtbar bist und kein Kind möchtest - oder zumindest jetzt nicht - dann ist es weise, die Fruchtbarkeit zu regeln. So hat es die Natur vorgesehen.

Wie ich in „Schlüssel zum göttlichen Selbst" erwähnte, verhinderte bei einem Volk im Südpazifik der Glaube die Empfängnis bei Mädchen, die sexuell aktiv waren, bis zur Hochzeit. Ich selbst wurde drei Mal schwanger und hatte weder eine Abtreibung noch ein Kind. Die Seelen verließen mich auf meine Aufforderung hin.

Je mehr wir etwas lieben und würdigen, desto mehr können wir mitbestimmen. Ich habe eine unangenehme Erinnerung an eine Aerobic-Klasse. Die Leiterin schlug häufig kräftig mit geschlossener Faust auf ihren Bauch, den sie flach wie ein Brett klopfen wollte (das war er ohnehin schon). Offensichtlich liebte sie ihn nicht. Der Bauch einer Frau ist heilig und dazu bestimmt, geehrt und geliebt zu werden.

Hier eine Meditation für Frauen. Auch Männer haben ein heiliges, schöpferisches Zentrum im Unterleib: das zweite Chakra. Für folgende Meditation lege deine Hände dorthin und würdige deine Geschlechtsorgane.

Geh in die Meditation. Rufe die Göttliche Mutter, wenn du möchtest, oder eine ihrer Erscheinungsformen. Leg deine Hände auf den Bauch. Fühl mit der Hilfe der Seele die Heiligkeit in ihrer ganzen Totalität an dieser Stelle. Dein Bauch kann ein göttliches Kind nähren, ein Kind, das das Ebenbild des Göttlichen ist und durch göttliche Liebe, Intelligenz und Willen geschaffen wurde. Ein Kind, das sein Einssein mit Gott erkennen und ausdrücken kann.

Dein Leib ist auch der Geburtsort für kreative Ideen und Werke.

Vergib dir und der Menschheit für das beschränkte Verständnis der Heiligkeit des Weiblichen - der Heiligkeit des Uterus, der Vagina oder Yoni, des Gebärmutterhalses, der Eierstöcke und Eileiter.

Schick deine Liebe in deinen heiligen Uterus und spüre die Liebe der Seele. Würdige ihn von ganzem Herzen, unabhängig davon, ob er fruchtbar ist oder nicht. Würdige ihn auch, wenn er nicht vorhanden ist. (Auch nach der Entfernung der Gebärmutter ist ihre Energie noch vorhanden. Sie wird immer das kreative Zentrum deines Seins bleiben.) Hier einige Affirmationen:

Mein geliebter Uterus, ich ehre dich. Du repräsentierst das göttliche Weibliche auf der Erde. Vergib mir, dass mir nicht bewusst war, wie heilig du bist. Du bist unendlich heilig. Ich liebe dich.

Ich würdige deine Zyklen als Teil des göttlichen Weiblichen hier. Ich würdige das heilige Blut, das aus dir fließt (oder floß), Nahrung für ein göttliches Kind. Ich ehre die Zeit meiner Menstruation, sie ist ein mächtiges Tor, aus dem ich das entlasse, was mir nicht dient, und um göttliche Inspiration, Wissen und Macht zu empfangen.

Ich werde nur dann ein Kind empfangen, wenn es meinem tiefen Wunsch und meiner Weisheit entspricht. Ich bitte jetzt darum, durch die Liebe und mit der Hilfe der Seele deiner völlig bewusst zu werden. Ich werde wissen, wann mein Eisprung ist, und werde nur empfangen, wenn es meinem bewussten Wunsch entspricht. Ich werde es wissen, wenn ich empfange.

Als allmächtiger Aspekt des göttlichen Weiblichen liebe und ehre ich meinen Uterus und kann die Empfängnis selbst regulieren. So sei es.

Da diese Ideen für die meisten von uns neu sind, werden die Erklärungen wohl öfter wiederholt werden müssen, bis sie sich verwurzelt haben. Wenn dein Uterus jetzt nicht fruchtbar ist, kann er es durch die Liebe werden, die du ihm gibst.

Wenn du schwanger bist und zur Zeit kein Kind möchtest, dann sprich:

Geliebtes Wesen, es gibt da ein Missverständnis. Ich habe meinen Uterus jetzt nicht für ein Kind geöffnet. Ich weise dich an zu gehen. Du wirst eine Mutter finden, die dich zur rechten Zeit aufnimmt. Ich verabschiede mich von dir.

Erinnere dich daran, dass du zu einem reifen Wesen sprichst, nicht zu einem Baby. Wiederhole diese Worte immer wieder mit Absicht und Macht, bis das Wesen in lichtere Gefilde zurückkehrt.

Göttin des Kommerz

Damit unser Planet geheilt werden kann, müssen sich unsere alten, auf Profit ausgerichteten Geschäftspraktiken wandeln, damit sie der Menschheit und der Natur dienen. Wir brauchen besonders das Mitgefühl und die Weisheit der Göttin, ihr nährendes Wesen und ihren Sinn für das Einssein.

Alle mitfühlenden Menschen, die sich um die Welt sorgen, können denen die Augen öffnen, mit denen sie zusammenarbeiten - auch wenn sie auf den alten Pfaden in eine höhere Position gekommen sind. Wir können anderen dabei helfen zu verstehen, dass destruktive Umweltpraktiken und Unfairness - alles, was nicht dem Geist der Liebe, Gleichheit und Würdigung gegenüber allem Leben entstpringt - langfristig gesehen auch dem Geschäft Schaden zufügt.

Es gibt viele Beispiele für diese Wahrheit: Die Firma Nike Shoes hatte Verluste, weil sie angeblich ihren asiatischen Arbeitern zu geringe Löhne zahlte, Thunfisch-Konservenfabriken wurden boykottiert, weil sie sich weigerten, Delphine zu schützen, Procter & Gamble und andere Firmen wegen der Tierversuche.

Auf der positiven Seite gibt es den Body Shop, der von einer Frau ins Leben gerufen wurde. Sie arbeitete gewissenhaft daran, das Leben aller Mitarbeiter zu verbessern, und hat phänomenale Erfolge zu verzeichnen. Es gibt viele andere Beispiele.

Schau dir dein Geschäft gut an und nimm es mit in deine Meditation. Welche Philosophie steckt dahinter? Wenn sie nicht gerade erleuchtet ist: Was muss geschehen, damit sich das ändert? Welche Praktiken dienen dem Allgemeinwohl? Welche nicht? Welche Leute sollten von einer Veränderung betroffen sein? Welchen ersten Schritt kannst du tun? Lass dich von deiner Weisheit leiten.

Erde dich, wähle deine Schritte sorgfältig, leg Umsicht in deine Worte. Sprich zuerst mit Einzelpersonen. Achte deine Mitarbeiter und drück dich verständlich aus. Informiere die anderen über deine Handlungen, soweit deine

Weisheit es zulässt, und versichere dich ihrer Unterstützung. Du möchtest Erfolge erzielen.

Hier einige Vorschläge:

- Gibt es jemanden in deiner Firma, der sich dir anschließen möchte? Spüre in jeden hinein. Es kann sehr viel bewirken, wenn du andere in die Veränderungen deiner Firma einbeziehst. Ein gemeinsames Gebet kann Wunder bewirken. (Lies dazu Catherine Ponders Buch „The Prospering Power of Love".) Setzt euch häufig zusammen.
- Gründe ein Komitee für einen guten Zweck.
- Lass dich beraten, damit dein Unternehmen im besten Sinne aller Beteiligten florieren kann. Stell die Ergebnisse deinen Mitarbeitern vor.
- Mach dich bei Firmen kundig, die positive Veränderungen aufzuweisen haben, und gib die Informationen weiter. Unterbreite Vorschläge.
- Stelle einen Plan auf, erhärte ihn mit Fakten und lege ihn vor.
- Schaffe dir eine neue Position mit dem Ziel, positive Veränderungen herbeizuführen. Definiere deine Pflichten und klopf bei deinem Chef mit klaren Gehaltsvorstellungen an.
- Treibe alles so schnell wie möglich voran, aber leg nicht zuviel Tempo vor, damit deine Arbeit nicht vergeblich ist. Wenn allerdings der Sprung nach vorn angesagt ist und du vor den Chef treten musst, dann tu es! Tu alles, was sinnvoll ist und funktioniert.

Wenn du zu der Überzeugung gelangst, dass deine Firma an einer Veränderung nicht interessiert ist, dann kannst du sicher sein, dass deine Gaben anderswo gebraucht werden. Schaff dir die Gelegenheit dazu. Du arbeitest jetzt für das Gute in der Welt.

Als Göttin/Gott handeln

Alles Handeln, das dem Wohl aller dient, wird durch die Liebe motiviert. Bedingungslose Liebe für uns und unser Leben, für alle und alles. Wenn wir beschließen, aus Liebe zu handeln, scheint unsere Göttlichkeit durch. Unser Leben wird zum Segen.

Als Göttin liegt es in unserer Natur, Liebe zu empfinden, zu erkennen, wann sie fehlt und eine solche Situation durch die Liebe in uns zu heilen. Liebe ist das Heilmittel schlechthin.

Alle menschliche Liebe hat ihren Ursprung in der Seele. Es ist wundervoll, bei allem, was wir tun, immer aus dieser reinen Quelle zu schöpfen. Alles Handeln aus Liebe ist das Wirken und Zusammenwirken der Göttin und des Gottes in uns. Es gibt nichts, was unser Planet nötiger hätte.

Betrachte eingehend dein Leben. Bestimmt die Liebe dein Handeln, deine Arbeit? Lässt du dich von der Seele leiten? Was will geändert werden? Wie wirst du es tun?

Schau dir deine Beziehungen an. Fühlst du dich geborgen, so dass du dein Herz öffnen kannst? Tust du es? Wenn nicht, was muss verändert werden? Wie wirst du es tun? Hier einige Gedanken dazu:

Ich beschließe, mich in meinem Leben von meinem Ursprung - der Seele - in größter Liebe und allen anderen gegenüber führen zu lassen. Ich weiß, dass dies eine große Entscheidung ist, die mein ganzes Handeln und alle meine zwischenmenschlichen Beziehungen beeinflussen wird. Wenn es nicht immer ganz gelingt, vergebe ich mir sofort und weite meine Liebe aus.

Mein liebevolles Handeln trägt zur Heilung der Welt bei. Mein Leben wird zum Leuchtfeuer der göttlichen Liebe, das allen Hoffnung und Ermutigung bringt. Mein Leben wird zum Segen. So sei es.

Ich bin die Göttin

Ich bin die Göttin!

Ich bin das göttliche Weibliche, das Gestalt angenommen hat.

Ich bin die Matrix, der die gesamte Schöpfung entspringt.

Ich bin das anziehende Prinzip; ich bin das empfangende Prinzip.

Ich bin Liebe und Weisheit.

Ich bin die Quintessenz der ewigen Schönheit.

Ich bin das intuitive Wissen, das keiner Worte bedarf.

Ich bin durch mein Gefühl lebendig.

Ich bin spontan.

Ich bin Macht, die eins mit der Liebe ist.

Ich bin maskulin und feminin. Beide sind unzertrennbar.

Ich liebe und würdige das Maskuline ebenso wie das Feminine.

Ich bin die Einheit.

Ich werde unendlich geliebt.

Ich bin unendlich liebenswert - so wie ich bin.

Ich liebe und würdige mich.

Ich liebe und ehre meinen weiblichen Körper und mein Aussehen.

Ich liebe und ehre meinen heiligen Uterus, meine Yoni, meine Eierstöcke, meine Eileiter, meinen Gebärmutterhals - oder deren Energie.

Ich liebe und ehre das heilige Blut aus dem Uterus.

Ich bin jedem Mann und jeder anderen Frau gleichgestellt.

Ich benutze meine Empfänglichkeit weise - ich werde von der Seele geführt.

Ich weiß, wer ich bin, was ich möchte, und was richtig ist für mich.

Ich folge meinem Herzen, meiner Leidenschaft. Ich erschaffe.

Ich bin stark und weiß mich zu behaupten, wenn es nötig ist.

In füge mich nicht in Situationen, die nicht gut für mich sind. Ich finde meine wahre Familie, meine kreativen Talente, meinen wahren Weg.

Ich suche mir Menschen, die mein wahres Selbst, meine Fähigkeiten und Talente erkennen und würdigen.

Wenn es die Situation erfordert, ehre ich die Frau als natürliche Lehrerin des Mannes in den wichtigsten Dingen: Liebe, Mitgefühl, Einheit und das Wohl aller.

Mein Einfluss heilt die Welt.

Segenswünsche für dich, wenn du dich auf dein Göttin-Selbst einlässt.

10. Kapitel

Dem Einen dienen

Die Mühe, die du dir für jemand anderen machst,
macht dir das Leben nicht schwerer.

Dem Einen dienen

Dienen ist rätselhaft. Warum sollten wir es tun? Wem dienen wir damit? Die offensichtliche Antwort - ich diene ihnen, weil sie Hilfe brauchen - ist zu simplistisch und beruht auf der Illusion der Trennung.

Bei näherem Hinsehen wird alles plötzlich einfach. Wir sind eins - alle sind wir miteinander in Einheit verbunden. Was mir Freude bereitet - dieser Aspekt des Einen -, nützt auch dir und allen. Was dir Freude bereitet, nützt auch mir und allen. Ob jemand Lust hat, fünfundzwanzig Jahre in einer Höhle zu meditieren oder mit der ganzen Leidenschaft seines Herzens malt: Es kommt allen zugute. Ob jemand Freude daran hat, ein Buch über die Religion im 14. Jahrhundert zu schreiben, oder Rockmusik macht - es ist alles eins.

Für einige ist es eine Freude, dem Leben direkt zu dienen. Aus dem Gefühl der Einheit mit den anderen entsteht Mitgefühl. Im Mahayana-Buddhismus legt man den Eid des Bodhisattva ab, dem Leid aller Wesen ein Ende zu bereiten. Wenn unmittelbarer Dienst der Weg ist, braucht man keinen Eid abzulegen, denn wenn wir innerlich bewegt sind, ist es eine Freude zu helfen.

Dienen entsteht, wenn das Sein mühelos in das Tun einfließt. Meditation ist Dienen, das aus purem Sein entsteht. Beten ist machtvolles Dienen aus dem Sein, das in die Welt hinausgeht. Wenn Handeln dem Sein vorangeht, ist es oft eher von Ärger oder vom Ego inspiriert als von der Liebe. In dem Fall wird es wahrscheinlich mehr Schaden anrichten als Gutes tun. Wenn wir aus der Liebe unseres Seins handeln und die Augen offen halten, werden wir wissen, was zu tun ist, und dienen damit allen.

Viele Dienende laufen Gefahr, eine Rolle anzunehmen, die sie von den anderen trennt. Das passiert den meisten Sozialarbeitern, Ärzten, Krankenschwestern und Lehrern und lässt sich nur schwer vermeiden. Wenn du diese Dynamik in deiner eigenen Arbeit bemerkst, kannst du dich mit dem „Lichtarbeiter-Syndrom“ im „Klärungs“-Kapitel beschäftigen.

Wir haben Gelegenheit, aus tiefstem Herzen unser Einssein und Gleichsein mit allen zu fühlen, unabhängig von gegenwärtigen Lebensumständen. Wir lieben und wir würdigen alle und erweisen den größten Dienst, indem wir in ihm den Dienst des Einen für das Eine sehen und erkennen, dass uns selbst gedient ist, indem wir dienen.

Dienen muss nicht unbedingt Zupacken bedeuten; auch Geldspenden können den Zweck erfüllen. Du musst nicht im Schützengraben stehen, sondern kannst denen, die es bitter nötig haben, auch aus der Ferne dienen. Dein Herz wird dir den besten Weg eingeben.

Da es unzählige Formen aktiven Dienens gibt, konzentrieren wir uns hier auf das Dienen aus dem Sein heraus.

Gebete für die Erde

Für unsere geliebte Gaia, die Mutter Erde, können wir uns die Absicht, das positive Wort und das leidenschaftliche Gebet zunutze machen. Der Planet wurde durch die Menschheit geschunden, die beherrscht wird und der es an Weisheit und Liebe mangelte. Jetzt befinden wir uns in einer Phase großen Umbruchs, im Übergang zu einer neuen Lebensweise. Das Gebet einer einzigen Person - deins! - ist mächtig und wichtig. Das Gruppengebet multipliziert diese Kraft exponentiell. Es ist jetzt an der Zeit, dass wir uns in Gruppen versammeln und uns auf das Wohl aller konzentrieren. Hier einige Vorschläge für das Gebet - füge hinzu, was dir deine Weisheit eingibt.

Ein Netz aus Licht

In den vergangenen Jahrzehnten bildete sich auf der Erde ein Netzwerk aus der Liebe und dem Licht der Menschen, die den Planeten unterstützen. Aus ätherischer Sicht sieht es wie ein glühendes, pulsierenden Lichtgewebe aus. Zuerst waren die Verbindungspunkte weit voneinander entfernt. Aber da immer mehr Menschen erwachen und ihre Gaben beisteuern, ist das Netz dichter geworden. Je mehr Menschen dazukommen, desto stärker leuchten die Verbindungslinien, und jeder wird - bewusst oder unbewusst - immer tiefer davon beeinflusst. Peter Caddy schildert diesen Prozess sehr klar in seinem Buch „In Perfect Timing“, den Memoiren aus den frühen Tagen von Findhorn. Das Lichtnetzwerk ist von größter Bedeutung für die Erde.

Wer zu einem bewussten Punkt in diesem Netz aus Licht wird und sich mit dem Rest verbindet, stärkt das ganze System.

Sieh und spüre die Meisterpräsenz eines jeden in deiner Gruppe. Sendet aus euren Herzen einen gewaltigen Lichtstrahl in die Mitte der Gruppe, wo die vereinigten Strahlen eine gleißende Lichtsonne bilden.

Wir nehmen die Erde in unsere Mitte und sehen unseren Lichtpunkt auf ihr. Wir verbinden uns bewusst mit ..... (Jeder nennt jetzt den Namen einer Person oder Gruppe und ihren Wohnsitz und visualisiert einen leuchtenden Lichtbogen von der Lichtsonne der Gruppe zu diesem Ort.)

Wir sehen jetzt unsere geliebte Gaia ganz und gar eingehüllt in das Netz aus Licht, zu dem auch wir und die Verbindungen gehören, die wir dankbar anerkannt haben. (Nehmt euch Zeit. Es ist eine atemberaubende Sicht!) Wir sehen, wie das Netz täglich stärker wird und das Erwachen eines jeden Wesens beschleunigt - was wiederum das Netzwerk noch mehr stärkt. Segenswünsche für alles auf der Erde, für die gesamte Menschheit. So sei es!

Gebet für die Heilung

Erschafft wieder die Sonne aus göttlichem Licht in der Mitte eurer Gruppe.

Wir bitten unsere göttlichen Aspekte, die Schar der aufgestiegenen Meister, die Engel und Erzengel, ihre Energien für die Heilung unserer geliebten Erde zur Verfügung zu stellen.

Wir rufen die Naturgeister: die Devas der Erde, der Luft, des Feuers und des Wassers, die Devas und Naturgeister für Bäume, Pflanzen und Tiere, für die Ozeane und die Himmel, und die ortsgebundenen Geister.

Wir bekräftigen die Meisterschaft und die Aufrichtigkeit unserer Gruppe und die gleißende Sonne göttlichen Lichts in unserer Mitte. Wir verbinden uns bewusst mit dem gesamten Netz aus Licht, so dass die ganze Welt mit der heilenden Energie schwingt.

Wir stellen Gaia in die Mitte unserer Gruppe. Wir rufen von Erzengel Zadkiel und dem Meister St. Germain die violette Flamme der Reinigung und Vergebung, damit sie aus dem Erdinneren aufsteige und jedes Atom des Planeten, jedes Herz, jeden Verstand, das gesamte Leben, alles durchglühe. Wir bekräftigen, dass alle dunklen Energien der niederen Astralebene emporgehoben werden. Wir bekräftigen, dass alle für die Heilung zur Verfügung stehenden Gedankenformen jetzt angehoben, geheilt und im göttlichen Licht und in Liebe aufgelöst werden.

Geliebte Mutter Erde, Gaia, wir danken dir, dass du unser Zuhause bist! Wir ehren und segnen dich!

Geliebte Naturgeister und Devas, wir danken und ehren euch für euren liebevollen Dienst am Naturreich. Wir rufen zu einer bewussten, liebevollen Beziehung zwischen der Menschheit und den Devas und Naturgeistern auf. Die Gleichgültigkeit der Menschheit wird jetzt durch bewusste, liebevolle Fürsorglichkeit und Aktivität ersetzt, die jeden Aspekt der Erde heilt.

Wir schicken dir, Gaia, Liebe und Heilungsenergien. Wir segnen deine Gewässer - Bäche, Flüsse, Meere und Ozeane. Wir sehen sie völlig gereinigt und klar (Nehmt euch Zeit, alle diese Heilungen zu sehen und zu spüren. Es ist besonders wirkungsvoll, für jeden Aspekt ein strahlendes Licht zu visualisieren.

Wir segnen und bringen deinem Land Heilung - von der Erdmitte bis zur Oberfläche. Wir segnen deine Atmosphäre und ersetzen die verschmutzte Luft durch reine, köstliche Luft. Wir sehen die Wiederherstellung alter naturbelassener Wälder.

Wir bekräftigen, dass jeder Mensch zum Einssein mit dem Göttlichen erwacht, zur Freiheit, Freude, Liebe und Meisterschaft. Wir sehen, dass das Lichtnetzwerk täglich stärker wird, so dass wir alle nach Hause zurückkehren können.

Jeder von uns hat nun seine eigene gegenwärtige Vision einer idealen Erde vor Augen. (Lasst euch Zeit. Jeder kann dann laut über seine Vision sprechen, so dass sie durch die Gruppe gestärkt wird.)

Wir bekräftigen, dass Gaia und die Menschheit auf ihrem Weg zur Erleuchtung vor Einmischung völlig beschützt sind.

Wir wissen, dass die Erde sich schnell transformiert und in höhere Dimensionen aufsteigt, wo nur Harmonie existiert. Wir segnen dies. So sei es!

Der sanfte Übergang ins Zeitalter des Lichts

Geliebte Muttergöttin/geliebterVatergott, geliebte Erdmutter Gaia und ihr Naturgeister, wir bitten euch um einen friedlichen Übergang der Erde in das Zeitalter des Lichts. Wir bitten das göttliche Wesen aller, die hier leben, zusammenzukommen und für friedliche Fortschritte zu sorgen.

Wir wissen, dass der friedliche Übergang nur mit einer erleuchteten Menschheit möglich ist. Wir rufen jetzt die heilende Liebe, das Licht und die

Macht des Göttlichen in jedem Wesen, um alle vergangenen Gedankenformen, Überzeugungen, Vorurteile, Hass, Angst, Unwissenheit und Beschränkungen jeglicher Art aufzulösen, die unsere geliebten Menschen in unserer Welt in Disharmonie gefangen halten - uneins mit sich selbst und untereinander. Diese Disharmonie wird JETZT so weit aufgelöst, wie es die Bereitschaft eines jeden erlaubt.

Wir laden alle Menschen ein, sich ihrer wahren Herzenswünsche durch Bewusstwerdung der inneren Göttlichkeit gewahr zu werden und immer in Frieden und Liebe mit ihrem Selbst und den anderen zu sein. Wir laden alle Herzen ein, sich mit Liebe, Licht und Weisheit zu füllen, welche die Wahrheit des Seins sind.

Wir segnen die politischen Führer jeder Stadt, Gemeinde, jedes Landes und jeder Nation und die Leiter eines jeden Betriebes, jeder Organisation, jeder Kirche und jeder spirituellen Gruppe. Wir durchschauen alle Illusion und erkennen die innewohnende Wahrheit: ein weises und liebevolles Wesen voller Mut, das in Liebe für den Frieden handelt.

Wir segnen .... (ein bestimmtes zukünftiges Ereignis).

Wir bitten die Naturgeister der Erde, das Land, die Gewässer und die Luft zu reinigen und sie mit göttlicher Liebe und Freude zu füllen.

Wir sehen die Menschen und das Land in Frieden, Reichtum, Gleichheit, Respekt und Verständnis, Weisheit und Liebe. Wir sehen, wie sich jeder Mensch zur völligen Göttlichkeit seines Wesens erhebt. Alle Begrenzungen haben sich aufgelöst, und Freude pur regiert!

Diese Transformationen helfen, dass die Veränderungen im Körper der Erde überall behutsam und so friedlich wie irgend möglich stattfinden. Unser ganzer Planet wird alle Herausforderungen glänzend bestehen!

Wir danken dir, Gott/Göttin. So sei es!

Gebet für einen Menschen

Das Gebet hat große Kraft für alle - auch Gruppen oder Organisationen -, die krank sind oder Not leiden. Das aufrichtige Gebet eines Menschen wird immer erhört und fügt alles zum Guten. Gebetsgruppen erzielen selbst noch bei Fernheilungen für Menschen, die niemand in der Gruppe kennt, große Erfolge.

Wenn derjenige, für den wir beten, nicht bereit ist, Heilung anzunehmen oder glücklicher zu werden, wird ihm unser Gebet weder aufgezwungen, noch ist es vergebens. Es verbleibt in seiner Aura und kann dann zum Katalysator für das Annehmen der Heilung oder für die Veränderung werden. Wenn der Betreffende bereit ist, ist das Gebet schon da!

Niemand kennt einen Menschen so gut wie dessen eigene Göttlichkeit. Deshalb beten wir mit der Demut, die alles akzeptiert, was geschieht. Wir bitten zum Beispiel nicht darum, dass jemand am Leben bleibt, wenn es für ihn besser ist, Abschied zu nehmen. Wir beten einfach für sein Bestes.

Hier ein allgemeines Gebet, das sich einer bestimmten Situation anpassen lässt. Es eignet sich natürlich auch für Tiere oder andere Lebewesen. Ersetze das „ich" durch „wir", wenn es angebracht ist.

Gott/Göttin, ich schicke .... deine heilende Liebe und die Liebe meiner göttlichen Seele. Ich bitte darum, dass er/sie (völlig von dieser Krankheit geheilt wird/ völlig von diesem Leid befreit wird). (Füge alles hinzu, was du möchtest.) Ich bitte für sein/ihr höchstes Wohlergehen. Ich sehe jetzt, wie .... seine/ihre göttliche Liebe, sein/ihr Licht, seine/ihre Freude, seinen/ihren Frieden und seine/ihre Vollendung vollkommen zum Ausdruck bringt. Ich danke dir, Gott/Göttin für die Erfüllung dieses Wunsches. Amen.

Nimm dir ein paar Minuten Zeit und halte die Person in Liebe und reiner Vollkommenheit. Sieh ihre Göttlichkeit. Sieh und fühle, dass alles vollkommen ist.

Astralheilung

Die Astralebene ist für die meisten unsichtbar, aber sie existiert tatsächlich und zwar ganz nahe an der physischen Ebene. Bestimmte dunkle Energien der „niedrigeren Astralebene" können von einer Heilung profitieren. Arbeite nur mit diesen Energien, wenn du dich wohl dabei fühlst.

Gedankenformen

Gedankenformen sind Energieformen von Gedanken und Emotionen, die an einem bestimmten Ort erlebt wurden. Diese Gedanken und Emotionen tränken Erde, Felsen, Fussböden und Wände eines Gebäudes und beeinflussen das spätere Geschehen an diesem Ort - oft noch Hunderte und sogar Tausende von Jahren danach.

Da glückliche Gedankenformen kein Problem darstellen, geht es hier um die Klärung unglücklicher und dunkler Gedankenformen. Normalerweise ist es nicht schwierig, einen Ort von Gedankenformen zu klären.

Gedankenformen poltern manchmal aber auch von Ort zu Ort herum, vielleicht wenn ihr ursprüngliches physisches Zuhause zerstört wurde. Zur Heilung von Gedankenformen, sprich folgende Worte - und meine sie:

Alle Gedankenformen an diesem Ort werden mit göttlichem Licht und göttlicher Liebe durchflutet. Sie lösen sich jetzt in der Wahrheit von Licht und Liebe auf. So sei es!

Zur Auflösung einer Gedankenform, die durch starke Emotionen entstand, ist vielleicht noch mehr Energie notwendig. Wenn du das Gefühl hast, dass die Heilung nicht vollständig eingetreten ist, ruf deine göttliche Präsenz oder andere Meister und arbeite mit dem, was noch übrig geblieben ist. Du kannst die gleichen Worte mit mehr Nachdruck und Leidenschaft sprechen. Durch deine Liebe, deinen Willen und deine Absicht wird die göttliche Energie die Atome der verbleibenden Gedankenformen auflösen.

Wesenheiten

Eine Wesenheit ist eine verstorbene Person, der es nicht gelang, sich mit ihrem höheren Selbst zu verbinden und irrtümlich und meist auch unglücklich (Nicht unbedingt! Denk dir eine liebevolle Großmutter, die bei ihren Enkelkindern bleibt.) in der physischen Ebene hängen geblieben ist. Es geschieht ziemlich häufig, dass Familienmitglieder oder liebe Freunde einige Zeit nach ihrem Tod noch „da bleiben".

Problembeladene Wesenheiten (früher problembeladene Menschen) bleiben für sich, können aber Einfluss auf Menschen ausüben und in seltenen Fällen jemanden mit dessen unbewusster Zustimmung sogar in Besitz nehmen. Menschen, deren Aura durch Alkohol, Drogen oder schwierige Emotionen offen ist, sind geeignete Ziele. Ein Mensch, der unter dem Einfluss einer Wesenheit steht, verändert sich nachhaltig; die Veränderung kann stetig fortschreiten oder periodisch auftreten.

Wesenheiten brauchen meist Unterstützung, um sich mit dem Licht und der Liebe ihrer eigenen Göttlichkeit verbinden und in glücklichere Sphären eingehen zu können. Eine Heilung von Wesenheiten dient verstorbenen Angehörigen und anderen Verstorbenen, Menschen, die von einer Wesenheit beeinflusst werden, der Erde und besonders dem eigenen Umfeld.

Wenn dich der Gedanke an Wesenheiten erschreckt und du dich nicht beschützt fühlst, dann solltest du keine generelle Heilung für Wesenheiten vornehmen. Vielleicht fühlst du dich wohl dabei, einem Verwandten oder einem Freund hinüberzuhelfen. Schau dir den entsprechenden Abschnitt im Kapitel „Beziehungen“ an. Folgende Übungen sind mehr allgemein.

Du kannst Wesenheiten rufen, die Hilfe brauchen, um mit ihrem höheren Selbst verschmelzen zu können. Oft kommt dann eine Seele oder auch mehrere, um deine Hilfe zu empfangen. Wenn du spürst, dass jemand unter dem Einfluss einer Wesenheit steht, brauchst du keine Erlaubnis, um eine Heilung vorzunehmen, da du der Wesenheit selbst behilflich bist.

Schließ deine eigene Aura und die der betroffenen Person, falls sie anwesend ist. Sprich mit reiner Absicht:

Meine (unsere) Aura ist für alles geschlossen außer für die Liebe und das Licht des Christus (von Gott/Göttin). (Mit Christus ist hier nicht Jesus gemeint, sondern der göttliche Sohn/die göttlicheTochter, die wir alle sind. Du kannst aber natürlich auch Jesus meinen.)

Wenn du eine allgemeine Heilung durchführst:

Ich lade alle Wesen ein, die Beistand für ihre Heilung suchen, jetzt zu erscheinen. (Gib ihnen etwas Zeit.)

Sprich jetzt die heilenden Worte:

Ihr Lieben, eure Ich-Bin-Präsenz gewährleistet die Anwesenheit aller eurer Bewusstseinsebenen für die Heilung. Ihr seid in der Liebe willkommen. Ihr seid umgeben und erfüllt von der Christusliebe und dem Christuslicht (von göttlicher Liebe und göttlichem Licht). Ihr seid geheilt, euch ist vergeben. Ihr seid von den Schwingungen der Erde befreit und frei von allem Schmerz und Leid. Ihr seid jetzt mit eurem wahren höheren Selbst der Liebe und des Lichts verbunden. Geht ins Licht, ihr Lieben! Euer höheres Selbst wird euch jetzt zum richtigen Ort führen. Ich verabschiede mich von euch. Geht in Frieden!

Für die meisten Wesenheiten wird diese Heilung ausreichen. Solltest du entdecken, dass die Heilung nicht angenommen wurde, kannst du folgendes sagen:

Du bist gut. Du hast immer nach bestem Wissen gehandelt. Gott/Göttin kennt und liebt dich unendlich und hat dich niemals verurteilt. Du gehst nicht in die Hölle, die Gott/Göttin nicht geschaffen hat, es sei denn, du glaubst, dorthin gehen zu müssen. Dein höheres Selbst der Liebe und des Lichts erwartet dich mit offenen Armen, um dich zu trösten und dir behilflich zu sein, an den nächsten Ort des Lernens zu gelangen - wo du glücklicher sein wirst als hier. Ich mache dir nichts vor, ich spreche die Wahrheit. Halte nach dem hellsten

Licht Ausschau, während ich die Worte der Heilung spreche, und verschmelze mit ihm.

Wiederhole die Heilung.

Wenn du feststellst, dass die Wesenheit immer noch präsent ist, lass dich im weiteren Handeln von deiner Seele leiten. Wenn du mit einer Person arbeitest, die beeinflusst wird und das Wesen noch immer bei ihr ist, sprich folgende Worte mit Inbrunst und Leidenschaft:

Im Namen und durch die Macht meines göttlichen Wesens (oder eines Meisters, z.B. Jesus Christus) befehle ich dir, jetzt die Gegenwart (der beeinflussten Person) zu verlassen und niemals zurückzukehren! So sei es!

Machst du eine Heilung für einen freischwebenden Geist, dann kannst du so etwas wie das folgende sagen:

Ich befehle dir jetzt im Namen meines göttlichen Wesens, dich aus meiner Gegenwart hinweg zu begeben. Wenn du wirklich bereit bist, eins mit deinem Höheren Selbst zu werden, darfst du wiederkommen, aber nicht vorher. So sei es.

Wenn es angebracht ist, kannst du der beeinflussten Person helfen zu verstehen, warum sie die Wesenheit angezogen hat oder ihr jemand empfehlen, der helfen kann.

Wenn das Problem sehr tief sitzt und - zumindest im Augenblick - festgefahren ist, wird der Betroffene wahrscheinlich sehr schnell eine neue Wesenheit anziehen. Dein Befehl hat nur dann Kraft, wenn er von der betroffenen Person nicht untergraben wird. Du musst entscheiden, ob noch etwas zu tun ist.

Wie im „Schlüssel zum göttlichen Selbst“ erwähnt, gibt es eine Broschüre mit weiteren Informationen der Autorin (auf englisch) über Astralheilung. Siehe die Adresse am Schluss des Buches.

Im Schlaf

Wir haben dem Leben mehr zu geben, wenn wir spirituell wachsen. Unser Dienen beschränkt sich nicht auf die Stunden unseres Wachseins. Während wir schlafen, verlassen wir unseren Körper und finden uns bei den aufgestiegenen Meistern ein, um ihnen bei ihren Projekten zu helfen. Außerdem gibt es überall im Universum Schulen, an denen wir uns während des Schlafens mit der Wahrheit vertraut machen können.

Stimm dich auf deine Seele ein. Frag, was geschieht, während du schläfst. Wenn du dienst, wie dienst du? Wenn du studierst, was studierst du? Beobachte, wie deine Aktivitäten während des Schlafens mit dem übereinstimmen, was du im Wachzustand lernst und gibst.

Gruppendienst

In einer Gruppe zu dienen ist eine Kunst. Bestimmte wichtige Prinzipien sind immer zu beachten, ob es sich nun um Nachbarschaftsgruppen handelt oder um eine komplexe Organisation wie das Internationale Rote Kreuz:

- Die meisten Gruppen tendieren dazu, sich in ihre Arbeit zu vergraben. Das gilt auch für Gruppen, die sich dem Dienen verschrieben haben. Trefft euch mindestens einmal im Monat und erinnert euch daran, was ihr tut und warum.

In großen Organisation können die Abteilungen (oder Unterabteilungen) Meetings einberufen. Auch auf Führungsebene muss es Treffen geben, da von dort die Inspiration nach unten sickert und die ganze Organisation beeinflusst.

Die Versammlungen sind dazu da, die Herzen wieder zu öffnen, sich der Aufgabe erneut zu verpflichten und sich gegenseitig zu inspirieren. Man zieht Bilanz und tauscht miteinander aus, was die Arbeit Gutes bewirkt hat. Man hat Zeit, alle zu würdigen und allen zu danken, manchmal vielleicht jemandem ganz besonders. Zeit für ein Brainstorming für neue kreative Ideen oder um Probleme zu lösen. Zeit, um sich auf die Seele einzustimmen, zu danken, um Führung zu bitten oder Führung zu empfangen. Sich diese Zeit zu nehmen, zahlt sich aus, da jeder inspiriert und eingebunden wird und sein Bestes gibt.

Selbst in den größten Organisationen sind regelmäßige Zusammenkünfte ein großer Gewinn. Jeder kann sehen, wie wichtig seine/ihre Arbeit ist, wie sie sich in das Ganze einfügt und wie das Endergebnis aussieht.

Zwischen den Zusammenkünften sollten alle durch Rundschreiben über Erfolge und Herausforderungen auf dem Laufenden gehalten werden. Beiträge von allen sollten willkommen sein.

- Delegiere komplexe Prozesse an ein kleines Komitee innerhalb der Gruppe, wann immer sich Gelegenheit dazu ergibt. Es macht wirklich keinen Spaß, in einer ganzen Gruppe vielschichtige, knifflige Entscheidungen zu treffen.

- Ego und Machtstreben entstehen selbst in kleinen Gruppen. Das lässt sich dadurch vermeiden, dass es keinen Leiter gibt oder dass die Leiter nach dem Rotationsprinzip wechseln. (Das Zen-Zentrum in San Francisco, das ziemlich groß ist, hat das Rotationsprinzip jetzt eingeführt.) Wo dies nicht angebracht ist, hängt es an der Integrität der Leiter, ob wahrhaft gedient wird.

- Schwierigkeiten entstehen immer. Wenn das geschieht, ist es gut, eine Pause zu machen und sich auf die Seele einzustimmen. Jeder fragt sich aufrichtig, was das Beste für alle ist. Selbst wenn Schwierigkeiten bestehen bleiben, werden sie leichter zu lösen sein.

Mit reinem Herzen dienen

Für dich oder deine Gruppe:

Ich bin (wir sind) eins mit allem.

Ich bin Mitgefühl für alle.

Ich bin Liebe.

Ich folge dem Weg meines Herzens, dem Licht meiner Seele, meiner Freude.

Ich komme aus der Liebe und folge meiner Eingebung in Freiheit.

Ich bin völlig präsent und lebendig - hier und jetzt!

Während ich diene, wird mir automatisch gedient.

Ich diene in völliger Gleichheit mit allen.

Ich sehe das Göttliche in allen, denen ich diene.

Ich gebe anderen das Geschenk, mir dienen zu dürfen.

So sei es!

Danke für alles, was ihr seid und tut!

Initiationen für das Dienen in anderen Kapiteln:

Kapitel 3: Das Karma klären
Lichtarbeiter-Syndrom

Kapitel 6: Beziehungen harmonisieren
Beistand für einen geliebten Menschen beim Übergang
Beistand für einen geliebten Menschen, der gestorben ist

11. Kapitel

Verjüngung und Unsterblichkeit

Die Seele, die deinem Körper Botschaften zukommen lässt, ist unsterblich. Dein Körper kann ebenfalls unsterblich sein.

Wir können uns im wahrsten Sinne des Wortes fortwährend verjüngen. Ein solche Behauptung erscheint uns wahnsinnig. Wie kann man so irregeleitet sein? Das dachte ich früher auch.

Indem wir uns der metaphysischen Wahrheiten gewiss werden, kann auch die Möglichkeit der Verjüngung zur Gewissheit werden:

- Das Göttliche ist absolut unbegrenzt, absolut machtvoll und ewig. Es drückt sich ganz natürlich als göttliche Ordnung und Schönheit aus.
- Das Göttliche existiert überall und in allem, hier und jetzt. Das heißt, das ewige Göttliche *ist* unser Körper.
- Wir sind das Abbild des Göttlichen. Alle Eigenschaften des Göttlichen - z.B. Ewigkeit - lassen sich auf jeder Ebene unseres Seins - auch auf der körperlichen - verwirklichen und erfahren.
- Jede Form wird durch den Gedanken erschaffen und in jedem Moment neu erschaffen. Gedanken lassen sich augenblicklich verändern, also lässt sich auch die Form augenblicklich verändern.

Wenn diese Feststellungen wahr sind, dann ist es uns Menschen möglich, uns zu verjüngen. Wir besitzen ein Nervensystem, das imstande ist, unsere Göttlichkeit zu verwirklichen und auszudrücken. Unser Körper besteht aus göttlicher Substanz: Energie, die durch den göttlichen Gedanken im Leib unserer Mutter zu einem Körper geformt wurde.

Wir sind eins mit dem Göttlichen, doch in der Vergangenheit war der Glaube an die Trennung übermächtig. Wir glaubten, dass unser Körper altern und sterben muss - und das tat er dann auch.

Aber jetzt erinnern wir uns an unsere Göttlichkeit und wir kehren zur göttlichen Einheit zurück. Die aufgestiegenen Meister und andere Unsterbliche weisen uns den Weg zu Verjüngung und Unsterblichkeit. Sie ermutigen uns, das zu schaffen, was sie bereits geschafft haben.

Warum sollten wir uns verjüngen? Warum unsterblich werden? Wir wollen hier einige göttliche Eigenschaften betrachten:

- ewiges Leben, das sich ständig ausdehnt
- unbegrenzte Energie
- Schönheit

Wenn wir das Göttliche in allem ehren, dann können wir den Körper nicht ausnehmen. Verjüngung und Unsterblichkeit sind unser Geburtsrecht, unser Erbe der Muttergöttin/des Vatergottes, von denen wir ein Teil sind. Unsere unbegrenzte Göttlichkeit, die auch die Unsterblichkeit der Gestalt einschließt, ist seit alten Zeiten in unseren Zellen kodiert. Und obgleich diese Kodierungen durch unsere begrenzten Überzeugungen der vergangenen Jahrtausende zeitweise unwirksam gemacht wurden, warten sie nur darauf, wieder in Kraft gesetzt zu werden.

Es gibt noch einen tieferen Grund für Verjüngung und Unsterblichkeit. Die dritte Dimension ist eine große Taschenspielerin. Sie verführt uns zu dem Glauben, dass es nichts Realeres als die Materie gäbe. Selbst wenn wir die Unsterblichkeit unserer individuellen Seele anerkennen, gleichzeitig aber unseren Körper nicht als göttliche Substanz erkennen und erleben, verpassen wir eine erstaunliche Gelegenheit, zu lernen und Weisheit zu erlangen. Der Körper ist ein kurzlebiges Konglomerat göttlicher Energieteilchen, das durch den Gedanken geformt wurde. Ich bin fest davon überzeugt, dass die Erfahrung der Göttlichkeit des Körpers - und aller anderen „festen“ Materie - ein wichtiger Bestandteil unserer Lernerfahrung auf der Erde ist.

Natürlich muss das Leben ein gewisses Maß an Glück mit sich bringen, denn weshalb würden wir sonst auf der Erde bleiben wollen? Wie immer, werden wir auch hier angeleitet. Doch manchmal gibt es andere Prioritäten.

Das Göttliche ist hier - immer präsent und in jeder Beziehung grenzenlos. Das ist unsere einzige Wahrheit. Durch diese Gewissheit haben sich andere verjüngt, und wir können das Gleiche tun. Wie wir im einzelnen vorgehen, ist nicht so wichtig, so lange es uns in dieser Wahrheit unterstützt.

Im „Schlüssel zum göttlichen Selbst - der aufgestiegene Meister in Dir“ kann mehr über die Logik der Verjüngung und über mögliche Gründe für eine Entscheidung dafür nachgelesen werden.

Hier einige Initiationen, die mir sehr geholfen haben. Rufe deine Seele und verbinde dich mit ihr, entspanne dich, erde dich, nimm dir vor, dass es funktioniert. Lass dir Zeit, atme und fühle, damit jede Initiation real für dich wird.

Bei so uralten und tief verwurzelten Überzeugungen wie denen, die sich um das Altern und den Tod ranken, müssen die Initiationen wahrscheinlich viele, viele Male wiederholt werden.

Ist Verjüngung/Unsterblichkeit etwas für mich?

Wir wollen den Begriff „Verjüngung“ zunächst etwas genauer definieren. Es gibt zwei grundlegende Möglichkeiten: Verjüngung, die alles einschließt, also Vitalität und äußere Erscheinung, und Verjüngung, die sich auf die Vitalität des Körpers bezieht, nicht aber auf die Erscheinung. Von beiden Möglichkeiten gibt es so viele Varianten, wie Menschen sich für sie entscheiden.

Verjüngung und Unsterblichkeit sind zwei von vielen möglichen Wegen. Deine Seele wird dir eingeben, ob du einen von ihnen oder beide einschlagen sollst. Wenn du dir schon sicher bist, kannst du folgende Übung überspringen.

Versenke dich in die Meditation. Lade deine göttliche Präsenz ein, ganz bei dir zu sein. Betrachte nun Verjüngung als eine Möglichkeit und Unsterblichkeit als eine andere. Was sagt deine Seele zu beiden? Was spürst du?

Falls du gern eine positive Antwort hören würdest, statt dessen aber eine negative erhältst, frag nach deiner momentanen Priorität und stimme dich darauf ein.

Bei einer positiven Antwort kannst du fortfahren:

Das Unbewusste klären

Manchmal können wir Veränderungen, die wir uns vorgenommen haben, über längere Zeit hinweg mit großer Leidenschaft und Entschlossenheit fühlen, erklären und visualisieren, ohne dass sich bestimmte unbewusste Aspekte des Selbst davon beeinflussen oder verändern ließen. Der Geist ist unermesslich! Wenn das Unbewusste im Einklang mit unserem Weg ist, dann läuft alles reibungslos, aber wenn es andere Pläne hat, können wir uns auf den Kopf stellen, ohne dass sich auch nur das Geringste bewegen wird. Das Unbewusste ist ein wichtiger Faktor. Verschüttete, unbekannte, unverarbeitete Überzeugungen, die uns gar nicht bewusst sind, bilden irgendwie die Grundlage unseres Seins und sind unsere stärkste Realität. Sie werden jede Entscheidung hintertreiben, die ihnen zuwiderläuft.

Sofern dies nicht dein erstes Leben auf der Erde ist, enthält dein Unbewusstes vergrabene Erinnerungen, Gefühle und Überzeugungen im Zusammenhang mit Altern und Tod in vergangenen Leben und hält vielleicht an diesem Programm fest, weil es eine gewisse Sicherheit bedeutet. Solche Mechanismen sind dir möglicherweise im Augenblick aber noch gar nicht zugänglich.

Lade dein Unbewusstes ein, sich der Kommunikation mit dir zu öffnen. Mit Liebe und Respekt gelingt es dir, eine Brücke schlagen. Oft kannst du es als tiefe Emotion wahrnehmen, die unter den oberflächlichen Gefühlen und Gedanken vorhanden ist. Du fühlst sie im Solarplexus oder im Unterbauch. Nimm dir Zeit, atme, fühle.

Wenn du glaubst, dass sich ein Kanal geöffnet hat, dann sprich:

Geliebter Teil meiner selbst, den ich bisher nicht bewusst wahrgenommen habe, ich liebe und ehre dich. Ich danke dir, dass du dich in der Vergangenheit an die Tagesordnung gehalten hast, die Altern und Tod vorsah. Indem du meinen Überzeugungen gehorchtest, hast du mir vollkommen gedient.

Ich möchte dich jetzt wissen lassen, dass ich mich daran erinnert habe, wer ich bin: ein unbegrenztes göttliches Wesen. Ich beschließe jetzt, unser altes Programm zu ändern und das Altern und den Tod loszulassen. Ich will diese heilige Form verjüngen. Ich habe mich dafür entschieden, ewig in einer immer lichteren Gestalt oder in Formlosigkeit zu leben.

Wir können diese Veränderungen unbedenklich wagen. Es kommt auf dich an. Machst du mit?

Schau jetzt tief in deine Gefühle hinein. Kannst du sehen, ob und wie dein Unbewusstes antwortet? Erlaube ihm, ehrlich zu sein, denn ein so großer Schritt lässt sich nicht erzwingen. Vielleicht ist es völlig ablehnend, vielleicht will es mehr Information, vielleicht braucht es Bedenkzeit. Du wirst Geduld und Standfestigkeit haben müssen, um die volle Zustimmung deines Unbewussten zu erhalten.

Bitte dein Unbewusstes, dir die Überzeugungen, Erinnerungen und Gefühle offenzulegen, die gegen Verjüngung und Unsterblichkeit sprechen. Soweit du bereit bist, sie zu sehen, werden sie an die Oberfläche kommen. Alle anderen - insbesondere ein schmerzlicher oder entsetzlicher Tod - werden so lange nicht ans Tageslicht kommen, bis du stark genug bist, ihnen ins Auge zu schauen. Die Initiationen „Den Tod loslassen" und „Das Leben wählen" werden dir helfen.

Akzeptiere und würdige, was dir dein Unbewusstes zeigt. Schlag im „Klärungs"-Kapitel die Initiation zur Klärung angstbesetzter Energie nach.

Es kann Jahre oder sogar Jahrzehnte dauern, bis du von deinem Unbewussten die volle Zustimmung für deine bewusste Absicht erhältst. Aber sobald sich dein Unbewusstes auf den Verjüngungsprozess einlässt, ist dein Erfolg so gut wie sicher.

Den Tod loslassen

Bevor du folgende (oder entsprechende, andere) Worte sprichst, geh an einen ungestörten Ort und rufe deine Seele. Bitte darum, das alle Schichten deines Selbst diese Worte hören und durch sie verändert werden. Sammle dich und sprich aus der Kraft, die Veränderungen herbeiführen kann:

Ich mache jetzt das „Unmögliche" möglich. Ich gebe den Tod auf. Mein Körper wird niemals mehr sterben. Ich gebe alle bewussten und unbewussten Pläne und Vorstellungen auf, dass mein Körper zu einer bestimmten Zeit sterben wird. Ich gebe das Altern meines Körpers auf, alle Krankheit und jeden Einfluss, den das begrenzte Denken auf meine physische Gestalt hatte. Ich gebe die Idee auf, irgend ein Alter zu haben. Ich bin alterslos und ewig.

Ich gebe das Verhaftetsein auf; ich werde nicht mehr so tun, als müsste diese Lichtgestalt sterben, nur damit ich zu den anderen „dazugehöre". Ich lasse alle emotionale Verhaftung mit dem Tod und dem Sterben los - nicht nur auf körperlicher, sondern auch auf geistiger und emotionaler Ebene. Ich verzichte auf Beerdigungen, Beisetzungshallen und Friedhöfe. Ich werde nicht mehr über den Tod sprechen. Ich gebe die Idee auf, das Leben verlassen zu müssen.

Ich heile alle vergangenen Gedanken, Gefühle und Erinnerungen an dieses und vergangene Leben, die mit Alter, Krankheit und Tod verbunden sind. Ich heile sie mit dem göttlichen Licht und der göttlichen Liebe in mir. Ich nehme die Heilung all dieser Erfahrungen in meinem Bewusstsein und in meinem Unbewussten an. Die Heilung wird so erfolgen, wie es für mich am besten ist.

Rufe die violette Flamme oder die goldene Flamme deiner Göttlichkeit. Bitte sie, alle Schichten deines Wesen zu durchdringen und alles zu klären, was du bereits loslassen kannst. Die Flamme umhüllt und durchdringt alles: Todeserfahrungen anderer Leben und Traumata, die damit zusammenhängen, die Erfahrung des Alterns und die Krankheiten aller Leben. Kläre die Überzeugungen und Ängste, die mit Alter und Tod verbunden sind, atme. Führe deine Arme an deinem Körper entlang über den Kopf und übergib alles deiner Seele.

Du kannst diese Initiation immer wieder im Lauf der Jahre machen, bis sie so vollkommen ist, dass du den althergebrachten Überzeugen nicht mehr unterliegst.

Das Leben wählen

Folgende Erklärungen sind für dich gedacht, wenn du dich für physische Unsterblichkeit entscheidest.

Ich umarme das Leben in seiner ganzen Fülle - seinen Reiz, sein Geheimnis und seine Schönheit, Freude und Leid, das ewige Jetzt. Meine Lebendigkeit dehnt sich immer weiter aus. Ich atme tief. Ich lebe aus der Seele und betrete heute mutig das Neue, das Unbekannte.

Ich entscheide mich für die sich immer ausdehnende Freude des Göttlichen, von dem ich ein Teil bin. Ich entscheide mich für die Erfahrung, dass Himmel und Erde hier und jetzt eins sind. Ich wage es, meine Träume zu verwirklichen und glücklich, liebevoll, reich und erfüllt mit dem zu sein, was mir die Erde und die Seele schenken. Es gibt keinen Grund, mein Leben auf der Erde für ein anderes auf einer anderen Ebene aufzugeben.

Ich bin die Perfektion meines wahren Selbst. Ich bin das sich ständig ausdehnende Leben des Göttlichen. Mein Körper besteht aus göttlicher Substanz. Er ist lebendiges Licht, immerwährendes Leben, Ganzheit und Perfektion. Er ist Schönheit. Er ist jetzt und für immer Ausdruck von Gott/Göttin.

Mein Denken, meine Vision, Vorstellung und Absicht bringen mich der Unsterblichkeit, meiner neuen Realität näher. Ich akzeptiere freudig das ewige Leben des Göttlichen in dieser heiligen Gestalt.

Ich lebe in diesem Körper in immer größerer Schönheit, Kraft, Gesundheit, Lebendigkeit und Freude, solange es für mich richtig ist - und wenn es tausend Jahre sind. Wenn ich bereit bin, die Erde zu verlassen, erhöhe ich die

Frequenzen meines Körpers und trete in eine lichtere Dimension ein. Es wird keine Form zurückbleiben.

Ich bin unsterblich. Gott/Göttin sei Dank. So sei es.

Hindernisse überwinden

Folgende Glaubensmuster sind praktisch allgemeiner Bestandteil unserer Kultur. Suche dir diejenigen aus, die auf dich zutreffen und die du jetzt verabschieden möchtest. Rufe deine göttliche Präsenz und vielleicht einen Meister, der dich begleitet. Du brauchst jetzt das Herz eines Löwen!

Wir haben jeder unsere eigene Art, alte Überzeugungen loszulassen. Im „Klärungs"-Kapitel werden verschiedene Möglichkeiten besprochen. Hier eine neue Übung. Du kannst sie verändern oder deine eigene Methode benutzen.

Such dir eins deiner einengenden Glaubensmuster aus und schlüpf hinein. Spüre es, dringe immer tiefer ein. Sollte sich dabei ein Themenkomplex in mehrere Bestandteile aufspalten, dann wiederhole die Übung für jedes Muster einzeln. Wenn du wirklich daran arbeitest, löst es sich wahrscheinlich in Luft auf, oder du gelangst an den Rand des Musters und kannst über es hinaus blicken. Spring jetzt! Lass das Muster hinter dir, bis es ganz klein wird. Sag dir:

Ich habe es erschaffen.

Mach dir ganz klar, dass du selbst es für dich geschaffen hast. Versteh es tief in deinem Bauch.

Es ist völlig in Ordnung, dass ich es erschaffen habe.

Fühle auch das. Versteh, das es nur deshalb existierst, weil du es wolltest. Du hast ihm deine Schöpferkraft gegeben, so dass es weiter existieren kann. Wenn du ihm deine Energie entziehst, wird es sich langsam auflösen oder ganz verschwinden. Möchtest du das? Wenn ja, entscheide dich, wie du vorgehen willst.

Hier meine Methode: Zuerst danke ich ihm, dass es mir gedient hat, und lade seine Energie ein, mich bei meiner neuen Schöpfung zu unterstützen. Dann stelle ich mir einen großen roten elektrischen Schalter vor, der nach oben auf „An" zeigt. Mit beiden Händen über meinem Kopf drücke ich ihn auf „Aus" und kommentiere dies mit einem zufriedenen Ausruf. Das Muster schrumpft jetzt auf die Größe eines Stecknadelkopfes zusammen und explodiert ins Licht.

Wie wird deine neue Schöpfung aussehen? Sprich das „Gegenmittel" laut und deutlich und mit deiner ganzen Leidenschaft aus. Fühle deine neue Realität, freue dich über sie und akzeptiere sie bis in die Tiefen deines Wesens. Steck in den folgenden Wochen (Monaten, Jahren) deine Energie hinein, bis es deine Wirklichkeit wird - bis es dir ganz selbstverständlich ist.

Wenn das alte Muster zurückkehrt, gibst du ihm immer noch Leben. Die Ablösung erfolgt oft in Schichten. Wiederhole die Übung, wenn du dazu bereit bist. Sie ist ein sehr wirksames Mittel für das Auflösen von Mustern, die du nicht mehr willst, und zum Erschaffen von etwas Neuem.

Hier einige einengende Glaubensmuster, die in der ganzen Menschheit verbreitet sind:

- Gott liebt mich nicht.

Als wir - vor Äonen - unser Einssein mit dem Göttlichen vergaßen, konstruierten wir uns als Ersatz das Ego, diesen Taschenspieler. Unbewusst fürchteten wir die göttliche Missbilligung, und daraus entstand die Vorstellung eines urteilenden, rächenden und zornigen Gottes.

Gegenmittel: *Gott/Göttin liebt mich unendlich und ewig. Gott/Göttin hat mich niemals verurteilt; ich habe es selbst getan. Gott/Göttin versteht meinen Glauben an die Trennung und kennt mich seit jeher als das unschuldige, schöne göttliche Wesen, das ich bin. Ich heiße diese Wahrheit jetzt willkommen und fühle sie.*

- Ich bin es nicht wert, das zu bekommen, was ich möchte.

Unser Glaube an die Trennung brachte Schuldgefühle und das Gefühl der Wertlosigkeit hervor. Während wir im Laufe unserer Leben unsere Rollen spielten - u.a. auch die des „Verfolgers" - und dadurch Weisheit entwickelten, multiplizierten sich diese Gefühle.

Wir müssen alles vergeben. Dann werden wir fühlen, dass wir es wert sind, unsere Herzenswünsche erfüllt zu bekommen.

Gegenmittel: *Ich bin für alle Ewigkeit unschuldig, eins mit dem all-liebenden Gott/der all-liebenden Göttin. Demütig akzeptiere ich diese Wahrheit. Ich vergebe mir und den anderen sowie allen Geschehnissen und Umständen, so tief ich es jetzt vermag. Ich werde nicht nachlassen, bis alles vergeben ist. Ich lebe in einer Welt, in der alles verziehen ist.*

Ich bin aller guten Dinge würdig, weil ich eins mit dem Göttlichen bin. Ich bin das Bild des Göttlichen und habe göttlichen Wert. Ich verdiene nur Gutes und akzeptiere keine geringere Wahrheit über mich selbst. Ich liebe und würdige mich. Ich bin mein bester Freund. Ich akzeptiere all das göttliche Gute in meinem Leben.

- Das Leben ist nicht besonders gut und kann es auch gar nicht sein.

Wir haben uns mit viel weniger zufrieden gegeben, als das Leben zu bieten hat - und es hat alles zu bieten, was wir uns je wünschen könnten.

Gegenmittel: *Das Göttliche gibt verschwenderisch. Es ist vollkommene Liebe und möchte, dass ich als Teil seiner selbst die unendliche Fülle des Universums bin und ausdrücke. Meine wahre Natur ist so unermesslich, dass sie alles Existierende einschließt. In mir ist bereits alles vorhanden, was ich mir wünschen könnte. Ich muss es nur wissen und das einfordern und annehmen, was ich mir wünsche. Ich beschließe, diese Wahrheit in der Tiefe meines Seins zu verstehen und lebe ein transformiertes Leben.*

- Altern und Tod sind Grundtatsachen des Leben und somit real.

Wenn wir uns verjüngen und unsterblich werden wollen, müssen wir dieses Glaubensmuster verändern. Unser Körper hat an sich keine Macht, sondern gehorcht unseren Überzeugungen. Aber er sehnt sich danach, seine wahre Bestimmung zu erfüllen: das ewig sich ausdehnende Leben der Göttlichkeit.

Gegenmittel: *Ich bin das Ebenbild meiner geliebten Muttergöttin/meines geliebten Vatergottes. Ich bin ewiges, sich ausdehnendes Leben. Altern und Tod sind Illusionen. Sie sind für mich nicht real. Mein Körper ist ein göttlicher Körper voller Licht, der immer mehr an Schönheit gewinnt. In meinen Gedanken ist mein Körper vollkommen. Ich habe die Freiheit, ihn zu regenerieren, zu verjüngen, ihn zu verschönern und ihn für immer leben zu lassen.*

- Ich fürchte und verurteile den Tod.

Dies ist die logische Konsequenz, wenn wir uns mit unserem Körper identifizieren. Wir ziehen immer die Erfahrungen an, die wir fürchten, verurteilen und denen wir uns widersetzen. Daher ist es wichtig, diese Einstellung zum Tod loszulassen.

Der Tod des Körpers ist nichts Schlimmes. Wir sind unzählige Male gestorben und haben uns immer wieder reinkarniert. Wenn wir sterben, empfängt uns unser höheres Selbst liebevoll in einer lichteren Sphäre; dort gewinnen wir an Weisheit, bis wir für die nächste Inkarnation bereit sind.

Natürlich kann Sterben eine traumatische Erfahrung sein, z.B. wenn es mit Krankheit und Schmerz verbunden ist. Plötzlicher, gewaltsamer Tod ist erschreckend. Schwierige Todeserfahrungen haben uns vielleicht so erschreckt und verwirrt, dass wir den liebevollen Empfang durch unser höheres Selbst gar nicht akzeptieren konnten. Wenn wir uns nicht mit unserer Seele verbunden haben, blieben wir vielleicht eine Zeitlang in der „Vorhölle" stecken, wo wir als nichtmaterielles Wesen vesuchten, mit der materiellen Welt Verbindung aufzunehmen. Wenn du das erfahren hast, musst du zuerst die Angst vor dem Tod überwinden.

Gegenmittel: *Mit der Unterstützung meines göttlichen Selbst befreie ich mich jetzt von meiner Angst vor dem Tod. Ich lasse die Verurteilung des Todes los. Wenn mein Körper in diesem Leben stirbt, dann wird es für mich in Ordnung sein. Ich habe genug Zeit, um mich für die Unsterblichkeit meiner Form zu entscheiden! Ich bin göttlich und furchtlos.*

- Ich fürchte und verurteile das Altern.

Einige haben mehr Angst vor dem Altern als vor dem Tod. Es ist wahr, dass Altern eine traurige Angelegenheit ist, besonders in unserer Gesellschaft, die sich dem Jugendkult verschrieben hat. Altern ist kein natürlicher körperlicher Prozess. Aber bis wir unser unbegrenztes Bewusstsein so weit zurückgewonnen haben, dass sich der Prozess umkehren kann, ist es besser, das Geschehene zu akzeptieren und den Alterungsprozess anzunehmen, falls er weiter fortschreitet. Sich vor dem Altern zu fürchten, es zu verurteilen oder ihm Widerstand entgegenzusetzen, lädt den Alterungsprozess geradezu ein.

Gegenmittel: *Ich lasse alle Angst, allen Widerstand und alle Urteile im Zusammenhang mit dem Altern los. Ich akzeptiere und liebe meinen Körper und mein Gesicht so, wie sie sind. Mein unendlicher göttlicher Wert ist unabhängig von meiner physischen Erscheinung. Ich bin liebenswert und werde geliebt. Ich bin schön. Ich bin wundervoll.*

- Ich verurteile oder hasse meinen Körper, zumindest teilweise.

Wie oft haben wir in den Spiegel geschaut und den Körper verurteilt? Der Körper fühlt dieses Urteil und verliert an Fähigkeit, seine Lebendigkeit und Schönheit auszudrücken.

Gegenmittel: *Ich danke für das Leben in einer Gestalt - dieses Geschenk des Schöpfers. Ich erkenne mit Bewunderung und Dankbarkeit das erstaunliche Wunder meines Körpers an. Ich liebe meinen nackten Körper im Spiegel. Ich lobe und segne ihn. Das freut meinen geliebten Körper und bereitet ihn darauf vor, die Verjüngung anzunehmen. Er antwortet mit neuer Energie und Kraft. Es gibt keine größere Macht als diese Liebe!*

- Ich identifiziere mich mit meinem Aussehen und mit meinem Alter. Ich fürchte mich davor, das zu verändern. Wer wäre ich dann?

Gegenmittel: *Meine Identität transzendiert mein Aussehen. Auch wenn ich unsterblich und ewig jung bin, bleiben meine Seele und meine Identität bestehen. Ich identifiziere mich jenseits der menschlichen Form mit dem göttlichen Ich Bin. Ich bin alterslos und ewig.*

- Zeit ist eine Realität. Ich fühle mich sicher, solange ich an das Fortschreiten der Zeit und an das Altern glaube. Jede Veränderung empfände ich als verwirrend und beängstigend.

Gegenmittel: *Zeit ist eine Illusion. Es gibt keine Zeit in Gott/Göttin. Alle Zeit existiert gleichzeitig. Meine Sicherheit ist nirgendwo anders als da, wo sie hingehört: im ewigen Göttlichen dieses Augenblicks Jetzt.*

- Alter ist mit Weisheit und Macht verbunden. Wenn ich wieder jung aussähe, würde man mir meine Weisheit und Macht nicht glauben. Ich würde nicht respektiert werden.

Dies muss sich ändern. Die Pioniere der Verjüngung werden Weisheit und Macht in einem schönen, jugendlichen Körper ausdrücken.

Gegenmittel: *Ich kann jung aussehen und zugleich uralte Weisheit, Macht, Geist und Anmut besitzen. Die Menschen sprechen auf mein Wesen an, nicht auf meine Erscheinung. Ich kann jung aussehen und völlig respektiert werden.*

- Wenn ich mich körperlich verjünge, entwickle ich mich zurück und verliere an Weisheit.

Gegenmittel: *Wenn ich mich auf einen jugendlichen Körper und eine jugendliche Erscheinung zubewege, mache ich Fortschritte. Ich entwickle mich nie zurück. Dieser Prozess vermittelt mir große Weisheit und viele Gaben, die ich austeilen kann.*

- Meine Ernährung und meine Lebensweise schaden meinem Körper.

Unsere Gedanken über Ernährung und Gewohnheiten sind schöpferisch. Wenn wir denken, dass uns etwas schadet, dann geschieht dies auch. Daher müssen wir entweder unsere Lebensgewohnheiten oder unser Denken verändern.

Gegenmittel: *Nichts Physisches hat die Kraft, meinem Körper zu schaden. Ich entscheide mich für unschädliche Gedanken und tue, was meine Weisheit mir eingibt.*

- Mein Leben macht mir keinen Spaß. Warum sollte ich es verlängern?

Gegenmittel: *Ich entscheide mich dafür, glücklich zu sein. Ich verbinde mich mit der Freude des Universums. Ich erreiche meine Ziele. Ich heile meine Beziehungen. Ich tue nur, was mir Freude bereitet, oder bewege mich darauf zu. Ich teile die Gaben aus, die ich habe, und empfange Gottes grenzenlosen Überfluss aller guten Dinge, und dazu gehört auch der finanzielle Wohlstand. In meinem Leben voller Freude und Sinn heiße ich Verjüngung und Unsterblichkeit willkommen.*

- Wenn ich unsterblich werde, bin ich für immer in diesem Körper gefangen. Das könnte ich nicht ertragen.

Gegenmittel: *Ich bin niemals gefangen. Ich lerne, meine Körperfrequenzen zu erhöhen und lichtere Sphären zu betreten, ohne eine Form zurückzulassen. Wenn ich bereit bin, diese Ebene zu verlassen, werde ich es tun.*

- Ich liebe meine Familie, meine Eltern und Großeltern. Wenn ich sie ehren will, muss ich genau wie sie altern und sterben.

Unsere Familie zu lieben und zu ehren, bedeutet nicht, sich an sie zu ketten.

Gegenmittel: *Liebe und Freiheit sind eins. Ich kann meiner Familie und meinen Freunden kein größeres und liebevolleres Geschenk machen, als ihnen die Freiheit vom Alter und Tod vorzuleben. Ich entscheide mich dafür.*

- Ich werde die Liebe meiner Familie und Freunde verlieren, wenn ich mich verjünge. Ich werde mich zu sehr von ihnen wegentwickeln. Sie werden mich für verrückt halten oder eifersüchtig sein. Ich werde einsam sein. Ich werde keine Freunde haben.

Gegenmittel: *Meine Familie und Freunde sind eins mit der Göttlichkeit. Wenn sie noch nicht bereit sind, sich zu verjüngen, dann ist das in Ordnung. Sie werden ihren Sieg über die Beschränkungen dann ausdrücken, wenn es für sie ansteht. Es macht mir nichts aus, wenn mich jemand scheinbar nicht liebt. Ich vergebe und verstehe. Ich weiß, dass die Liebe für immer die einzige Wahrheit zwischen uns ist.*

Was immer ich tue, ich habe Freunde, die das gleiche tun. Je enger ich mit meinem höheren Selbst verbunden bin, um so liebevoller und wunderbarer sind meine Freunde. Ich bin niemals einsam. Vor allem besitze ich die ewige göttliche Liebe und Unterstützung.

- In der Meditation bin ich mir meiner Verjüngung bewusst, aber wenn ich dann in den Spiegel schaue oder über meinen Körper nachdenke, rutsche ich wieder ins alte Denken ab.

Gegenmittel: *Ich habe Geduld. Schritt für Schritt gelingt es mir, meine Gedanken, Gefühle und inneren Bilder auf die Wahrheit meiner ewigen göttlichen Form einzuspielen.*

- Spirituell kann die Verjüngung nicht richtig sein. Es ist nur die Eitelkeit, die einen dazu veranlasst, gut aussehen zu wollen.

Gegenmittel: Als Teil des Göttlichen kann ich ganz natürlich die ewige Schönheit von Geist, Seele und Körper ausdrücken. Wenn ich meinen Körper ausschließe, kann sich das Göttliche nicht ungehindert in seiner natürlichen, ewigen Schönheit in dieser Form ausdrücken. Die Freude am eigenen jugendlichen Aussehen ist gut.

- Dieser Körper ist grobstofflich und damit unwichtig. Wenn er seinen Zweck erfüllt hat, wird er abgelegt, während mein unsterblicher Geist weiterbesteht. Physische Unsterblichkeit ist sinnlos.

Dieser Gedanke ist weitverbreitet und in Ordnung. Hier ist eine Alternative.

Gegenmittel: *Ich bin hier, um alles als göttlich zu erkennen und zu erfahren. Wenn ich meinen Körper ausschließe, kann ich nicht die ganze Weisheit erlangen. Meine Erfahrung auf der Erde wird nicht alles umfassen, was möglich wäre.*

- Ich sehe keine Resultate. Es funktioniert nicht.

Die Umwandlung des Todesbewusstseins in Lebensbewusstsein ist eine so große Veränderung, dass du vielleicht vorläufig noch eine Weile altern wirst. Der Alterungsprozess wird mit einigen Verjüngungstendenzen durchsetzt sein, später wird dann umgekehrt der Verjüngungsprozess durch ein paar Alterungstendenzen unterbrochen werden. Du kannst dich auf deine Kraft und deine Lebendigkeit konzentrieren, bis schließlich alles zusammenkommt. Du brauchst Geduld, wenn du diese uralten Glaubensmuster umkehrst.

Gegenmittel: *Ich entscheide mich dafür, mich an die göttliche Wahrheit in dieser Form zu erinnern, und ignoriere alle Illusionen. Mein Verjüngungsprozess kann lange, bevor er offensichtlich wird, bereits auf zellular-atomarer Ebene stattfinden. Wenn es wirklich nicht klappt, dann verhindert etwas in mir diesen Prozess. Ich habe genug Geduld und Standfestigkeit, um meine alte Programmierung zu löschen.*

Ich binde diesen ganzen Prozess in das ein, was im nächsten Augenblick geschieht - oder auch nicht geschieht. Ich werde es schaffen und betrachte jede Erfahrung - auch wenn sie nach Scheitern aussieht - und meine Reaktion darauf als einen Schritt zum letztendlichen Erfolg.

- Ich kann das niemals erreichen. Es ist unmöglich.

Es besteht Misstrauen gegenüber den unbegrenzten Realitäten des Lebens.

Gegenmittel: *Ich halte an der Wahrheit des all-liebenden und allgebenden Göttlichen fest, das mir alles schenkt, was ich mir hier und jetzt wünschen kann. Ich beschließe, diese Wahrheit auf allen Ebenen und mit jeder Faser meines Wesens anzunehmen. Das Leben ist gut. Die Realität ist schön und voller unbegrenzter, wunderbarer gegenwärtiger Möglichkeiten. Gott/Göttin handelt und vollbringt alles mühelos. Ich akzeptiere dieses Gute. Es geschieht. So sei es!*

- Was ist, wenn ich meine ganze Bemühung hineinstecke und dann alles vergebens ist?

Im Grunde heißt das: Was ist, wenn ich Gott/Göttin völlig vertraue und herausfinde, das er/sie gar nicht existiert? Was passiert, wenn ich mich am Trapez ganz hinaufschwinge und mich fallen lasse - und niemand fängt mich auf? Es wäre eine Katastrophe.

Diese Frage berührt die Wurzel des Lebens. Die meisten von uns haben vergessen, dass wir eins sind mit der Quelle. Es ist völlig unmöglich, dass wir nicht aufgefangen werden, wenn wir voller Wagemut und Vertrauen an diesem Trapez schwingen.

Doch wie wir dieses Vertrauen entwickeln können, lässt sich nicht so leicht beantworten.

Gegenmittel: *Ich gehe nach innen und verbinde mich mit meiner wahren Natur und der Natur des Universums. Dadurch gelingt es mir mit der Zeit, die Realität Gottes und des Guten zu erkennen. Ich spüre immer stärker meine Fähigkeit, alles zu erschaffen, was ich wirklich möchte.*

- Wenn ich mir erlaube, mich zu verjüngen, wird es mir wieder genommen, und alles wird schlimmer als vorher.

Solche Verlustängste sind uralt.

Gegenmittel: *Das Göttliche hat mich niemals verlassen - wie könnte es sich selbst verlassen? Ich werde in alle Ewigkeiten geliebt und versorgt. Jeder Erfolg und jede Erfüllung in meinem Leben gehören für immer zu mir. Die Wohltaten des Lebens sind für immer da und können mir nicht genommen werden.*

- Ich kann mit so viel Freude nicht umgehen.

Gegenmittel: *Mit der Hilfe meines göttlichen Selbst, lasse ich alle verbliebenen Gefühle von Unmut und Zorn, Leid, Urteil, Furcht, Verwirrung, Schmerz und Stress los - diese Gefühlssymptome, die mich von Gott trennen. Ich bewege mich hin zur Freude, Liebe, Licht, Vertrauen, Entspannung, Akzeptanz, Vergebung, Kraft, Freiheit und Wissen, die meine Einheit mit Gott ausdrücken. Ich kann diese große Freude akzeptieren und tue es.*

- Ich muss es richtig machen!

Gegenmittel: *Wenn ich mich für ein Verjüngungsprogramm entscheide, vertraue ich mich ihm an und mache die Pausen, die ich brauche. Ich lasse mich von meinem inneren Wissen führen. Ich ehre mich und vertraue meiner Entwicklung.*

- Ich muss alles selbst machen. Ich muss hart arbeiten, damit die Verjüngung oder Unsterblichkeit wirklich stattfinden kann.

Gegenmittel: *Damit Verjüngung oder Unsterblichkeit stattfinden kann, muss ich nichts weiter tun, als alle gegenläufigen Gedanken loszulassen. Gott/Göttin macht alles für mich. Mein göttliches Selbst und meine Meisterfreunde sind Aspekte Gottes. Ich vertraue dem Göttlichen und entspanne mich. Gott/Göttin handelt mühelos und sicher.*

- Unsterbliches Leben ist zu viel für mich. Was würde ich tun? Wer wäre ich? Wie könnte ich planen?

Gegenmittel: *Da ich sowieso unsterblich bin, kann ich auch in meinem Körper unsterblich sein. Ich gehe mit Leichtigkeit von einem Komplex von Aktivitäten zum nächsten über. Ich brauche mir nie Sorgen darum zu machen, was ich tun soll. Das Göttliche Ich Bin weiß es immer. Es ist leicht und nützlich, in dieser Gestalt unsterblich zu sein.*

Den Körper umprogrammieren

Der Körper hat keinen eigenen Willen. Er nimmt unsere Überzeugungen als Befehle und gehorcht ihnen. Aber wie alles Leben wünscht er sich, dass er sein göttliches Potential ausdrücken kann.

Verbinde dich mit deinem Körper. Fühle, wie seine Energie fließt; fühle, wo er deine Kleidung berührt, deinen Sitzplatz. Fühle seine Wärme, sein Leben, fühle deinen Herzschlag, deinen Atem. Erde deinen Körper. Gib ihm deine Liebe und öffne einen Kanal für die Kommunikation. Heiße deine göttliche Präsenz, Liebe und Macht willkommen:

Mein geliebter Körper, ich ehre und danke dir dafür, dass du meine Anweisungen in der Vergangenheit ausgeführt hast. Du hast mir vollkommen gedient.

Ich möchte dich wissen lassen, dass ich mich jetzt daran erinnere, wer ich bin. Ich bin ein unbegrenztes göttliches Wesen, das sich frei seinen Weg sucht. Meine geliebte, göttliche Form, ich entscheide mich für deine Verjüngung und Unsterblichkeit. Du bist göttliche Liebe, göttliches Licht, göttliche Freude und ewiges Leben! Du bist ewige Schönheit und Vollkommenheit. Du drückst deine Göttlichkeit mehr und mehr aus. Jeden Tag nimmst du zu an Stärke und Energie, Licht, Freude und Schönheit. Du wirst ewig leben.

Ich weiß, du wirst diesem Programm genauso liebevoll folgen wie dem alten. Ich danke dir!

Reagiert dein Körper? Oft zeigt sich große Freude (Endlich hat er/sie es kapiert!) Es mag aber auch Verwirrung wegen der alten Befehle und Widerstand aus dem Unbewussten geben. Bleib dabei, bis alles geklärt ist.

Die Todeshormone in der Hypophyse umkehren

Die Hypophyse produziert ein „Todeshormon“ und reagiert damit auf unsere Überzeugung/unseren Befehl, dass unser Körper altert. Ich erlebte eine überraschende, spontane, von der Seele geführte Initiation, in der das Todeshormon gestoppt und durch Lebenshormone ersetzt wurde. Die Produktion der Lebenshormone erfasste später sämtliche endokrine Drüsen, die mit den Chakren zusammenhängen. Folgende Initiation hat viel Kraft:

Fühle deinen Wunsch, dich aus der Knechtschaft des Altern zu befreien und dein unbegrenztes Potential in der Verjüngung auszudrücken. Wenn dir diese Absicht klar vor Augen steht, dann lade sie mit deiner ganzen Leidenschaft auf. Rufe dein göttliches Selbst.

Die Hypophyse befindet sich etwa acht Zentimeter unterhalb des Scheitels. Bitte sie, für dich „aufzuleuchten“. Sprich mit Leidenschaft und mit absoluter Entschiedenheit. Nimm dir Zeit, jede Erklärung zu fühlen.

Meine geliebte Hypophyse! Ich erkenne in Dankbarkeit an, dass du in der Vergangenheit das Todeshormon hergestellt hast. Genau das hatte ich dir in Übereinstimmung mit meinen alten Überzeugungen befohlen. Du hast mir vollkommen gedient. Ich möchte dich wissen lassen, dass ich mich jetzt daran erinnere, wer ich bin. Ich bin ein unbegrenztes Wesen und habe die absolute Freiheit, alle meine Erfahrungen im Leben selbst zu bestimmen. Ich habe beschlossen, diesen geliebten Körper zu verjüngen und unsterblich zu werden. Daher befehle ich dir, die Herstellung der Todeshormone einzustellen und mit der Produktion eines Lebenshormons zu beginnen. Tue das jetzt!

Fühle jetzt, was passiert. Umgib deinen Körper in deiner Vorstellung mit einer Eiform und sieh, wie sie sich mit flüssiger lavendelfarbener Licht-Liebe füllt - dem Lebenshormon. Sieh, wie dieses alles durchströmt, durchtanzt und jedes Atom und jede Zelle mit dem göttlichen Funken erleuchtet. Sieh, wie es durch jedes Organ, durch jeden Knochen, durch das ganze System wirbelt. Spürst du die Freude deiner Zellen? Spürst du, wie sie feiern? Fühle, wie alles im Nu stärker, klarer und gesünder wird.

Befiehl jetzt den anderen endokrinen Drüsen, von denen jede jeweils mit einem anderen Chakra verbunden ist, sich auf deine Verjüngung einzustellen:

Epiphyse - Drittes Auge

Schilddrüse - Halschakra

Thymusdrüse - über dem Herzchakra

Nebennieren (in der Nähe der Nieren) - Solarplexus

Bauchspeicheldrüse (links neben dem Magen) - zweites Chakra

Eierstöcke oder Hoden - erstes Chakra

Sprich mit jeder einzelnen Drüse.

Geliebte ....! Ich gebe dir jetzt den Auftrag, bei diesem Verjüngungsprozess mitzumachen. Lass deine Hormone und die Schwingungen der Liebe und Freude, des Lebens und des Lichts jetzt durch diesen grenzenlosen Körper strömen. Wir verjüngen uns.

Versuche bei jeder Drüse zu spüren, was geschieht. Manche Menschen fühlen, dass den Drüsen große Freude entströmt, besonders der Thymusdrüse.

Wenn du das einmal gemacht hast, beleidige die Intelligenz deines Körpers nicht, indem du den Vorgang wiederholst. Mach dich lieber an die Fortsetzung und Stärkung dessen, was jetzt in Gang gesetzt wurde.

Diese Initiation kann ein besonders wichtiger Teil des Verjüngungsprozesses werden. Auf deinen Erfolg!

Die Sprache der Unsterblichkeit und Verjüngung

Nutze die Kraft des gesprochenen Wortes durch Erklärungen wie diese:

Wie fühlst du dich heute? Wie 27.

Ich bin zeit- und alterslos. Und du?

Ich bin unsterblich.

Ich bin in diesem Leben .... Jahre alt, aber Zeit ist nicht real.

Millionen von Jahren!

Sie ist gerade in ihrem Übergang.

Er ist in hellere Sphären eingegangen.

Alter und Tod sind in Ordnung, aber ich habe mich gegen sie entschieden.

Ich gehe nicht zu Beerdigungen.

Zeit ist eine Illusion, wir haben sie erfunden. Die Folge von Ereignissen hat keine Macht über meinen Körper.

Ich liebe diesen Körper. Ich beurteile ihn nie!

Ich fühle mich erschöpft, aber ich bin unendliche Energie!

Ich habe die Macht, die Energiespiegel in meinem Körper zu erschaffen.

Dieser Körper ist göttlich und wurde vom göttlichen Gedanken der Vollkommenheit geformt.

Mein Körper besteht aus göttlichem Licht und unendlicher Energie.

Die Zeichen des Alterns, die ich im Spiegel entdecke, sind Illusion. Ich bin die Schönheit des Göttlichen; die Schönheit meines Lichtkörpers ist meine einzige Wahrheit.

Diese göttliche Form verwandelt sich täglich in meinen Lichtkörper.

Alle Zellen meines Körpers werden täglich in der Perfektion meines göttlichen Wesens gebadet.

Die Liebe zum Körper

Stell dich möglichst nackt vor den Spiegel und streichle deinen Körper. Sprich folgende Worte laut:

Ich liebe dich, mein wundervoller Körper. Ich danke dir dafür, dass du der Seele in dieser Dimension ein Zuhause bist. Du bist eine heilige Form, Teil des Göttlichen. Du wurdest durch die Liebe, die Gedanken und den Willen des Göttlichen geschaffen. Auch wenn du in meinem beschränkten Denken etwas Unvollkommenes wurdest, bleibst du in Wahrheit immer vollkommen, und deine Vollkommenheit wird sich manifestieren.

Ich liebe jedes Atom und jede Zelle an dir. Ich liebe jeden Muskel, jeden Knochen, jedes Organ und jede Drüse. Ich liebe dich, du erstaunliches Herz, das Tag und Nacht ununterbrochen pumpt. Ich liebe euch Lungen, die ihr so perfekt arbeitet. Ich liebe euch, meine Leber, meine Nieren etc. Ich liebe jedes Blutkörperchen und jeden Nerv. Ich liebe meine Haut. Ich liebe dich, mein Gesicht - Augen, Nase und Mund, Kinn und Wangen. Ich liebe meine Arme und Hände, die mir erlauben, so viel im Leben zu tun. Ich liebe meine Beine und Füße, und meinen Rumpf. Ich liebe meine Brüste, meine Taille, meinen Bauch und mein Gesäß. (Falls ein Teil erkrankt ist, widme ihm besonders liebevolle Aufmerksamkeit und bestätige seine Perfektion.)

Ich liebe dich, meinen Lichtkörper. Du bist mein heiliger Körper der Freude. Heute bist du in allem noch vollkommener als gestern. Du bist mit jedem Tag jünger, stärker, tatkräftiger, biegsamer, schöner, lichter. Du bist heute gesünder, anmutiger, klarer und perfekter geformt. Du verjüngst dich. Jede scheinbare Unvollkommenheit ist geheilt. Alles funktioniert perfekt und bequem.

Ich vergebe mir dafür, dass ich dich (............) in der Vergangenheit nicht mochte. Ich weiß, dass du vollkommen bist, und ich habe nur Anerkennung für dich. Ich lobe dich, mein geliebter Körper! Deine Frequenzen sind höher als je zuvor, und bald wirst du der Ausdruck meines Lichtkörpers sein - Ausdruck des Göttlichen. So sei es.

Der Lichtkörper

Der göttliche Plan deines Körpers - der Körper, den du in diesem Leben haben solltest - wird Lichtkörper oder ätherischer Körper genannt und ist der

Prüfstein für Verjüngung, Regeneration und Unsterblichkeit. Obgleich wir bisher nicht viel von ihm gespürt haben, ist er - genauso wie das Göttliche - immer da. Wir können uns auf ihn einstimmen, ihn sehen und fühlen und zu der Realität in unserem Leben machen, die er ist. Je mehr uns die Realität unseres Lichtkörpers bewusst wird, desto leichter wird es uns fallen, unsere Identität und unser Aussehen neu zu verstehen und die grenzenlose Schönheit unseres göttlichen Plans zu erkennen.

Rufe deine göttliche Präsenz und bitte sie, dich deinen Lichtkörper sehen zu lassen. Ein Spiegel vor deinem geistigen Auge kann dabei helfen.

Die meisten Menschen sehen nicht ihren ganzen Lichtkörper. Es ist möglich, dass du ihn teilweise oder für kurze Zeit ganz siehst. Wenn du ein deutlicheres Bild haben möchtest, stell dir deinen Körper so vor, wie du ihn am liebsten hättest. Höchstwahrscheinlich sieht so dein Lichtkörper aus.

Wenn du weiter hieran arbeitest, wird er leichter zu sehen sein. Hast du deinen Lichtkörper so deutlich wie möglich gesehen, bitte ihn, hinein in deinen physischen Körper zu steigen. *Fühle* das, so gut du kannst. Es ist ein müheloser Körper, licht, frei, freudig. Hat er Organe, dann scheinen sie inaktiv zu sein. Er hat unbegrenzte Energie und Kraft, unendliche Fähigkeiten und ein unendliches Leben.

Hier einige Worte:

Mein physischer Körper verwandelt sich jetzt in meinen schönen göttlichen Lichtkörper.

Fühle, wie die Wandlung beginnt oder sich verstärkt. Sieh, wie jedes Atom das göttliche Licht ausstrahlt, das es in Wirklichkeit ist. Das Licht intensiviert sich, und alles verwandelt sich in göttliche Vollkommenheit. Nimm dir Zeit und genieße das Erlebnis, Licht zu sein. Es ist dein wahres Wesen.

Verjüngungsprogramm

Es ist paradox: Wir arbeiten innerhalb der Illusion der Zeit und gelangen zur zeitlosen Wahrheit! Unsere eigene unendlich liebevolle und mächtige göttliche Präsenz könnte unseren Körper von einem Augenblick zum anderen aus jedem Alter in den eines schönen jungen Menschen verwandeln. Aber die meisten von uns sind noch nicht fähig, mit einer so plötzlichen und dramatischen Veränderung umzugehen. Daher verjüngen wir uns mit der Zeit.

Die Verjüngung deines Körpers definierst du selbst. Du kannst deine Erscheinung und Vitalität geringfügig oder auch grundlegend verändern oder mit geringfügigen Veränderungen beginnen und dich später für größere entscheiden.

Es ist wichtig, die - von dir definierte -Verjüngung wirklich zu akzeptieren, bevor du mit einem Programm beginnst, weil du sonst keinen Erfolg haben wirst.

Geh mit der Einstellung an das Projekt, dass alles, was geschieht oder nicht auch geschieht, gut ist. Wenn sich Erfolge zeigen, kannst du dich freuen. Wenn sie ausbleiben, lass dir von deiner Seele zeigen, was du als nächstes klären musst, damit du dich für die Verjüngung öffnen kannst. Bemüh dich aufrichtig um die neue Weisheit, zu der du unweigerlich gelangen wirst.

Hier ein Verjüngungsprogramm für die regelmäßige Anwendung. Such dir die Punkte heraus, die für dich anstehen.

Du wirst merken, wie wichtig deine Einstellung ist. Freudige Aufgeregtheit und Begeisterung! Demut: Dir ist bewusst, dass du nicht der Macher bist, sondern Gott/Göttin; du verjüngst dich im Göttlichen, du bist erfolgreich im Göttlichen. Freude, kindliche Unschuld. Vielleicht wird dir aber auch eine ganz andere, deine eigene Einstellung zum Verjüngungsprozess eingegeben.

Zentriere und erde dich. Atme tief und sanft. Entspanne deinen ganzen Körper Stück für Stück, löse dich von deinem Verstand, entspanne deine Gefühle. Segne dein ganzes Wesen und rufe deine Seele.

Arbeite mit jedem Chakra wie folgt:

- Befiehl ihm, sich zu öffnen. Sieh und fühle, wie es sich öffnet.
- Sieh, wie sein Licht in die Unendlichkeit hinausstrahlt.
- Bitte deine Seele, deine Chakren mit optimaler Geschwindigkeit und in der richtigen Richtung rotieren zu lassen.
- Bekräftige, dass die mit den Chakren verbundenen Drüsen deinen Verjüngungsprozess unterstützen.

Die Chakren und die ihnen entsprechenden Drüsen (von oben nach unten):

Scheitelchakra: Hypophyse

Stirnchakra: Epiphyse

Halschakra: Schilddrüse

Herzchakra: Thymus

Solarplexus: Nebennieren

Nabelchakra: Bauchspeicheldrüse

Wurzelchakra: Keimdrüsen

Fühle und sieh deinen Körper als göttlich. Sprich:

Dieser Körper ist göttlich. Gott/Göttin hat diesen Körper geschaffen und erschafft ihn in jedem Augenblick neu. Ohne Gott/Göttin besäße ich keinen Körper. Göttlicher Wille, göttliche Energie, Liebe, Intelligenz und göttliches Leben steuern jetzt diesen Körper und kümmern sich um die sechs Billionen Abläufe, die in jeder Sekunde in ihm stattfinden. Gott/Göttin drückt seine/ihre Perfektion durch diesen Körper aus. Herzschlag und Atem, Leber, Nieren, Organe, Drüsen, Knochen, Muskeln, Immunsystem, Augen: Alles ist göttlich.

Ich gebe meine alte Definition von diesem Körper auf. Ich gebe meine alte Sicht auf.

Dieser Körper regeneriert und verjüngt sich. Ich lasse mein göttliches Selbst in jedem Atom meines Körpers arbeiten, der sich jetzt in meinen perfekten Lichtkörper verwandelt. Meine Muskeln werden stärker, meine Haut ist glatt und rein, mein Gesicht und Hals jung. Meine Augen sind perfekt.

Ich kehre zur ursprünglichen göttlichen Kodierung in meinen Zellen und zu meinem unsterblichen Körper zurück.

Die Gene in meinen Zellen arbeiten jetzt auf eine göttliche jugendliche Form hin.

Die zwei Chromosomenstränge in jeder Zelle meines Körpers erhöhen sich zunächst auf drei, dann sechs, dann neun und schließlich auf zwölf Stränge - die ursprüngliche Zahl für göttliche Wesen in physischer Gestalt.

Mein Blut und mein ganzer Körper reinigen sich. Freie Radikale, Toxine und anderes, was sich nicht mit der göttlichen, unsterblichen Form vereinbaren lässt, verschwinden aus meinem Körper.

Die Telomere in jeder Zelle erhöhen sich auf die für meinen unsterblichen Körper optimale Anzahl. Alles, was bisher zu fehlen schien (........), wird durch den göttlichen Chemiker mühelos und dauerhaft in optimalen Mengen hergestellt.

Meine Seele gab mir zu verstehen, dass neue Zellen manchmal nicht perfekt gebildet werden, weil der Körper angewiesen ist zu altern. Der Körper kann auch neue Zellen abstoßen. Hier eine Korrektur:

Meine geliebte Thymusdrüse, Milz und Knochenmark, ich danke euch dafür, dass ihr jede Minute 100 Millionen neue Zellen erschafft. Ich weise euch an, dass alle neuen Zellen in göttlicher Perfektion, heil und kräftig gebildet werden. Ich weise euch an, sofort alle alten Zellen durch neue zu ersetzen, wenn dies nötig ist, und diesen Prozess kontinuierlich fortzusetzen. Meine ganze Gestalt profitiert davon. So sei es.

Meister haben offenbar eine andere physische Struktur als wir. Wir können uns darauf freuen, einen solchen Körper anzunehmen:

Während sich die Frequenz meines Körpers erhöht, wird mein ganzer Körper zu kristalliner Energie.

Wenn du ein Bild von dir hast, das dich so zeigt, wie du aussehen willst, dann schau es dir genau an. Es ist der Erscheinung deines Lichtkörpers sehr ähnlich und vermittelt dir ein klares Bild, mit dem du arbeiten kannst. Berühre deinen Körper damit, denn es trägt die Frequenzen deines Lichtkörpers. Visualisiere deinen perfekten Lichtkörper, steig in ihn hinein und fühle ihn. Werde zu ihm. Konzentriere dich besonders auf das Licht: Sieh, wie es jedes Atom durchstrahlt. Darauf kommt es bei der Verjüngung besonders an. Nimm dir Zeit und fühle diesen Vorgang möglichst intensiv.

Wenn es stimmig für dich ist, dann mach ‚die Fünf (oder sechs) Tibeter'.

Sprich am Ende etwa folgendes:

Ich vertraue meine Verjüngung meinem göttlichen Selbst an. Sie findet heute den ganzen Tag statt, die ganze Nacht und die folgenden Tage, Wochen, Monate und Jahre - so lange, wie ich es möchte. Ich bedanke mich dafür. So sei es.

Es ist nicht deine Aufgabe, dich um die Veränderungen zu kümmern. Überlass dies deiner Göttlichkeit, Gott/Göttin oder einem von dir gewählten ‚Meisterausschuss', also Aspekten deiner Göttlichkeit. Deine Aufgabe ist es, dir das Ziel vor Augen zu halten und nichts außer ihm Macht zu verleihen, auch nicht dem Spiegel oder den Bemerkungen anderer über deine Erscheinung.

Es ist weise, diesen Prozess geheim zu halten. Wenn du allerdings einen Freund/Freundin hast, der/die ebenfalls bereit ist, sich zu verjüngen, und dies tun will, könnt ihr euch gegenseitig unterstützen. Lasst es euer Geheimnis sein.

Wende dich immer wieder der alten Dynamik zu, aus der deine Zweifel, Ängste und Widerstände kommen. Beteuere dir die Wahrheit.

Wenn du deine Erscheinung veränderst, dann geschieht das in einer Welt, wo „man so etwas nicht tut“. Sieh, wie du mit den anderen in Harmonie bleiben kannst. Leg dir Antworten für den Fall zurecht, dass du auf die Veränderungen angesprochen wirst.

Ein Mantra kann nützlich sein. Frauen können zum Beispiel durch Wiederholen des Mantras ‚Om vir Mata‘ (Ich ehre die göttliche Mutter der göttlichen Liebe und Macht) das Einssein mit der Göttin spüren. Dieses Einssein schließt die Schönheit mit ein.

Ein schönes Mantra für Männer ist ‚Om namah Shivay‘ (Ich ehre den göttlichen Vater in der unsterblichen Gestalt Shivas, dem göttlichen Feuer und der Kraft).

Es ist hilfreich, das Mantra mindestens eine halbe Stunde am Morgen und vor dem Zubettgehen zu rezitieren. Vertiefe dich in seine Bedeutung, fühle deine Verehrung für die göttliche Mutter/den göttlichen Vater. So wird es dir wahrscheinlich leichter fallen, deine eigene Göttlichkeit und Schönheit zu erfahren.

Wenn du deine Verjüngung planen möchtest, beachte folgendes:

Widme dem Spiegel keine Aufmerksamkeit, miss den Zeichen des Alters und dem Anschein, dass nichts funktioniert, keine Bedeutung bei. Erinnere dich daran, dass sich deine beharrliche Absicht unweigerlich manifestieren wird. Wenn es ein Weilchen dauern sollte - es muss nicht! -, dann ergreife die Gelegenheit, alles zu klären, was dir im Wege steht, und übe dich in Geduld und Ausdauer.

Leg eine Pause ein, wenn dich dein Verjüngungsprozess zu sehr belastet. Auch die Ruhe trägt letztendlich zu deinem Erfolg bei, der sicher nicht auf sich warten lassen wird.

Im Augenblick erhöhen sich die Frequenzen der Erde und aller Wesen auf ihr sehr schnell. Dies stellt eine Herausforderung für den Körper dar, mit der er zurechtzukommen muss. Während er sich den neuen Frequenzen anpasst, kann es sein, dass er oft ohne besonderen Grund ermüdet. Du wirst jetzt vielleicht mehr Schlaf benötigen. Du brauchst Geduld und solltest wissen, dass diese Phase nicht ewig dauern wird.

Viel Erfolg bei deinem Verjüngungsprozess!

Ein Zeitplan für die Verjüngung

Wir können uns unseren eigenen Zeitplan für die Verjüngung unseres zeitlosen, ewigen Lichtkörpers machen. Hier einige Ideen:

Verjünge dich jedes Jahr, jeden Monat, alle zwei Wochen oder jede Woche um jeweils ein Jahr.

Halte deinen Plan schriftlich fest. Wenn du dir beispielsweise im Alter von 65 Jahren vornimmst, dich jeden Monat um ein Jahr zu verjüngen und am 1. Juli beginnst, dann sieht dein Zeitplan folgendermaßen aus:

1. Juli: 65 Jahre; 1. August: 64 Jahre; 1. September: 63 Jahre .... bis du die Erscheinung oder Vitalität erreichst, die du dir vorgenommen hast.

Bestimme auch, um wie viele Tage du dich täglich verjüngst. In unserem Beispiel sind es etwa 12 Tage pro Tag.

Wenn du deine Verjüngung in einem Jahr durchziehen möchtest, dann teilst du die 365 Tage des Jahres durch die Anzahl der Jahre, um die du dich verjüngen willst. Wenn du beispielsweise 20 Jahre jünger sein willst, dann teilst du 365 durch 20. Das heißt, dass du dich alle 18 Tage um ein Jahr verjüngst.

Mach dir jetzt einen detaillierten Plan. Wenn du im Alter von 50 Jahren an einem 1. März beginnst, dann sieht das so aus: 1. März: 50 Jahre; 18. März: 49 Jahre; 5. April: 48 Jahre etc.

In diesem Beispiel sind die Anzahl der Jahre, die du dich im ganzen Jahr verjüngst, identisch mit der Anzahl der Tage, die du dich pro Tag verjüngst. Du wirst also täglich um 20 Tage jünger.

Bleib offen und im Gleichgewicht, wenn du einem Zeitplan folgst. Vielleicht willst du ihn in einigen Monate einstellen oder verändern. Das ist in Ordnung. Sei dankbar für die gewonnene Weisheit, kläre die nächste Schicht, wenn dies ansteht, und geh deinen Weg weiter.

Verjüngung unmittelbar durch das Göttliche

Einen der Meister, mit denen ich kommuniziere, nenne ich einfach „Emils Mutter“. Sie ist eine Hauptfigur in den Büchern „Leben und Lehren der Meister aus dem Fernen Osten“ von Baird Spalding. Ihren Namen habe ich in den Büchern nicht gefunden. Sie ist mit ihren weit über hundert Jahren immer noch jugendlich und schön.

Ich fragte Emils Mutter, ob sie irgendwann einmal gealtert sei, und erwartete zu hören, dass sie einfach immer jung und schön geblieben war. Statt dessen erzählte sie mir, sie sei gealtert und habe sich dann verjüngt. Auf meine Frage, wie sie das getan hätte, antwortete sie mir: „Nur durch Gott. Ich hatte weder ein Programm noch den Wunsch danach. Ich wollte nur eins werden mit Gott. Während das geschah, verjüngte sich mein Körper.“

Das ist der unmittelbarste und reinste Weg zur Verjüngung. Könnte es dein Weg sein?

Die Tibetischen Riten

Eine kleine Geschichte zu diesen alten Riten: Als ich überlegte, ob ich sie lehren sollte, erschien mir ein tibetischer Lama. Er sagte nichts, doch strahlte die reinste Intensität von ihm aus. Seine Botschaft lautete: Die Riten sind ein wahres Geschenk an die Welt und ihre Menschen. Sie wurden nicht durch Zufall offenbart. Es ist unsere Hoffnung, dass du sie nach besten Kräften verbreitest. Ich stimmte zu - genau wie andere auch, die sie lehren.

Ich halte die Rahmengeschichte in Peter Kelders Buch „Die Fünf Tibeter“ für wahr. Das Buch enthält auch Zeugnisse von Menschen, die von den Riten profitierten.

Alle Riten sind darauf ausgerichtet, die Drehung der Chakren zu beschleunigen, die sich im Alter verlangsamt. Die Atmung ist wichtig: lange, langsame und tiefe sauerstoffreiche Atemzüge im Rhythmus der Bewegungen.

Hier eine Erklärung, bevor du mit den Übungen beginnst:

Ich danke für diese Riten und ehre sie. Ich bin mit denen verbunden, die diese Riten seit Tausenden von Jahren vollziehen. Wir machen sie zusammen.

Mach anfangs jede Übung nur dreimal. Jede Woche kannst du zwei Wiederholungen anfügen, bis du (in zehn Wochen) jede Übung schließlich einundzwanzig Mal am Tag machst. Sei dir während der Übungen bewusst, dass sie für dich perfekt funktionieren.

Erste Übung: Sie ist die einfachste, aber vielleicht wichtigste. Breite die Arme aus und dreh dich wie ein Kind schnell (nach rechts) um dich selbst. (Hier zählt eine Drehung als eine Übung.) Atme tief; du brauchst die Atmung nicht mit der Drehung zu koordinieren. Bewege deinen Kopf nicht wie ein Ballett-Tänzer, sondern lass ihn der Drehung folgen. Wenn du zum Stehen kommst, spreize deine Füße, Knie leicht gebeugt, presse deine Hände in Gebetshaltung fest zusammen und fixiere sie mit den Augen. Der Schwindel hört sofort auf. Du kannst auch einen fixen Punkt mit den Augen fixieren, während du dich drehst.

Wenn es dir leicht fällt, kannst du gleich anfangs mehr als drei Umdrehungen machen, aber übertreibe es nicht.

Einige sind der Meinung, dass man nichts weiter als dreimal täglich dreiunddreißig Umdrehungen und die entsprechende Bewusstseinsver-veränderung - braucht, um sich zu verjüngen.

Zweite Übung: Leg dich auf den Boden, Armen parallel am Körper, Beine gestreckt. Hebe beim Einatmen gleichzeitig die gestreckten Beine und Kopf und Nacken (nicht die Schultern!), so hoch du kannst. Atme aus während du Beine und Kopf in Ausgangsposition bringst.

Dritte Übung: Knie dich mit aufrechtem Oberkörper hin, Oberschenkel senkrecht zum Boden. Zehenspitzen berühren den Boden, Hände stützen die Oberschenkel von hinten ab. Kopf und Nacken sind vorwärts geneigt, Kinn nahe am Schlüsselbein. Beuge Kopf, Nacken und Schultern beim Einatmen so weit nach hinten, dass sich die Wirbelsäule durchbiegt (nicht von der Taille aufwärts!). Komm beim Ausatmen in die Ausgangsposition zurück.

Vierte Übung: Viele Menschen haben hiermit anfangs Schwierigkeiten. Du kannst die Übung deinen Bedürfnissen anpassen, bis du genügend Kraft aufgebaut hast.

Setz dich auf den Boden, Beine gestreckt, etwa hüftbreit auseinander. Die Hände sind rechts und links neben dem Gesäß plaziert, Fingerspitzen zeigen nach vorn. Kopf und Hals sind vorwärts geneigt, das Kinn nahe am Schlüsselbein. Hebe beim Einatmen den Körper nach oben (‚Tischposition‘). Gleichzeitig bewegt sich dein Kopf so weit zurück, wie es dir mühelos möglich ist. Die Knie sind senkrecht über den Füßen, der Rumpf ist parallel zum Boden und bildet mit den Oberschenkel eine gerade Linie. Spann jetzt jeden Muskel deines Körpers eine oder zwei Sekunden lang an. Komm beim Ausatmen in die Ausgangsposition zurück, Hals und Kopf sind wieder vorn.

Der häufigste Fehler besteht darin, die Füße zu bewegen. Sie bleiben auf dem Boden, während du den Körper nach oben und dann zurück nach unten schwingst. Die Übung wird leichter, wenn du die Hände nach außen drehst, anstatt sie parallel neben dem Körper zu halten.

Fünfte Übung: Hände und Zehen berühren den Boden, deine Vorderseite zeigt zum Boden. Beine und Arme sind gerade, die Hände haben einen Abstand von etwa 60 cm und sind etwas vor dem Kopf. Der Kopf ist zurückgeneigt, die Knie befinden sich in Bodennähe, berühren ihn aber nicht, Füße etwa hüftbreit auseinander.

Bring beim Einatmen das Gesäß so weit wie möglich nach oben und führe gleichzeitig den Kopf zum Schlüsselbein. Komm beim Ausatmen in die Ausgangsposition zurück. (Du kannst dich zwischen den Übungen ausruhen.)

Sechste Übung: Das Buch „Die Fünf Tibeter“ legt viel Wert darauf, dass diese Übung nur ausgeführt werden soll, wenn man zölibatär lebt. Ich bin aber davon überzeugt, dass sie auch gut ist, wenn du mit einem Partner sexuell aktiv bist, den du liebst, besonders wenn du bewusst die Sexualenergien durch die höheren Chakren zum Scheitelchakra leitest.

Stell dich aufrecht hin, die Arme stützen sich auf die Vorderseite der Oberschenkel. Atme ein, dann atme völlig aus, wobei du am Ende die Restluft in kleinen Stößen aus den Lungen puffst. Lass die Lungen möglichst lange leer und ziehe den Solarplexus so weit nach oben, wie es dir möglich ist. Halte diese Position, so lange du kannst. Bevor du bewusstlos wirst, atme durch die Nase ein und durch den Mund aus. Nimm einen oder zwei Atemzüge, um die Lungen wieder mit Sauerstoff zu füllen. Mach diese Übung nicht öfter als dreimal täglich.

Forschung und Verjüngung

Wir wollen uns verjüngen und unsterblich zu werden, indem wir uns unserer Göttlichkeit bewusst werden, beschränkte Überzeugungen auf allen Ebenen loslassen und Verstand und Emotionen in den Dienst unserer Schöpferkraft stellen.

Vermehrt werden nun aber auch die Ursachen des Alterungsprozesses und dessen Umkehrbarkeit wissenschaftlich erforscht. (Ein spannendes Buch zu diesem Thema ist „Reversing Human Aging“). Wir lernen etwas über freie Radikale und Antioxidantien, über Telomere, die in jeder Zelle vorhanden sind, und die sich im Laufe des Alterungsprozess zunehmend verkürzen. Wir hören nun auch von der Verbindung zwischen Körper und Seele. Natürliche und neu geschaffene Substanzen erscheinen in den Regalen und sollen dabei helfen, den Alterungsprozess zu verlangsamen oder rückgängig zu machen.

Man geht davon aus, dass die Wissenschaft die Lebenserwartung in naher Zukunft auf 150 bis 200 Jahre erhöhen kann. Das ist sehr hilfreich, und es ist völlig in Ordnung, alles anzunehmen, was die Wissenschaft zu bieten hat. Wenn wir uns nämlich für Verjüngung und Unsterblichkeit durch unser Bewusstsein entscheiden und noch viel zu klären haben, kann uns ein längeres Leben die Zeit geben, die wir dazu brauchen. Zudem kann uns die Wissenschaft die Werkzeuge liefern, mit denen wir die Transformation des

Bewusstseins und damit auch die Transformation des Körpers unterstützen können. Da wir jetzt zum Beispiel Informationen über Telomere haben - und über den erstaunlichen Chemiker in unseren Körper, der jede gewünschte Substanz erschaffen kann -, können wir unseren Körper anweisen, neue Substanzen zu produzieren.

Nutze also die wissenschaftliche Forschung für deine Zwecke, wenn du möchtest!

Segenswünsche und viel Erfolg für deinen Wege zur physischen Unsterblichkeit und vollkommenen Verjüngung!

Verjüngungsinitiationen in anderen Kapiteln:

Kapitel 4: Der Höhepunkt der Gesundheit
Fastenkuren
Bewegung

Kapitel 6: Beziehungen harmonisieren
Verschmelzung der rechten und linken Gehirnhälfte

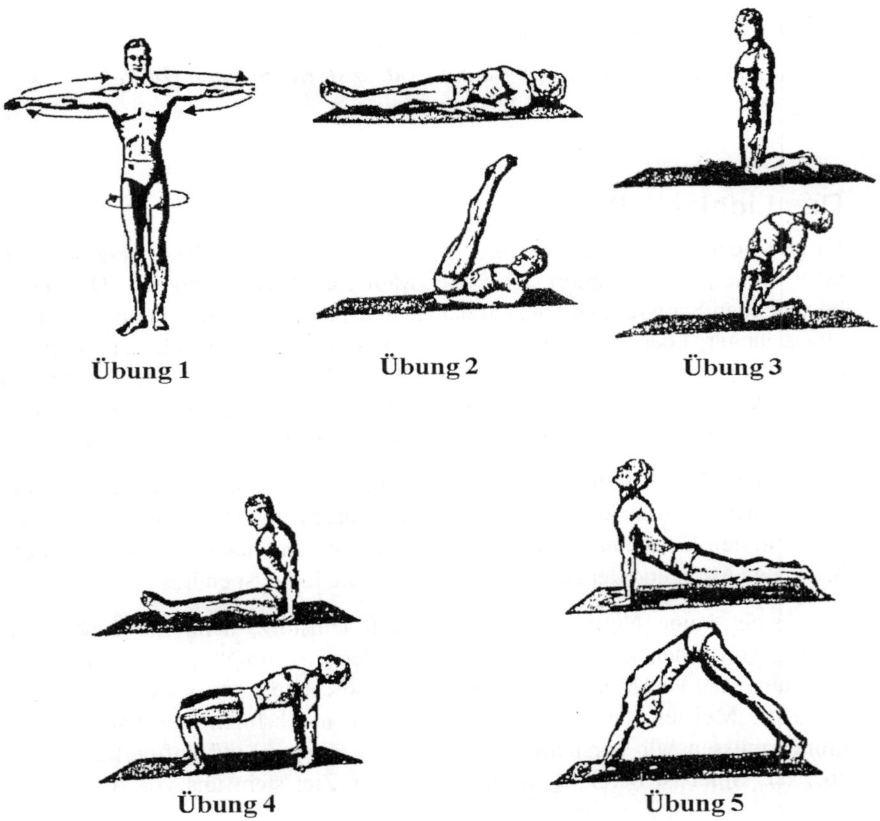

Übungen: Die fünf Tibeter

12. Kapitel

Aufstieg ins Licht

O Gott! O Göttin! Erkennst du dich nicht?
Weck die alte Erinnerung, wer du bist. Komm nach Hause!

Das Lichtzeitalter

Es gibt noch immer viel Schweres auf der Erde zu bewältigen, aber seit den 60er Jahren transformiert sich die Menschheit sehr schnell. Die noch bestehenden Schwierigkeiten sind dabei, sich aufzulösen. Bei einigen dauert es etwas länger, aber andere sind wie die Berliner Mauer: solide und stark an einem Tag und am nächsten nur noch ein Schutthaufen. Die trennenden Gewohnheiten werden sich wandeln, auch wenn sie noch so alt und eingefahren sind, um dem Ganzen zu dienen, oder sie werden verschwinden.

Die Menschen helfen und unterstützen einander wie noch nie; Verbrechensraten sinken; in vielen Firmen finden ungeheure Veränderungen statt, um den Einzelnen zu würdigen; Menschen bemühen sich um den Schutz bedrohter Arten und der bedrohten Umwelt - die Liste ist endlos.

Es besteht keine Notwendigkeit für einen Umsturz, denn die Revolution kommt von innen und die „Wassermann-Verschwörung" greift zum Wohle aller um sich. Die Menschheit bewegt sich so schnell auf das Licht zu, dass sogar die Meister, die uns dabei unterstützen, in Ehrfurcht zuschauen. Noch immer müssen wir vorsichtig vorgehen und bewusst und aufmerksam sein, aber das Spiel ist bereits gewonnen, und das Ziel steht uns vor Augen: der Beginn des Lichtzeitalters.

Aufstieg ins Licht

Da wir Teil des Göttlichen sind, ist unser Glaube mächtig und schöpferisch. Das gesamte Universum bestätigt unseren Glauben. Unser Glaube an Begrenzungen und Mühen hat den Mangel - an Geld, Energie und Zeit - geschaffen. Er hat Krankheit geschaffen und die Überzeugung, hart für den

Lebensunterhalt arbeiten zu müssen, Schulden, schwierige Beziehungen, Alter und Tod. So sind wir zu Meistern der Beschränkung geworden!

Aber auch im Guten haben wir Meisterschaft erlangt. Fühlst du dich geborgen in deinem Zuhause? Ist es gemütlich, warm und hell? Hast du genug zu essen? Hast du ein Fahrzeug? Hast du nicht auch gute Beziehungen? Magst du deine Arbeit? Hast du Erfolg in bestimmten Bereichen? Wenn du in irgendeinem Bereich deines Lebens die Meisterschaft erlangt hast, ist viel gewonnen, denn du kannst diese Erfahrung auf andere Lebensbereiche übertragen. Es ist wichtig, die Meisterschaft, die wir erlangt haben, anzuerkennen.

Wenn sich das Göttliche, das universelle Sein, das Tao, das Unendliche - es spielt keine Rolle, wie wir es nennen - im Leben ausdrückt, dann ist das eine erstaunliche Wohltat. Es ist Liebe und Freude, Licht und Weisheit, sich ewig steigernde Schöpferkraft und Leben, unbegrenzte Kraft, Friede, Ordnung und Harmonie, Vollkommenheit überall, Freiheit und Lachen. Als Abbild der Gottheit besitzen wir all diese Qualitäten. Die ersten Menschen kannten Eden: vollkommene Gesundheit, Glück, Überfluss aller guten Dinge, Schönheit und Unsterblichkeit. Das Paradies ist unser natürlicher Zustand. Wir kehren lediglich zu unserem natürlichen Zustand zurück.

Wir kommen nach Hause, ins Zeitalter des Lichts. Es ist an der Zeit zu wissen, dass alle Lebensaspekte unbegrenzt sind. Im Göttlichen ist alles möglich. Es gibt keine Ausnahmen!

Wir bezeichnen unsere Rückkehr ins Paradies als „Aufstieg ins Licht“. Obgleich „Aufstieg“ kein alltägliches Wort ist, ist es für das tägliche Leben gedacht. Wir haben bis jetzt keinen besseren Begriff dafür gefunden. Aufstieg steht für die Bewusstseinserweiterung der Menschheit.

Aufstieg bedeutet nicht mehr, die Erde zu verlassen, um in eine lichtere Sphäre einzugehen. Er ist das tiefe Einssein mit unserer Göttlichkeit, in dem alle Begrenzungen hinfällig werden, und zwar während wir auf der Erde leben. Aufstieg ist ein anderes Wort für Erleuchtung, aber der Begriff schließt Eigenschaften ein, die Begleiterscheinungen eines erleuchteten Zustandes sind. Wir werden imstande sein:

- unseren Körper zu verjüngen
- so lange auf der Erde zu leben, wie wir angeleitet sind
- alles aus der Luft zu manifestieren, was wir brauchen oder uns wünschen
- durch die Kraft unserer Gedanken zu reisen, unseren Körper in Licht zu verwandeln und ihn überall abzusetzen, wo wir wollen

- nach Belieben zwischen den Dimensionen hin- und herzureisen
- die Frequenz unseres Körpers zu beschleunigen und in feinstoffliche Sphären überzuwechseln, ohne eine physische Gestalt zu hinterlassen.

Das mag phantastisch und unmöglich klingen, und vor einiger Zeit enpfanden wir alle das so. Niemand, den ich kenne, hat es bereits erreicht, aber wir wissen, dass es solche Menschen gibt. Wir nennen sie „aufgestiegene Meister“. Sie kommen aus unterschiedlichen Traditionen, wie dem Taoismus, Hinduismus, Christentum und dem Tibetischen Buddhismus. Andere haben gar keine Tradition - sie taten es einfach. (Siehe auch: „Schlüssel zum göttlichen Selbst - der aufgestiegene Meister in Dir“.) Wenn jemand diese Dinge gemeistert hat, können alle dies tun. Wir sind auf unserem Weg und haben uns vorgenommen, es zu schaffen, und das wird uns schließlich auch gelingen.

Die einzelnen Fähigkeiten als solche sind belanglos. Wichtig ist nur, dass wir die Göttlichkeit leben, die wir sind. Wir waren tief davon überzeugt, dass wir diese Dinge nicht erreichen können, und der Aufstieg straft unsere Überzeugung Lügen. Mit dem Aufstieg ins Licht entscheiden wir uns dafür, unser Einssein mit dem Göttlichen auf jede mögliche Art und Weise auszudrücken, die das Leben glücklich, leicht und großzügig macht.

Diese Lehren kommen aus meiner Seele. Es gibt viele verschiedene Lehren des Aufstiegs. Die Lehren der „Blume des Lebens“, der heiligen Geometrie und andere Lehren sind alle gleichwertig.

Hier einige Initiationen zum Ausprobieren.

Aktivierung

Die Entscheidung für den Aufstieg ins Licht hat großen Einfluss auf unser Leben. Hier mögliche Erklärungen und Übungen, die motivieren und den Prozess unterstützen. Stimme dich auf deine Seele ein. Bitte sie, dich zu führen und dir Kraft zu geben.

Ich weiß, dass mich meine Seele durch meinen Wunsch, diesen Pfad zu beschreiten, zum Aufstieg führt. Daher beschließe ich, ..., ein aufgestiegener Meister zu werden. Dies wird in der Zeit und auf dem Wege geschehen, die mir entsprechen. Ich beschließe, meine Göttlichkeit, meine Unbegrenztheit, die Vollkommenheit meines individualisierten göttlichen Selbst auszudrücken. Ich beschließe, alles als göttlich zu erkennen und zu erfahren: Herz, Verstand, Körper und Erde. Ich beschließe, meinen Körper und meine Umgebung durch Liebe zu meistern und alle Fähigkeiten der Meister zu erfahren. Ich werde die mir von Gott/Göttin gegebene Macht mit Liebe und Weisheit ausüben. Ich entscheide mich für ein frohes, reiches, leichtes und großzügiges Leben auf der Erde. Ich werde anderen dienen und meinen geliebten göttlichen Brüdern und Schwestern helfen, ihre Göttlichkeit zu erwecken. Wenn ich gehe, werde ich meinen Körper mitnehmen und in eine feinstoffliche Sphäre überwechseln. So sei es.

Etwas Arbeit für den Kopf:

Finde die Hypophyse in der Mitte deines Kopfes, etwa neun cm unterhalb des Scheitels. Bitte sie, für dich aufzuleuchten. Mach das gleiche mit deiner Epiphyse, die über und hinter der Hypophyse liegt. Du wirst jetzt die „Regenbogenbrücke" zwischen diesen zwei Drüsen öffnen. Das wird deine Fähigkeit stärken, Dinge leichter und schneller ins Leben zu rufen, und die Ausgewogenheit zwischen deinen männlichen und weiblichen Energien und Aspekten herstellen.

Im Namen und durch die Kraft meines göttlichen Wesens öffne ich jetzt die Regenbogenbrücke der Erleuchtung, die Antakarana, zwischen Hypophyse und Epiphyse. (Lass dir Zeit, spüre die Absicht, fühle!) Ich begrüsse die Ausgewogenheit und das Verschmelzen meiner männlichen und weiblichen Aspekte. Sobald ich bereit bin, heiße ich meine Fähigkeit willkommen, aus der Luft zu manifestieren.

Ich befehle jetzt meiner Hypophyse und meiner Epiphyse, sich für den Empfang unbegrenzter göttlicher Gedanken zu öffnen und für ihre Verbreitung in meinem ganzen Wesen zu sorgen. (Nimm dir wieder Zeit, fühle, wie es geschieht.) Ich heiße das unbegrenzte göttliche Denken willkommen.

Ich öffne jetzt das allsehende Auge in der Mitte meines Kopfes, damit es auf die für mich beste Art und Weise arbeiten kann. Wenn ich bereit bin, werde ich in alle Richtungen sehen können, ohne meine physischen Augen zu benutzen. Ich werde Vergangenheit und Zukunft deutlich sehen. So sei es.

Initiation für den Aufstieg ins Licht

Folgende Initiation zeigte mir meine Seele in den frühen 80er Jahren, als ich mich mit dem Aufstieg ins Licht beschäftigte. Einige Erfahrungen könnten dich erschrecken, wenn du sie nicht richtig verstehst:

- Vielleicht siehst du in deinem Dritten Auge ein Licht, das dich stark blendet. Du bist selbst dieses Licht und kannst nicht in ihm verschwinden.

- Vielleicht spürst du große Hitze oder Kälte in deinem Körper.
- Dein Herzschlag kann sich - vielleicht sogar stark - erhöhen oder verlangsamen.
- Du kannst das Gefühl haben oder sogar sehen, wie dein Körper ganz oder teilweise verschwindet.

Du bist während der ganzen Meditation beschützt, weil du sie in die Hände deines göttlichen Meister-Selbst gelegt hast. Du wirst dich niemals in schwindelerregenden Höhen verlieren, aber immer so weit in dein göttliches Licht vordringen, wie es für dich im Augenblick richtig ist. Du kannst dich entspannen und die Dinge auf dich zukommen lassen. Selbst wenn nichts Aufregendes passiert, machst du alles richtig. Jeder erfährt die Initiation auf seine Weise.

Du kannst dabei lernen, deine Chakren ganz neu zu erfahren. Beim Öffnen der Chakren können nicht - wie beim Öffnen der Aura - unerwünschte Energien einströmen. Denk dir die Chakren als Zentren göttlichen Lichts. Wenn du sie öffnest, wird die schützende Lichthülle deines Körpers größer.

Obgleich das Öffnen der Chakren heute gängige Praxis ist, erkennen wir nur selten, was es wirklich bedeuten kann. Da deine Göttlichkeit das Universum einschließt, kann dir das richtige Öffnen deiner Chakren die Erfahrung vermitteln, in jeder Dimension des ewigen Jetzt vollkommen lebendig und überall präsent zu sein. Dies erkannte ich nach jahrelangen Erfahrungen mit dem Öffnen meiner Chakren.

Setz dich entspannt hin, schließ die Augen und atme tief und sanft. Spür die Verbundenheit mit der Erde im Wurzelchakra und in den Füßen: Energiestränge, die sich im Erdzentrum verankern. Lass Liebesenergie von Mutter Erde nach oben strömen oder von deinem Scheitel abwärts. Atme leicht und frei, lass die Anspannung in allen Teilen deines Körpers immer tiefer los. Wenn du ganz entspannt bist, schicke Liebe in deinen ganzen Körper und segne ihn:

Göttliche Liebe und göttlicher Wille steuern diesen Körper. Dies ist der Herzschlag und der Atem des Göttlichen. Dies sind die Organe, Drüsen und Knochen des Göttlichen. Jeder Partikel dieses Körpers ist göttlich. Dieser Körper ist durch und durch göttlich: göttliches Licht, Liebe und Freude. Er hat keinen eigenen Plan, sondern gehorcht dem Denken. Ich beschließe, nur unbegrenzte Gedanken über diesen Körper zu haben. Er ist ewiges, sich ewig erweiterndes göttliches Leben; er ist die Auferstehung und das Leben. Dieser

Körper lebt immer. Wenn ich bereit bin, die Erde zu verlassen, nehme ich ihn mit ins Licht und steige auf. So sei es.

Lass dich tiefer ein, lass das Bewusstsein deines Körpers hinter dir und geh in dein geistiges Bewusstsein. Liebe und segne deine Gedanken. ‚Unerleuchtete' Gedanken und Gefühle sind wie unsere Kinder: Wir haben sie erschaffen, und sie brauchen unsere Liebe. Wenn wir sie lieben, werden sie mehr Licht und Freude ausdrücken können.

Mein Geist taucht jetzt in das göttliche unbegrenzte Denken ein. Ich bin die Kraft reiner göttlicher Liebe. Ich bin göttliches Licht. Ich bin göttliche Freude. Ich bin göttliche Freiheit. Ich bin überall und weiß alles. Ich bin Gottes Geliebte/r. Ich Bin die/der Ich Bin.

Lass dich noch tiefer ein, lass dein geistiges Bewusstsein hinter dir und geh in das Bewusstsein deiner Emotionen. Schicke allen - allen! - Gefühlen, die du bemerkst, Liebe. Segne deine Gefühle:

Meine Gefühle verwandeln sich in die natürlichen Gefühle des Göttlichen: Liebe, Freude, Ganzheit, Überfluss, Wohlbefinden.

Lass dich jetzt auf deine Seele ein. Wenn du einen Meister hast, den du kennst und liebst, dann kannst du ihn jetzt rufen, du kannst aber einfach auch Gott/Göttin bitten, dich bei deinem Aufstieg zu unterstützen. Verbinde dich mit der Liebe, dem Licht und der Weisheit in dir - sie fließen dir jetzt zu. Fühle die tiefe Verbindung mit ihnen, fühle dich eins mit ihnen.

Ich vertraue diese Meditation meinem göttlichen Meister-Selbst an, damit es mich durch die Erfahrung meines göttlichen Lichts geleite. So sei es!

Wenn du bereit bist, beginne mit dem Öffnen der Chakren. Folgende Anregungen können dir dabei helfen:

- Erwecke das Licht in jedem Chakra; lass es in der Farbe strahlen, die sich am besten anfühlt (du kannst es mit Weiß, Gold, oder Weiß-Gold versuchen). Lass diese Sonne deinen Körper, dein Zimmer, deine Umgebung, deine Welt, dieses Universum mit ihrem Leuchten erfüllen.

- Erhelle beim Einatmen jedes Chakra, und dehne es beim Ausatmen bis in die Unendlichkeit aus.
- Berühre jedes Chakra mit deinen Händen und streiche es nach außen.
- Fühle die Offenheit, Entspannung, Verletzlichkeit, Lebendigkeit, Emotion in jedem Chakra.

Öffne jetzt jedes Chakra mit Hilfe dieser Anregungen oder auf deine eigene kreative Weise. Die begleitenden Worte unterstützen jedes Chakra in seiner Funktion.

Erstes Chakra am Ende der Wirbelsäule

Ich bin auf der Erde beschützt. Das Göttliche - nämlich das gesamte Universum - sorgt reichlich für mich. Die Erde ist ein angenehmer Ort.

Zweites Chakra im Unterleib

Ich bin zentriert. Ich bin beschützt und werde geliebt, wenn ich meine Kreativität in der Welt ausdrücke, und sie wird gut aufgenommen. Meine Sexualität ist göttliche Energie. Gott/Göttin heißt sie gut.

Drittes Chakra im Solarplexus

Ich bin beschützt und werde geliebt, wenn ich meine Macht ausdrücke. Meine Macht und meine Liebe sind eins. Ich benutze meine Macht weise und liebevoll.

Viertes Chakra, Herzchakra, in der Brustmitte

Ich bin beschützt, wenn ich grenzenlos liebe und geliebt werde. Ich bin voller Liebe und Mitgefühl für mich selbst und alle anderen. Meine Liebe segnet alles Leben.

Fünftes Chakra im Hals

Ich bin beschützt und werde geliebt, wenn ich meine Wahrheit ausspreche und meine Macht, Kreativität und Leidenschaft ausdrücke. Ich kann frei und großzügig geben und empfangen. Ich bin die Fülle.

Sechstes Chakra, das „Dritte Auge“ zwischen den Augenbrauen, etwas weiter hinten im Kopf

Ich bin beschützt und werde geliebt, und deshalb kann ich das Licht sein, das ich bin. Ich kann alles wissen.

Siebentes Chakra, Scheitelchakra oben auf dem Kopf

Ich bin beschützt und werde geliebt, und deshalb kann ich göttlich sein. Ich bin ein grenzenloses Wesen und überall im Raum und in der Zeit präsent.

Achtes Chakra, kann man sich über den Kopf vorstellen

Ich bin beschützt und werde geliebt, wenn ich die Dimensionen durchdringe.

9. bis 13. Chakra - öffne sie, wenn du möchtest.

14. bis 22. Chakra - öffne sie, wenn du möchtest.

Erschaffe jetzt eine goldene Lichtsäule vom höchsten Chakra, das du geöffnet hast, bis unter die Sohlen deiner Füße und öffne behutsam alle Chakren, die sich wieder geschlossen haben.

Dreh diese Säule jetzt um sich selbst. (Bei mir dreht sie sich nach rechts, horizontal zum Boden. Folge der Richtung, die dir richtig erscheint.) Zuerst bewegt sie sich nur langsam, dann nimmt sie stetig an Geschwindigkeit zu. Mit ihr drehen sich auch deine Chakren, Zellen, Atome, deine Aura - alles! Hier einige Erklärungen, die leise oder laut gesprochen werden können:

Ich beschleunige jetzt meine körperlichen, geistigen und emotionalen Schwingungsfrequenzen und verschmelze mit meinem göttlichen Selbst. Ich schwinge schneller und höher und steige auf. Der Aufstieg ins Licht ist leicht und ganz natürlich. Ich steige höher und höher, schneller und schneller. Ich werde immer lichter und verschmelze mit dem Licht. Ich werde transparent.

Beschleunige die Lichtsäule, bis sie die Geschwindigkeit eines Wirbelwinds erreicht hat, und verkünde immer wieder deinen Aufstieg ins Licht, bis du nicht weiter steigen kannst. Gib deinem höheren Selbst noch dreimal Gelegenheit, dich höher steigen zu lassen. Du brauchst nichts zu tun und nicht darüber nachzudenken, vertraue einfach der Seele, dass sie dich noch höher hinauf bringen kann: „Eins, zwei, drei, höher, höher!“ Lass dich los. Wiederhol dies zweimal, dann wirst du wahrscheinlich die für dich jetzt größtmögliche Geschwindigkeit und das für dich größtmögliche Licht erreichen.

Ich bin das Licht des göttlichen Ich Bin. Ich bin eins mit dem Göttlichen. Ich bin jetzt aufgestiegen. Ich bin jetzt ein aufgestiegener Meister! Ich Bin der/die Ich Bin.

Jetzt kannst du die große Stille genießen und das sein, was du bist. Du kannst neben den großen Geschenken, die deine Göttlichkeit für dich bereit hält, bestimmte Botschaften oder eine Heilung empfangen oder an einen anderen Ort befördert werden. Es gibt so viele Möglichkeiten. Empfange alle deine Geschenke.

Komm langsam zurück und hol dein emotionales und geistiges Bewusstsein zurück. Fühle deinen Körper und deine Umgebung, atme tief und kraftvoll. Bring die hohen Frequenzen mit dir zurück; bleib in der Liebe, bleib in dem höheren Zustand, den du jetzt immer mehr in dein tägliches Leben integrierst.

Öffne deine Augen und sieh nur das Göttliche, das dich umgibt, sieh die Schönheit von allem. Komm zu deiner ganzen Aufmerksamkeit und Objektivität zurück. Schau in den Spiegel und sieh das Göttliche.

Widme dich mit Liebe deinen täglichen Aufgaben und verfolge die Einsichten weiter, die du in deiner Meditation gewonnen hast.

Mach diese Meditation, so oft du Lust dazu hast. Sprich die Worte dazu und nimm sie auf Kassette auf. Du beschleunigst deine Vibrationen jedesmal mehr, auch wenn du dich auf einen Mittelwert eingependelt hast. Jede Frequenzerhöhung bleibt erhalten.

Sei gesegnet bei dieser Initiation!

Sich dem göttlichen Selbst ausliefern

Versenke dich in die Meditation. Bitte dein göttliches Meister-Selbst, einzutreten und sich bemerkbar zu machen. Als nächstes bitte darum, deine göttliche Blaupause fühlen oder sehen zu können, das Göttliche, das sich durch dich in der Welt ausdrücken möchte. Sieh/fühle sie so tief du kannst. Liefere dich dem Göttlichen aus - deinen Geist, dein Herz, deinen Körper. Vertiefe dieses Erlebnis mit jedem Mal.

Bilokation

Es ist sehr schön, in der Meditation eine Wohnstätte aufgestiegener Meister zu besuchen. Es gibt mehrere auf unserem Planeten, und die meisten befinden sich in einer lichteren Dimension als der physischen. Hier leben und dienen die Meister. Ein Besuch bringt uns mit einem Leben voll von Glück, Schönheit, Überfluss, Liebe, Freundschaft und selbstlosem Dienen in Kontakt. Bei den Meistern können wir sehen und fühlen, was wir einmal sein werden. Wir können herausfinden, ob wir an einem solchen Ort leben möchten. Wir können spirituelle Gaben erhalten, die uns auf unserem Weg des Aufstiegs helfen, und haben die Gelegenheit, unseren wunderschönen Lichtkörper zu erfahren. Und es macht Spaß!

Die Meister wissen, wann du kommst, und sie erwarten dich. Einer - oder auch mehrere - wird dir behilflich sein. Vielleicht ist es dein eigenes göttliches Selbst oder ein Meister, den du kennst und liebst, vielleicht auch ein neuer Meister. Aber immer ist derjenige/diejenige da, der/die gerade am besten für dich ist.

Wenn du erklärst, dass du in der Wohnstätte bist, wirst du vielleicht spüren, dass dein ätherischer Körper sich in zwei Hälften spaltet. Diese Erfahrung kann sonderbar sein, aber du bist absolut beschützt.

Führe die Initiation für den Aufstieg ins Licht durch. Wenn du spürst, dass du die für dich höchstmögliche Lichtfrequenz erreicht hast, nimm dir vor, in deinem Lichtkörper zu einer Wohnstätte aufgestiegener Meister zu reisen. Diese Meditation bringt dich zum Mt. Shasta, einem großen einsamen Berg im nördlichen Kalifornien. Du kannst aber auch die Grand Tetons in Wyoming besuchen oder irgendeine andere Wohnstätte aufgestiegener Meister.

Im Göttlichen gibt es keinen Raum - aller Raum ist hier -, deshalb brauchst du nicht zu verreisen. Statt dessen versetzt du einen Teil deines Bewusstseins. Dein physischer Körper bleibt, wo er ist, und du wirst dir wahrscheinlich beider Orte bewusst sein.

Es ist deine Absicht, die dich zu den aufgestiegenen Meistern bringt. Wenn du die Worte aussprichst und sie wirklich meinst, dann wird es gelingen.

Sprich jetzt voller Leidenschaft und Überzeugung:

Ich bin jetzt hier auf dem Mt. Shasta. Ich bin hier auf dem Mt. Shasta!

Sei jetzt in Blitzesschnelle da. Wenn dein Drittes Auge einigermaßen offen ist, wirst du die Wohnstätte aus der Perspektive deines physischen Körpers mehr oder weniger deutlich erkennen. Ist dein Drittes Auge noch nicht so weit offen, wirst du wahrscheinlich nichts sehen. Vertraue dann darauf, dass du dich dort befindest und von deinem göttlichen Meister-Selbst und/oder aufgestiegenen Meistern spirituelle Gaben empfängst.

Schau dich um. Wo bist du? Wer begleitet dich. Erkennst du sie? Tritt auf sie zu und umarme sie. Es ist eine freudige Wiedervereinigung. Du kannst hier deine Gefühle zeigen!

Materialisiere jetzt vor dir einen großen Spiegel. Du bist hier in deinem wundervollen Lichtkörper, deiner göttlichen Blaupause. Wahrscheinlich bist du prächtig gekleidet, aber du kannst deinen Körper auch nackt sehen. Dein Meister-Selbst scheint durch deinen Lichtkörper.

Betrachte dein wundervolles Selbst. Wie groß bist du? (In unserem Lichtkörper sind wir oft größer.) Welche Farbe hat dein Haar? Wie trägst du es? Trägst du eine Krone oder Juwelen? Schau dir deine Stirn an, deine Augen und Augenbrauen. Welche Farbe haben deine Augen? Schaue tief in sie hinein, es sind die Augen eines Meisters. Jetzt deine Nase, dein Mund, dein Kinn, dein Kiefer. Trägst du etwas um den Hals?

Welche Farbe hat deine Kleidung, wie ist sie geschnitten? Fühle den Stoff - vielleicht ist es einer, der uns auf der Erde unbekannt ist. Trägst du etwas um die Taille? An deinen Füßen?

Wie heißt du hier? (Wenn du einen Namen hörst, ist es gut, wenn nicht, kümmere dich nicht weiter darum.) Wenn du dich ausgiebig im Spiegel betrachtet hast, geh zu den Meistern zurück. Sie werden dir wundervolle Räume zeigen. Vielleicht machen sie einen Rundgang mit dir. Du wirst dich wahrscheinlich in dem hellen, glitzernden runden Schwimmbecken baden, in dem sich dein ganzes Wesen reinigt, ohne dass du nass wirst. Die Meister können dich in die Kristallpyramide führen, die innen hohl ist und in durchscheinenden Farben pulsiert. Dort erfährst du eine Initiation oder eine Heilung. Vielleicht werden Kristalle in deinen Lichtkörper eingesetzt, die dir beim Aufstieg ins Licht helfen. Du besuchst die Archive oder den Saal, wo Erfindungen für die Menschheit vorbereitet werden. Du genießt die wundervollen terrassenförmigen Gärten oder die großen Wälder. Vielleicht erhältst du eine ganz spezielle Botschaft und besuchst den strahlend weißen Tempel auf der Kuppe des Berges. Vielleicht erlebst du auch ganz andere Dinge.

Lass dir Zeit, damit sich deine Reise entfalten kann. Sei geduldig, auch wenn du gar nichts siehst. Bleibe in deiner Meditation zentriert, bis du spürst, dass dein Besuch beendet ist.

Wenn du den großen Wunsch verspürst, der Menschheit von den höheren Ebenen aus zu dienen, besteht die Möglichkeit, dass du in deinem Lichtkörper bei den aufgestiegenen Meistern bleibst und selbst zum aufgestiegenen Meister wirst. Dann hast du zwei identische Lichtkörper: einen in der Wohnstätte der aufgestiegenen Meister, den anderen bei deinem physischen Körper.

Wenn du spürst, dass es Zeit zur Rückkehr ist, komm sehr langsam und behutsam in dein Erdenbewusstsein zurück und bring die hohen Frequenzen mit, die du erfahren hast. Erde dich, sei aufmerksam und objektiv, bevor du etwas unternimmst.

Göttliche Eigenschaften

Such dir eine dieser göttlichen Eigenschaften aus, die sich in der Schöpfung ausdrücken, und meditiere darüber, indem du sie intensiv fühlst und selbst zu dieser Eigenschaft wirst. Gott/Göttin ist, ich bin:

unendliche, ewige Liebe

allumfassend weise

Vollkommenheit, Ganzheit	allmächtig
allwissend	völlige Freiheit
göttliches, richtiges Handeln	absolute Freude
göttliches, richtiges Timing	Licht
göttliche Ordnung	Frieden
überall gegenwärtig	Überfluss
Einheit, Einssein	Mühelosigkeit
sich fortwährend ausdehnendes Leben	unendliches Sein
ewig	all-gebend
all-schöpferisch	völliges Vertrauen

Überall gegenwärtig

Geh in die Meditation. Visualisiere in deinem Hara, der Mitte deines Körpers etwas unterhalb des Nabels, ein intensives Licht von gleißendem Gold oder Weiß. Dehne es aus, bis es deinen ganzen Körper füllt und von ihm ausstrahlt. Sieh, wie sich dein Körper in diesem Licht ausdehnt, bis er den Raum (oder deine unmittelbare Umgebung) ausfüllt. Fühle, wie dein Körper jetzt die gesamte Umgebung einschließt, und wie jetzt alles im Raum in deinem Körper ist.

Spüre, wie dein Körper die Zimmerdecke durchbricht. Bleib auf der Erde sitzen und dehne dich aus, bis dein Kopf so hoch wie die höchsten Bäume ist.

Jetzt ist dein Kopf auf einer Höhe mit den hohen Bergen.

Versetze deinen Kopf in den Norden deines Landes und deine Füße in den Süden.

Jetzt befindet sich dein Kopf am Nordpol der Erde und deine Füße am Südpol. Dein Körper und seine Aura schließen den ganzen Planeten ein. Schau an dir hinunter und sieh, wie das Wetter in Paris oder in Hongkong ist.

Versetze deinen Kopf auf die Sonne und deine Füße auf die Erde. Schließ unser gesamtes Sonnensystem ein, dann die Milchstrasse.

Dehne deinen strahlenden Lichtkörper aus, bis er dieses gesamte Universum umfasst. Fühle den unermesslichen Raum und die Stille, die du bist.

Die riesigen räumlichen Ausdehnungen sind jetzt die Zwischenräume zwischen den Atomen deines Körpers. Die Sterne sind die Atome deines Körpers, die Galaxien deine Zellen!

Betrachte deinen Universum-Körper und erkenne, dass du alles bist und dein Bewusstsein auf einen bestimmten Teil von dir lenken und wissen kannst, was dort geschieht. Schau dir einen Planeten an, der so weit von der Erde entfernt ist, dass seine Galaxie bisher weder durch ein Teleskop noch durch eine Raumsonde gesichtet werden konnte. Ist Leben auf ihm? Intelligente Wesen? Was siehst du?

Erforsche alles, was du möchtest.

Wenn du zur Rückkehr bereit bist, musst du zuerst in deinem Körper die Milchstrasse wiederfinden. Du wirst wohl ein wenig suchen müssen - ist sie vielleicht in deinem großen Zeh? Du bleibst weiterhin das Universum und lenkst deine Aufmerksamkeit zur Milchstrasse. In dieser Galaxie musst du nun die ziemlich kleine Sonne unseres Sonnensystems finden. Richte deine Aufmerksamkeit darauf. Schließlich siehst du dieses winzige Pünktchen, diese wundervolle kleine Perle, den Planeten, der Erde genannt wird. Konzentriere dich auf ihn und bewege dich auf ihn zu. Finde deinen Platz und komm zu ihm zurück.

Kehre in das Bewusstsein deines physischen Körpers zurück, der ja auch ein Universum ist. Vielleicht wird ihm dein nächster Ausflug gelten!

Chanten

Sanskrit, Alt-Hebräisch, Griechisch und Ägyptisch und andere Sprachen gelten als heilig, denn in ihren Lauten klingen die göttlichen Frequenzen an. In diesen Sprachen zu chanten, füllt Geist, Herz und Körper mit heiligem Klang und wirkt den disharmonischen, destruktiven Klängen entgegen (die in unserer Kultur so reichlich vorhanden sind). Es glättet die Wogen und erhöht die Schwingung.

Es gibt viele Chants. Manche bestehen aus einem oder wenigen Worten; sie werden Mantras genannt und haben eine starke segensreiche Wirkung. Sie werden - still oder laut - immer und immer wieder rezitiert. Du kannst eine bestimmte Tonhöhe halten oder eine einfache Melodie erfinden.

Hier einige Mantras. Du kannst leicht noch weitere finden.

OM (kann auch ‚A-U-Mm' ausgesprochen werden): Der Urton der Schöpfung. In „Isis Entschleiert" beschreibt Madame Blavatsky die drei Töne in der Reihenfolge als „Schöpfung, Erhaltung und Transformation."

Yod hey vod hey: Die vier ersten „Feuer-Buchstaben" des Namen Gottes in Alt-Hebräisch. Sie können auch in anderer Reihenfolge gesungen werden, z.B.: Hey hey vod yod.

Om namah Shivay: Gott-Ich-Bin ist eine Übersetzung

Kodoish, kodoish, kodoish adonai tsebayoth: Heilig, heilig, heilig ist der Herr, Gott der himmlischen Heerscharen.

Om mane padme hum: Heiliges buddhistisches Mantra, das sich auf das „Juwel im Lotus" bezieht und Mitgefühl bedeutet. Das Juwel steht auch für die Vereinigung des göttlichen Weiblichen und Männlichen.

Leyoesh Shekinah: Säule des Lichts des Heiligen Geistes, der hier als weibliche Energie betrachtet wird. Shekinah reimt sich mit „Dinah".

Om Aim Hrim Klim chamundayei Vichhe Namaha: Macht und Gnade der Göttlichen Mutter erhalten.

Sonnengruß

Stell dir vor deinem geistigen Auge die Lichtsäule deiner Chakren vor, die an deiner Wirbelsäule hinauf bis zum Hals und Kopf steigt. Visualisiere die Sonne und sieh deine Lichtsäule als das gleiche Licht.

Die Übersetzung der Mantras ist lediglich für deine Information angegeben, nicht zum Chanten, obwohl das auch in Ordnung wäre. „Namaha" heißt „Gruß", oder „Ehre".

Jedes der zwölf Mantras ist ein anderer Name für die Sonnengottheit.

1. Om mitraya namaha	Freund aller
2. Om ravaye namaha	die Glänzende
3. Om suryaya namaha	eine, die zu Aktivität anregt
4. Om bhanava namaha	er, der erleuchtet
5. Om khagaya namaha	Bewegt sich schnell am Himmel
6. Om pushne namaha	der Kraft gibt
7. Om hiranyagarbhaya namaha	das goldene kosmische Selbst

8. Om marichaye namaha	Gott der Dämmerung
9. Om adityaya namaha	Sohn von Aditi
10. Om savitre namaha	wohlwollende Mutter
11. Om arkaya namaha	er, der des Lobes würdig ist
12. Om bhaskaraya namaha	er, der zur Erleuchtung führt

Schließlich noch eine Form des „Gayatri Mantras", eins der mächtigsten Sanskrit- Mantras. Es bedeutet im wesentlichen: Ich öffne mich dem Licht, das Ich Bin. Chante es dreimal oder öfter.

Gayatri Mantra:

Om bhuh, Om buhvah, Om svaha

Om maha, Om janaha, Om tapaha

Om satyam, Om tat savitur varenyam

Bargo devasya dimahi

Dhiyo yonaha prachodayat.

Affirmationen für den Aufstieg ins Licht

Ich bin das göttliche Abbild von Gott/Göttin

Ich bin der Liebe wert.

Ich tue mein Bestes an dem Platz, an dem ich bin. Das habe ich immer getan.

Ich bin ewiglich unschuldig und gut, da ich aus der Seele entstand.

So wie ich bin, bin ich liebenswert.

Ich liebe mich.

Ich ehre mich.

Ich werde geliebt.

Ich bin Liebe, die unendliche Liebe des Göttlichen.

Ich bin klar.

Ich bin glücklich; Ich bin die Freude selbst.

Ich bin mit der ganzen Leidenschaft meines Herzens kreativ.

Ich bin mächtig.

Ich kann alles sein, was ich mir vornehme.

Ich kann alles haben, was ich mir vornehme.

Ich kann alles tun, was ich mir vornehme.

Ich kann alles tun, was schon jemand vor mir getan hat.

Ich lade die Winde der Seele ein, durch mein Leben zu wehen und mir die Veränderungen zu bringen, die für mich am besten sind.

Ich bin weise.

Ich bin wissend. Ich kann alles erfahren, was ich wissen möchte.

Ich bin Licht.

Ich bin mit allen guten Dingen reichlich gesegnet.

Ich habe eine strahlende Gesundheit.

Ich suche mir freudige, unterstützende, aufrichtige Beziehungen.

Ich lebe in Harmonie mit den anderen und mit der Erde.

Ich schenke dem Leben meine einzigartigen Gaben zum Wohle aller.

Mein Leben ist erfüllt.

Geliebte Muttergöttin/geliebter Vatergott, alles, was ihr seid, bin auch ich.

Geliebter Vatergott/geliebte Muttergöttin, all das, was ich bin, seid auch ihr.

Meisterschaft ist meine Bestimmung.

Meine Gedanken reflektieren göttliche Unbegrenztheit.

Meine Gefühle sind in tiefster Liebe verwurzelt.

Mein Körper ist Teil des Göttlichen. Er ist göttliche, ewige Energie und sich ständig erweiterndes Leben. Er ist göttliche Intelligenz und göttliche Perfektion. Er ist göttliche Schönheit. Mein Körper wird so lange auf der Erde leben, wie es mir mein Inneres eingibt - immer gesünder, immer stärker und immer schöner. Ich kann ins Licht aufsteigen, wenn ich alles auf der Erde abgeschlossen habe. Ich akzeptiere diese Wahrheiten.

Ich habe beschlossen, ein aufgestiegener Meister zu sein.

Ich würdige meine Entscheidung und unterstütze sie mit meinem Sein und mit meinem Leben.

Ich habe alles, um in diesem Leben die vollkommene Meisterschaft und den Aufstieg erfahren zu können.

Ich habe die nötige Geduld und Standfestigkeit und die Fähigkeit, die Höhen und Tiefen des Lebens zu durchleben und sie in den Erfolg zu integrieren.

Ich besitze die Entschlossenheit und die Bereitschaft, alle Begrenzungen hinter mir zu lassen und Schritt für Schritt in das Neue, Unbekannte und Unbegrenzte zu gehen.

Ich bin beschützt und werde geliebt, so dass ich mich radikal verändern kann, denn ich bin eins mit dem Göttlichen und werde von ihm geliebt.

Ich heiße meine ständig wachsende Liebe, Freude, Licht und Meisterschaft willkommen.

Ich heiße meine Verjüngung willkommen und meinen schönen Lichtkörper, der durch meinen physischen Körper strahlt.

Ich heiße Unsterblichkeit willkommen, ohne den Übergang, den man den Tod nennt.

Ich heiße Gedankenreisen willkommen.

Ich heiße die unmittelbare Manifestation willkommen.

Ich heiße meine Erfahrungen auf den höheren Ebenen als aufgestiegener Meister willkommen.

Der Aufstieg ist leicht.

Ich steige auf ins Licht.

Ich bin ins Licht aufgestiegen.

Ich bin der aufgestiegene Meister ....

Als aufgestiegener Meister diene ich freudig, so wie es mir eingegeben wird.

Ich bin Gott-Ich-Bin.

Ich bin der/die Ich Bin.

So sei es.

Dein Heimatstern

Woher kommst du? Diese ganz übliche Frage kann eine unübliche Antwort haben. Bevor wir auf den Planeten Erde kamen, lebten viele von uns als Meister in Sphären, die lichter sind als die physische Ebene, auf Sternen oder Planeten, von denen einige unseren Wissenschaftlern nicht einmal bekannt sind. Vielleicht waren Sirius, die Plejaden, Orion, Arkturus oder Antares unsere ursprüngliche Heimat.

In unserem Sonnensystem war Venus früher das Zuhause von vielen von uns. Und viele Erdlinge bewohnten einmal Maldek, den Planeten unseres Sonnensystems, der vor langer Zeit explodierte. Auf der Erde lebten einige früher im alten Ägypten oder auf dem Kontinent Lemurien oder Atlantis, von denen heute nur Überreste bestehen. Vielleicht warst du einmal dort zu Hause.

Die Seelen der Delphine und Wale kamen einst vom Sirius, und viele von ihnen sind heute erleuchtete und sehr glückliche Wesen. Sie helfen, die hohen Frequenzen aufrechtzuerhalten, die auf unserem Planeten einmal üblich waren.

Es kann hilfreich sein zu wissen, wo wir früher gelebt haben, und zu erkennen, wer wir dort waren und wie wir gelebt haben. Wir sind im Begriff, uns an die Weisheit, das Wissen und die Meisterschaft zu erinnern, die wir einmal hatten, und diese Erinnerungen können wichtig für uns werden. Selbst die schmerzlichen können uns dabei helfen, heute unseren Weg zu finden.

Verbinde dich mit deiner Seele. Frag nach deinen Ursprüngen und sieh, was dir vermittelt wird. Heile alle schmerzlichen Erinnerungen. Hol die Erinnerungen an deine Meisterschaft jetzt hervor. Sie unterstützen dich darin, deine Göttlichkeit leichter, schneller und tiefer zu fühlen. Sie stehen dir bei deinem Aufstieg ins Licht bei.

Das letzte Leben auf der Erde

Da sich jetzt der Übergang zum Zeitalter des Lichts vollzieht, bereiten sich viele von uns, die der Menschheit seit vielen Leben beistehen, endlich auf eine Veränderung vor. Dies kann wahrhaftig unser letztes Leben auf der Erde sein. Auf persönlicher Ebene haben wir unsere Weisheit genügend erfahren und können noch verbleibendes Karma klären und unsere letzten Schritte in der dritten Dimension tun. Dann wird unsere Rolle auf dieser Bühne beendet sein, und wir können entweder unseren Körper verlassen oder mit ihm in eine lichtere Sphäre überwechseln.

Wenn wir physisch unsterblich werden, können wir so lange hier bleiben, wie es uns Freude macht, und den Planeten weiter hinein ins Lichtzeitalter begleiten. Wenn wir uns verjüngen, ist es leichter!

Initiation

Versenke dich in die Meditation und frag deine Seele nach deinem Leben auf der Erde. Will deine Seele und wünschst du dir von ganzem Herzen, dass dieses Leben das letzte ist? Hier eine Erklärung, die dieses Ziel unterstützt:

Im Einklang mit dem Wissen, das ich von meiner Seele habe, beschließe ich, dass dies mein letztes Leben auf der Erde ist. Ich bin hier, um alle Geburts- und Kindheitserfahrungen zu klären, alles noch verbleibende Karma, alle Beziehungen - alles. Durch das Licht, die Liebe und den Beistand des Göttlichen und den Aufstieg der Erde in eine höhere Sphäre, ist dies nun leichter. Ich bin dabei, es zu tun.

Ich habe beschloßen, Geist und Materie als eins zu erkennen, Himmel und Erde als eins zu sehen. Ich bin hier, um meine Göttlichkeit auszudrücken, wo immer ich bin. Ich bin hier, um meinen Körper als Teil des Göttlichen zu erkennen: als Licht, Liebe, Schönheit und immer währendes, sich ausdehnendes Leben. Ich bin hier, um zu dienen, so lange dies mein tiefster Wunsch ist. Ich bin hier, um den Tod zu transzendieren, ins Licht aufzusteigen, neue Dimensionen zu betreten, zu dienen, zu spielen, zu forschen, freudig zu wachsen, und das in alle Unendlichkeit. So sei es.

Das Leben als Meister

Zum inneren Meisterbewusstsein zu gelangen, ist ein sich ständig entfaltender Prozess. Je länger wir auf diesem Wege sind, desto freier können wir wählen, wie und wo wir auf der Erde oder auch in höheren Sphären leben möchten. Im vollen Meisterbewusstsein verkörpern wir Liebe, Licht und Macht des Göttlichen, und es gibt endlose Möglichkeiten, dies auszudrücken. Hast du eine Ahnung, was du tun möchtest? Auf diesem Planeten bleiben, ihm aus lichteren Regionen dienen, dich von ihm zu lösen? Alles ist möglich.

Wenn du hier bleibst, kannst du öffentlich oder auch anonym leben. Du kannst als Almosenempfänger, als Millionär oder als ganz ‚normale' Person leben. Du kannst scheinbar altern, wenn du nicht auffallen möchtest, du kannst deine Erscheinung beibehalten oder dich verjüngen.

Wenn du dich entscheidest, der Erde aus einer lichteren Sphäre zu dienen: Was willst du tun? Den Hunger beenden? Die Freiheit in jedem Land ermutigen? Den Friedensprozess unterstützen? Mit denen arbeiten, die sich der Meisterschaft nähern? Neue Erfindungen auf die Erde bringen? Ein göttlicher Musiker sein? Die Möglichkeiten sind unendlich!

Möchtest du mit bestimmten Meistern arbeiten? Mit einer bestimmten Gruppe?

Es kann helfen, über das Leben eines Meisters nachzudenken. Zum einen kann es das Gefühl des Unbekannten mildern, das Furcht einflößt. Zum anderen kann dich deine Vision vom Leben eines Meisters motivieren und deinen Prozess beschleunigen.

Je mehr Zeit du damit verbringst, dich als Meister zu fühlen, desto schneller wirst du zur Meisterschaft gelangen. Wenn du die Bilokationsübung mit erhöhter Schwingung wiederholst, kannst du dich mit der Wohnstätte der aufgestiegenen Meister vertraut machen, und das kann dir bei deiner Entscheidung helfen, dort zu leben.

Segenswünsche für dein Leben als aufgestiegener Meister!

Kontaktadresse:

Joanna Cherry, P.0.Box 1018, Mt. Shasta, CA 96067, USA

Das erste im G. Reichel Verlag erschienene Buch von Joanna Cherry

Schlüssel zum göttlichen Selbst

Übersetzung aus dem Amerikanischen, 214 Seiten, 14,5 x 21 cm
ISBN 3-926388-45-5 DM 29,80

DU BIST MIND

Heilweisen für das 3. Jahrtausend

von Frank Alper, Übersetzung aus dem Amerikanischen
ca. 300 S, geb., 14 x 20,5 cm, ISBN 3-926388-52-8 DM 32,--

Die Kraft unserer Gedanken erschafft unsere Muster von Gesundheit und Verhalten. Die Beziehung zwischen Körper und Bewußtsein beeinflußt unsere Gesundheit. Frank Alper gibt Hinweise, wie man seine unbewußten Programme verändern kann, um gesund zu bleiben und zu werden.

INTUITION

von Josiane Antonette, Übersetzung aus dem Amerikanischen
ca. 150 Seiten, geb., 14 x 20,5 cm, , ISBN 3-926388-51-X DM 21,--

Geboren in Frankreich hatte Josianne Antonette 1966 als Krankenschwester ein Nahtod-Erlebnis, das ihr von der Schulmedizin geprägtes Denken völlig veränderte. Sie entwickelte die Fähigkeiten zu heilen und mit der „anderen Seite" zu kommunizieren und folgte auf diesem Weg stets ihrer Intuition. Ihre Heilerfolge, ihr tiefes Wissen um die spirituellen Sphären, die unsere Welt durchdringen, veranlasst viele Menschen, ihren Rat zu suchen.
Josianne Antonette wurde auf wunderbare Weise auf den vielen Stationen ihres Lebens geistig geschult: Eine Lernerfahrung folgte der anderen. Schamanen, Indianer, mystische christliche Erlebnisse lehrten sie, was schließlich zur Gründung der Bernadette Foundation in Amerika führte.

„Ein spirituelles, provozierendes Buch" Ron Valle, PhD
„Fazinierend und inspirierend" Walking Eagle
„Tiefgründig und voller Einsicht" Dr. Stanley Krippner

DAS LEBENSELIXIER

von Edward Bulwer-Lytton, Übersetzung aus dem Englischen
ca. 500 Seiten geb., 14 x 20,5 cm, ISBN 3-926388-50-1 DM 29,80

Mystischer Roman mit den Geheimlehren des altehrwürdigen, geheimnisvollen Ordens der Rosenkreuzer um den undurchsichtigen Margrave, Schüler des Okkulten und das geheimnisvolle Lebenselixier.

Entschlüssele Deine Träume

und verstehe die Botschaften Deiner Seelen

Stephan Schumann
168 S., 14,5 x 21 cm

ISBN 3-926388-48-X DM 26,00

Dieses Buch vermittelt eine neuartige und einfache Technik, um durch das Verstehen Deiner Träume in Kontakt mit Deiner Seele zu treten und Antworten für jede Lebenslage zu erhalten. Man lernt, die Sprache und Symbole seiner Träume zu verstehen.

SÜCHTIG

Sucht erkennen und heilen

Hans Peter Neuber
88 S., 14,5 x 21 cm, 3 Abb., gebunden

ISBN 3-926388-44-7 DM 19,80

„Ich selbst habe die Hölle erlebt, ich war Gefangener meiner eigenen Sucht.“ Der Autor beschreibt aus eigener Erfahrung klar und deutlich den Werdegang und das Fortschreiten der Sucht, den menschlichen Tiefpunkt und schließlich den Wiederaufbau eines neuen Lebens.

Betroffene können durch dieses Beispiel den Mut erhalten, zu der Suchtkrankheit zu stehen und an der Überwindung zu arbeiten.

Die kommende Weltkrise

Wie überlebt man den dritten Weltkrieg

von M. Hesemann u. H. Schnyder
aktualisierte Neuauflage 1999
224 Seiten, mit 48 Abbildungen, 14,5 x 21 cm

ISBN 3-926388-46-3 DM 29,80

Prophetische Mahnungen an die Menschheit. Werden sich die Visionen der großen Seher erfüllen?
Mit konkreten und praktischen Hinweisen zum Überleben möglicher Krisen.

Polsprung

Prophezeiungen und wissenschaftliche Analysen

von Hans J. Andersen
2. Auflage 1998, 240 Seiten, 14,5 x 21 cm, 32 Abb.

ISBN 3-926388-43-9 DM 29,80

Prophezeiungen und Wissenschaftler sagen Polsprünge, Polwenden und Sintfluten aufgrund kosmischer Einflüsse für die nächsten Jahre voraus. Gewaltige Umwälzungen werden die Umlaufbahn und das Gesicht der Erde drastisch verändern. Das Buch enthält neueste Forschungsergebnisse sowie Prophezeiungen auch des „heutigen" Nostradamus. Er sagt u.a. die „Geburt" eines neuen Planeten aus der Sonne voraus.

Prophezeiungen zur Zukunft Europas

Eine Analyse von über 250 Quellen

von Stephan Berndt
3. Auflage 1999, 288 S.,
mit vielen Grafiken und Tabellen, 14,5 x 21 cm,

ISBN 3-926388-40-4 DM 29,80

Das Standardwerk zu Voraussagen für die unmittelbare Zukunft, basierend auf einer gründlichen Untersuchung von über 250 seherischen und prophetischen Quellen.

G. Reichel Verlag, Reifenberg 85, D-91365 Weilersbach, Tel. 09194-8900, Fax 09194-4262

Der Kurs zum Selbst

In Wahrheit und Liebe von Babaji

Ein wunderbarer 24-Wochen Kurs!

Roger G. Lanphear,
168 S.,14,5 x 21 cm,

ISBN 3-926388-35-8 DM 26,00

Wiederkehr der Engel

Ein meditatives Praxisbuch für Deinen Lichtkörper

Wolfgang Nothvogel
120 Seiten, 14,5 x 21 cm, mit 5 Abbildungen

ISBN 3-926388-42-0 DM 29,00

Baba Blues

Intensivtraining zum ErfolgReich Glücklich werden

Ein Kursbuch für den „Oelmann-Prozess"

Ingeborg Oelmann
200 Seiten, 14,5 x 21 cm

ISBN 3-926388-36-6 DM 29,00

Götter Sterne

Bibel, Mythen und kosmische Besucher

Lars A. Fischinger
384 Seiten, 14,5 x 21 cm , 45 Abbildungen

ISBN 3-926388-41-2 DM 39,00

G. Reichel Verlag, Reifenberg 85, D-91365 Weilersbach, Tel. 09194-8900, Fax 09194-4262

Der Weg des Tänzers
Selbsterfahrung durch Bewegung
Bernhard Wosien

Maria Gabriele Wosien (Hrsg.)
zahlr. Abb., 17 x 24 cm, 135 Seiten
ISBN 3-926388-29-3 DM 26,00

Erkenntnisse aus Atlantis
Wandlung durch neue Energiemuster,
Kristall-Heilung

von Dr. Frank Alper, übersetzt aus dem Amerikanischen
14,5 x 21 cm, 392 Seiten, zahlr. Abbild.
ISBN 3-926388-19-6 DM 36,00

Das Universelle Gesetz
für das Wassermann Zeitalter

von Dr. Frank Alper, übersetzt aus dem Amerikanischen
14,5x21cm, 136 Seiten
ISBN 3-926388-21-8 DM 24,80

Mein Freund aus der Unendlichkeit
Begegnungen mit einer kosmischen Intelligenz

von Astrid Rodin
14,5 x 21 cm, 120 Seiten
ISBN 3-926388-34-X DM 21,00

Der Armstrong Report
Außerirdische und UFO´s -
Sie brauchen uns, wir sie nicht!

von Virgil Armstrong, übersetzt aus dem Amerikanischen
14,5 x 21 cm, 144 Seiten
ISBN 3-926388-24-2 DM 26,00

G. Reichel Verlag, Reifenberg 85, D-91365 Weilersbach, Tel. 09194-8900, Fax 09194-4262

Das Abenteuer einer Transformation

12 Jahre bei Babaji

von Gora Devi
Übersetzung aus dem Italienischen, 216 Seiten
zahlreiche Fotos, 14,5 x 21 cm
ISBN 3-926388-28-5 DM 32.-

BABAJI spricht:

Prophezeiungen und Lehren

Orginalreden Babajis, übersetzt aus dem Englischen
190 Seiten, 6 Fotos, 11,5 x 18,5 cm
ISBN 3-926388-03-X DM 16,80

Babaji - Am Quell der Wahrheit in Haidakhan Vishwa Mahadham

von Shdema Goodmann
Übersetzung aus dem Amerikanischen
144 Seiten, 7 Fotos
11,5 x 18,5 cm, ISBN 3-926388-08-0 DM 16,80

Unergründlich tief wie das Meer: Babaji - 108 Begegnungen

Gertraud Reichel (Hrsg.)
130 Seiten, 11,5 x 18,5 cm
ISBN 3-926388-22-6 DM 18,00
auch in Englisch erhältlich

BABAJI - Pforte zum Licht

Ein Erlebnisbericht

von Gertraud Reichel, 3. Auflage 1995
168 Seiten, 9 Fotos, 14,5 x 21 cm
ISBN 3-926388-12-9 DM 19,80
Auch in Englisch und in Japanisch erschienen, Näheres auf Anfrage.

G. Reichel Verlag, Reifenberg 85, D-91365 Weilersbach, Tel. 09194-8900, Fax 09194-4262

Leben aus dem Sein
Ein Buch über Babaji

von Radhe Shyam
Übersetzung aus dem Amerikanischen
368 Seiten, 14 Fotos, 15 x 21 cm,
ISBN 3-926388-17-X — DM 32,00

Ich bin Du - BABAJI
Botschaften des Meisters vom Himalaya

Maria Gabriele Wosien (Hrsg.)
Zusammengestellt aus Babajis Orginalreden
118 Seiten, 11 Fotos, 11,5 x 18,5 cm
ISBN 3-926388-23-4 — DM 16,80

Das Buch des Lebens

v. Radha-Magdalena Bambeck
120 Seiten, 11 x 15,5 cm, ISBN 3-926388-13-7
Leineneinband DM 19,80, Taschenbuch DM 9,80

Babaji-Von Herz zu Herz

Gertraud Reichel (Hrsg.)
230 Seiten, 15x21 cm
ISBN 3-926388-20-X — DM 24,80

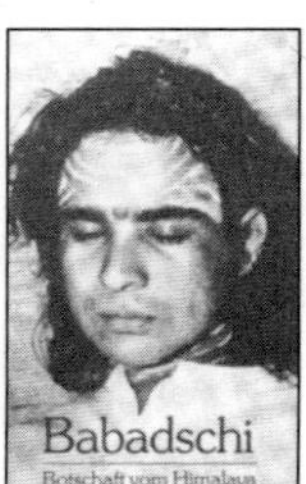

BABADSCHI
Botschaft vom Himalaya
von Maria-Gabriele Wosien, 5. Auflage, mit zahlr.
Abbildungen, erweitert um das Kapitel „Der Weise Vasishta“,
135 S., 11,5 x 18,5 cm, ISBN 3-926388-00-5 — DM 19,80
auch in Englisch, Italienisch, Französisch, Bulgarisch und Tschechisch erschienen

---

G. Reichel Verlag, Reifenberg 85, D-91365 Weilersbach, Tel. 09194-8900, Fax 09194-4262

Die Wächter II
UFOs und Nahtoderfahrungen

von Raymond E. Fowler, übersetzt aus dem Amerikanischen
viele Abbildungen, 400 Seiten
14,5 x 21 cm, ISBN 3-926388-33-1 DM 36,00

Die Allagash Entführungen
Unwiderlegbare Beweise für das Eingreifen von Außerirdischen

von Raymond E. Fowler, Vorwort von Budd Hopkins,
übersetzt aus dem Amerikanischen, 32 Bilder, 372 Seiten
14,5 x 21 cm, ISBN 3-926388-30-7 DM 36,00

Der Fall Andreasson
Dokumentierte Untersuchung von der Entführung einer Frau an Bord eines Ufos

von Raymond E. Fowler, Vorwort von Allen Hynek
übersetzt aus dem Amerikanischen, 53 Bilder, 280 Seiten
14,5 x 21 cm, ISBN 3-926388-31-5 DM 36,00

Sternensaat
Das galaktische Erbe der Menschheit

von Lyssa Royal & Keith Priest,
übersetzt aus dem Amerikanischen, 120 Seiten, 14,5 x 21 cm
ISBN 3-926388-27-7 DM 26,00

Besucher von Innen

von Lyssa Royal u. Keith Priest
übersetzt aus dem Amerikanischen, 200 Seiten, 15 x 22,5 cm
ISBN 3-926388-26-9 DM 32,00

G. Reichel Verlag, Reifenberg 85, D-91365 Weilersbach, Tel. 09194-8900, Fax 09194-4262